職災之後

補償的意義、困境與出路

主編－鄭雅文

作者－鄭雅文、陳宗延、鍾佩樺、葉明叡、黃怡翎

　　　　鄭筑羚、陳秉暉　　　（依文章先後順序）

巨流圖書公司印行

職災之後：補償的意義、困境與出路

國家圖書館出版品預行編目（CIP）資料

職災之後：補償的意義、困境與出路／鄭雅文等
著；.-- 初版 .-- 高雄市：巨流，2019.02
面；　公分
ISBN 978-957-732-576-1（平裝）
1. 勞工保險　2. 職業災害
556.82　　　　　　　　　　　　　　108000903

作　　　者	鄭雅文、陳宗延、鍾佩樺、葉明叡、黃怡翎、鄭筑羚、陳秉暉
	（依文章先後順序）
責 任 編 輯	沈志翰
封 面 設 計	毛湘萍
發 行 人	楊曉華
總 編 輯	蔡國彬
出　　　版	巨流圖書股份有限公司
	80252 高雄市苓雅區五福一路 57 號 2 樓之 2
	電話：07-2265267
	傳真：07-2233073
	e-mail: chuliu@liwen.com.tw
編 輯 部	23445 新北市永和區秀朗路一段 41 號
	電話：02-29222396
	傳真：02-29220464
劃撥帳號	01002323　巨流圖書股份有限公司
購書專線	07-2265267 轉 236
法律顧問	林廷隆律師
	電話：02-29658212
出版登記	局版台業字第 1045 號

ISBN　978-957-732-576-1（平裝）
初版一刷‧2019 年 2 月　　　　　　　　定價：400 元
初版二刷‧2019 年 11 月

作者簡介

鄭雅文

台大公衛系學士、美國哈佛公衛學院環境衛生碩士、流行病學博士。現職為台大健康政策與管理研究所教授。大學與研究所階段受師長及朋友啟蒙，關心勞動與健康不平等。研究主題為工作壓力流行病學、職業健康政策、職業傷病社會歷史分析、健康不平等。2013 年加入「台灣職業安全健康連線」擔任理事長至今。與鄭峰齊合編出版《職業病了嗎？待修補的職業健康保護機制》（2013），並主編出版《致命粉塵：石綿疾病，工業發展史中的職業病風暴》（2017）。

陳宗延

台大醫學系及社會學系學士、台大健康政策與管理研究所碩士，目前為台北市立聯合醫院仁愛院區住院醫師，接受畢業後一般醫學訓練，並獲錄取為台大醫院環境與職業醫學部準住院醫師。研究興趣為勞動社會學、職業醫學及職業健康政策。

鍾佩樺

台大健康政策與管理研究所博士，現職為財團法人醫藥品查驗中心研究員。博士班研修期間關注勞動議題，進而理解當中牽涉的社會不平等議題。希望透過知識擴散，讓廣大民眾了解其中的意義與價值。

葉明叡

台大公衛系學士、台大健康政策與管理研究所碩士，現為美國 Emory University 健康政策與管理研究所政治組博士候選人。研究興趣包括公共衛生倫理、全民健康保險、連帶感研究、比較健康體系、政治理論。

黃怡翎

東吳大學政治系畢業，原想關注性別議題而進入立法院擔任國會助理，卻意外開始接觸勞工權益相關問題。擔任國會助理八年多，協助勞工爭取權益，並積極推動制度的改變。2013 年離開立法院，與眾多伙伴共同組織「台灣職業安全健康連線」，現擔任執行長，希望透過專責機構的成立，一起為勞工的職業安全與健康保障盡一份心力。

鄭筑羚

清華大學社會學研究所碩士。因為對工作的焦慮，開始關注勞動議題。當過記者，曾獲吳舜文新聞獎，後來轉換跑道進入社運團體，現職為台灣職業安全健康連線研究員，與伙伴一起努力推動制度改革，希望每個人都能安全、健康地工作。

陳秉暉

陽明大學醫學系畢業，台大職業醫學與工業衛生研究所碩士，現職為台大醫院環境與職業醫學部總住院醫師。醫學系讀到大五才發現多數醫師每週 168 個小時中有超過 80 小時都在工作，因此投入受僱醫師的勞工組織，推動醫師納入《勞基法》，也因此與勞工運動結緣。畢業後除了繼續參與台北市醫師職業工會的運作外，也進入台大醫院環境與職業醫學部工作，希望能結合自己的專業和熱情，從職場安全與健康的角度切入，替勞工的勞動權益把關。

目次

職災補償制度，必須大刀闊斧改革

王榮德

成功大學醫學院公共衛生研究所講座教授

　　台灣職災補償制度的問題叢生，長久以來卻一直未獲政府部門與社會大眾的重視。

　　台灣在職業病的診斷技術與預防措施方面，經過近四十年來的努力已有成果；職業醫學的研究與實務已逐漸建立基礎，也成立了衛福部轄下的「職業醫學專科」；然而法制與政策面向的改進仍相當有限，使得職業傷病患者仍處於多重的困境之中；許多職災受害者不但領不到補償金，更常因職災而失業，導致家庭陷入經濟危機。將心比心，這是所有職醫專科醫師難過之處，也是本國健康不平等亟待改進的一部分。

　　勞保在六十年前立法之時，採用綜合保險形式，將勞工的醫療、退休、失業與職災給付，統統包含在裡面。目前的醫療給付部分，已獨立由《全民健康保險法》規範；失業由《就業保險法》、退休由《勞工退休金條例》規範；但是職災保險卻還在當勞保的拖油瓶，沒有獨立的機構與法規來負責。台灣職災補償制度的核心問題，在於法律制度的疊床架屋與複雜的連

動關係，亟需透過全面性法律制度的改革來處理。政府應本著將職災雇主責任充分社會保險化的精神，儘速整合散落各處的法規、涵蓋所有受僱者，並建立整合預防和重返職場的機制。

職災保險單獨立法已是社會共識，然而法案的實質內容是否能真正改善現行制度問題，仍需要更多人共同來關切。最基本的是，現行職災保險費率範圍在 0.04% 至 0.89% 之間，平均為 0.21%，顯著低於大多數國家；反觀與我們在工業化與經濟發展相當的南韓，其職災保險費率平均為 1.8%，風險最低的行業為 0.7%，風險最高的行業可達 34%。本國目前職災保費過低，造成各種作法不依社會保險的精神且給付不足的惡性循環。在創立新法時，最好將保險費率提高，逐步提升至符合國際水準。同時也應思考如何透過職災保險的健全化，讓真正的職業傷病浮出枱面；例如簡化現行多軌的職災醫療就醫程序、通報、認定程序；如此方能改善台灣職業傷病補償率遠遠落後先進國家，以及職災醫療成本有部分仍由全民健保承擔的不合理現象。

本書作者整理現行制度現況與問題，並透過國際制度的比較與分析，指出可能的改革方向，是關心此重要法案的專業工作者與社會大眾必備的參考書籍。

推薦序
職災 —— 健康不平等的指標

江東亮
台灣大學公共衛生學院
健康政策與管理研究所教授

鄭雅文教授編撰此書，主題是職災之後，有甚麼特別的意義呢？

關於本書，我最喜歡的部分，就是鄭教授的序；它說出我看法：職災是勞工、雇主和政府三方，都不喜歡聽到、見到和遇到的事，但卻是存在且不容忽視的事實。

公共衛生的本質有三：以社會生態觀點為典範、採取群體策略，以及追求人人健康。不同群體發生職災的機率大不相同；大體而言，勞工比雇主高，藍領比白領高，營造業比製造業高，所以分析職災發生情形，可以發現許多健康不平等現象。

而職災發生之後，有關傷病認定、補償以及污名的處理，又是反映整個社會對職災的重視、勞動力商品化以及社會連帶責任，亦即群體策略的表現。

另一方面，鄭教授則明白指出：職災之後的傷病認定與補償是下游策略，提醒我們：不要忘了上游犧牲的體系的存在。

　　根據社會生態觀點，我們的健康離不開每天生活條件以及影響生活條件的種種因素，包括經濟政策與制度、發展議程、社會規範、社會政策與政治制度，因此就公共衛生而言，要防治職災，不但要看到職災，要建立社會補償制度，更要力爭上游，打倒犧牲的體系。

　　職災是健康不平等的指標，從職災發生及相關制度的改變，我們可以看到台灣社會的失敗，也可以看到台灣社會的成功。知識是一切改變的基礎，希望大家多多閱讀這本書，共創美好的體系，達成人人健康的目標。

推薦序

整合職災預防、補償與重建之職災保險立法

傅還然
勞動部職業安全衛生署前署長

　　這是一本揭露職災勞工困境，期待政府建立社會良善制度，不再讓弱勢勞工與家庭單獨承擔苦痛的專書。

　　個人一生服務公職，從地方政府第一線勞動檢查員到中央勞動檢查與勞工安全衛生業務主管，曾參與過無數的職業災害或疑似職業病案件之調查處理，對於本書個案訪視所揭露，職災勞工身心的苦痛、家庭的衝擊、社會的污名化與求助無門的困境感同身受。退休前雖有幸將實施四十年之職災預防法律大幅修正，即將《勞工安全衛生法》修正為《職業安全衛生法》，以因應產業發展及社會環境之變遷，但職業災害發生後，職災勞工補償、補助及重建之法制改革，涉及《勞工保險條例》、《職業災害勞工保護法》及《勞動基準法》之整合，因各方共識不足，未能克盡其功，深引以為憾。所幸本書主編鄭教授秉著公共衛生學者對社會公義的熱誠，率領團隊鍥而不捨，從職業傷病歷史、職災補償倫理基礎、國際補償制度之發展、德國與日

本社會保險經驗，檢視台灣職災補償制度的奇特軌跡，並基於提出職業災害保險單獨立法的建議。

本書的價值與貢獻在於釐清職災補償的意義，並分析比較出台灣在過失補償與無過失補償、基本人權正義與社會安全網、個別雇主責任與社會保險化之間進退失據。國際經驗比較方面，本書也同時點出台灣法律體系多元而複雜、保險費率低、保障額度及覆蓋率不足、職業病發現率偏低、勞工保險機構重補償輕重建，以及迄今仍無職災預防與重建法人機構專責統合服務等困境。

個人對於本書所提出，未來職災保險應基於社會團結、社會平等精神立法，並應朝單一法源、普及覆蓋率、提高費率與給付額度、力求法制最大效益、取消職業傷病醫療書單及公設法人機構永續經營職業傷病預防、診斷與重建服務等論點深表認同，爰樂為之序。

推薦序

重新審視台灣職災補償制度

賴香伶
台北市政府勞動局局長

　　欣聞鄭雅文老師帶領的台大健康政策與管理研究所團隊將出版專書《職災之後：補償的意義、困境與出路》。這本書從「看見」台灣職業傷病勞工的苦難開始，透過學術專業、幫助讀者系統性的了解台灣職災補償問題，並且細膩的分析比較《勞工保險條例》、《勞動基準法》、《職業災害勞工保護法》三者的差異，呈現目前台灣勞工職災補償制度面臨的問題與困境。

　　我國職業傷病認定採雙軌制，在職災保險部分，勞保局有專業醫師進行職業傷病認定，負責審查勞工的職業傷病給付；地方政府也依據《職業災害勞工保護法》規定，設置職業病認定委員會，邀請職業專門醫師、職安專家學者、法律學者，及衛生、勞動主管機關官員參與，委員會透過書面審查，以多數決方式審核勞工申請的個案是否認定為職業傷病。兩者認定方式不同，認定結果也可能出現差異，若民眾對勞保局或地方勞政機關認定的結果不服，雖可再向中央申請職業疾病「鑑定」，但雙軌並行方式，如發生地方政府與勞保局的認定不同，對勞

工的權益保障有所落差，對勞工形成困擾，此制度問題亦應及早改正。

　　此外，勞保強制納保對象為五人以上的事業單位，四人以下的公司行號、微型企業、無一定雇主勞工、自營作業者未必能加入勞保，一旦遭遇職災，很容易陷入困境。尤其都會地區新興的「共享經濟」平台，透過勞務外包等方式，將司機、物流、送餐等工作以非在僱傭形態運作，工作者發生工作傷害或車禍等問題時，從認定職災與否到補償爭議均困難重重，類似案例在職災保護法令不夠完備之下，勞政機關的介入協助尚無有效工具可援，該問題亦待法政學界共同面對。

　　職業傷病補償制度問題，涉及勞動法學、職業醫學、工業安全衛生、公衛政策、社會學、勞動行政等多個領域，詳讀本書可同時了解我國及日本、德國相關職災保險制度，我認為已堪稱經典著作，希望藉此書的出版，有助於重新建制、思考未來職災補償制度興革方向。

序：職災補償的意義

鄭雅文

　　形形色色的職場危害，對工作者造成各種類型不同、嚴重程度不一的身心理傷害，從顯而易見的災害事故，到各種慢性發作的職業病，到因工作緊繃勞累而導致的身心壓力疾病。然而，職業傷病問題時常不被社會看見，工作者的傷病甚至死亡，時常被歸因於個人體質不佳或自己疏失。

　　對於職業傷病，事前的預防是首要的政策重點。但如何指認職業傷病？如何釐清工作與傷病之間的因果關係？如何指認過失並予以究責？如何填補職業傷病對工作者帶來的損害？如何分配補償責任？如何協助職業傷病勞工重回職場？災後的補償與災前的預防如何連結？這些議題的意義同等重要。

　　職災補償制度從過失主義的民事訴訟轉化為社會保險制，經歷百年以上的發展歷史，可說是工業資本主義國家中發展最早、內容也最完整的社會安全制度。然而隨著產業轉型、傷病類型轉變以及整體社會安全網的擴展，職災保險的制度定位仍不斷變動，尤其在當前勞雇關係日趨游移、自僱承攬等非典型工作模式日益普遍、貧富差距快速惡化的趨勢之下，原本以傳統勞雇關係為基礎的職災補償制度，如何回應非典型勞動者的職災補償問題，如何降低職災發生之後的社會不平等，仍是當前各國發展中的勞動與健康政策議題。

　　在台灣，職災補償制度長期處於法律結構紛亂的狀況，遲遲未有結構性改革（王嘉琪等，2009；黃越欽等，1995）。對於職災保險應如何強化非典型工作者的社會安全，也尚無深入

討論與積極作為。職災保險制度理應減緩職業傷病對工作者的衝擊，但仍有許多工作者在遭遇職業傷病之後，快速陷入勞雇衝突與社會困境，不僅承受身體病痛與失能之苦，尚需面對無薪斷炊與可能失業的恐懼。紛亂的職災補償制度不僅未能適時提供協助，還可能造成當事人在制度中的困惑，甚至在整個求償過程中遭受污名。更有許多小型事業單位的受僱者、臨時工、無固定雇主者、實際投入勞動的小雇主、自僱自營者、承攬工作者，職業傷病風險較高，反而未受勞動法律或社會安全制度的保護，導致遭遇職業傷病後健康不平等的問題更惡化。

台灣學界對於「職業傷病」與「職災補償」問題的研究其實不少，包括勞動法學、職業醫學、工業安全衛生、公衛政策、復健醫學、勞動社會學等領域，均有為數可觀的學術論文。然而分散在各不同學門領域的研究並未充分交流，圍繞在職業傷病認定與補償責任的政策爭議仍紛亂龐雜，對於如何回應勞動與健康的不平等，仍缺乏價值論述的探究以及制度結構層面的分析。至於學術研究如何轉化為政策改革的能量，也尚需知識上的轉化。

台灣職災補償制度的沉痾何以長期存在？我們認為，除了政府部門漠視此問題之外，社會大眾普遍不瞭解職業傷病的規模與影響、不瞭解職災者處境、不瞭解職災補償的定位與制度現況、不瞭解職災保險制度的意義與重要性，均是箇中因素。本書作者從公衛政策關心健康不平等的角度切入，試圖整理橫

跨於不同專業領域的知識，希望拋磚引玉，激發更多社會關注
與公共討論。

1.1 職業傷病：犧牲體系的產物

在台灣，新聞報導不時可見重大職災事件，從中可窺見罹
災者的社會弱勢處境。例如 2016 年 12 月，桃園某高中大樓營
建工程發生鷹架倒塌，造成五名勞工當場死亡，死者均為以日
計薪的營造業臨時工，他們受僱於職安記錄不良卻仍能持續獲
得公共工程標案的承包商。五名死者中有三人沒有勞保，有兩
人為原住民夫妻，雙亡後留下兩名仍在就學的青少年孩子（周
敏鴻等，2016）。

2017 年 11 月，彰化溪湖鎮某家火鍋店發生瓦斯氣爆，罹
災者是一名家境清寒的 16 歲少年，為了幫忙家計而在火鍋店打
零工。他在幫客人更換瓦斯桶時，操作不當引發氣爆，不僅自
己遭到嚴重燒燙傷，也波及用餐的客人。這位少年工，沒有職
前安全教育訓練、沒有安全保護、沒有勞工保險；職災發生後，
不僅無力向雇主求償，還要面對受傷客人對他提起的傷害訴訟
求償（李雪莉、簡永達，2018）。

2017 年 12 月，位於桃園蘆竹的矽卡公司員工宿舍發生大
火，造成越南籍移工 6 人死亡 5 人受傷（魏瑾筠，2017）；

2018 年 4 月，敬鵬公司桃園平鎮廠發生大火，造成 6 名消防隊員殉職、2 名泰國移工逃生不及死於宿舍（張裕珍，2018）。

從勞動部職業安全衛生署（以下簡稱職安署）2017 年 12 月 1 日底正式上線的「重大職業災害公開網」資料，可看到職災事件頻傳，災害原因包括墜落、滾落、物體倒塌、物體飛落、感電、被夾被捲、溺斃、爆炸等[1]。根據勞動部的統計，台灣在 2012 至 2017 年間，每年均有三百多件《職業安全衛生法》定義的「重大職業災害」[2]，因重大職災而死亡的工作者每年也均在三百名以上，其中有超過四成的職災死亡案例發生在營造業。

從政府的統計數據來看，台灣的職災死亡率高於先進國家，然而仍有重大職災被蓄意隱匿，亦有不少重大但嚴重程度尚未達法規通報門檻的職災事故，可想見的是，台灣的職場相當不安全。相對於顯而易見的職災，潛伏期漫長、致病成因複雜或因各種原因而難以被認定的慢性職業病，規模可能更為龐大。

以下案例摘錄改寫自職安署委託「職業傷病管理服務中心」編撰的《2016 年職業病鑑定案例彙編》，此案牽涉的是「疑因

---

[1] 勞動部依據《政府資訊公開法》第 6 條及《勞動部公布重大職業災害案件作業要點》，於 2017 年 12 月建置公開資料庫及網頁，並由勞動檢查機構上傳資料庫內容供民眾查詢。

[2] 《職業安全衛生法》第 37 條規定，雇主有通報「重大職災」的法定義務；「重大職災」定義為「死亡災害、罹災人數在 3 人以上、或罹災人數在 1 人以上且需住院治療者」。

長期超時工作導致憂鬱症」，經職安署職業疾病鑑定委員會鑑定為「執行職務所致疾病」。這樣的職業傷病案例雖非典型，但仍呈現當代台灣勞動現場的一隅，也反映部分勞動者的日常工作處境（職業傷病管理服務中心，2016）：

個案為 50 歲男性，擔任塑膠成型機台的操作員，在該公司從事同樣工作年資達十年。每天的工作內容為，將機台門開啟，把成型的塑膠產品自機台中取出，檢視產品是否有缺陷，視情況做手動加工，在此同時機台門關閉，繼續射出下一個成品，再把機台門開啟，把下個成品取出。每日工作不斷重複上述動作。個案每日工時約 12 小時，每月休 3 到 7 日。午休用餐時間半小時，但用餐時機台仍不斷運作，個案負責的機台由同事接手，公司每半小時更換一梯次員工輪流休息用餐；夜班用餐時及工作中須要上廁所時，也是依循此原則。若有不良品（NG 品），員工必須先打下班卡，再繼續製作，以補足當日的 NG 品數量，但補 NG 品的「額外」加班時間並未列入工時紀錄。

個案在該公司工作的第 6 年，開始出現失眠與焦慮症狀。至 A 醫院精神科就醫，醫師診斷為「睡眠障礙、焦慮症、重度憂鬱症」。個案申請留職停薪一個月，但為無薪假，復工後因工時很長且須輪班，無法持續回診治療。個案在

診斷有精神疾病症狀的四個月後，某日下班返家途中自橋上躍下，送往 B 醫院急診並接受手術，除了有多處骨折與挫傷之外，也診斷有低血鈉、膀胱結石、泌尿道感染等疾病。個案之後至 C 醫院精神科就診，診斷有「重度憂鬱症」，服用抗憂鬱症藥物治療。個案表示，時常無法達成公司要求的產品生產數量及良率，但若不配合加班會影響收入，他並表示，因主管的言語貶抑及威脅而感受壓力。本案經勞動部職安署職業疾病鑑定委員會鑑定為「執行職務所致疾病」。

上述個案，日復一日，從事著單調枯燥的重複性作業，趕工加班換取薪資，幸運地未發生災害事故，也幸運地未發生肌肉骨骼傷害或其它身體疾病，但長期處在缺乏意義感的勞動中，失去生活的意義感。去人性化的勞動過程，對人帶來的深沉傷害，能如何補償？

東京大學高橋哲哉教授在《犧牲的體系》一書中指出，「犧牲的體系」有許多不同樣貌，但共通的是，一些人透過另一些人的犧牲而獲取利益，並將剝削的關係制度化。他指出，「犧牲的體系」得以建立與穩固，不僅是政治權力運作下的產物，也是思想與文化機制運作的結果，後者透過教化、修辭、信仰、認同、美化等方式，讓犧牲者同意並接受被犧牲的角色，成為穩定體系的環節。

　　但誰在決定誰要犧牲？對於犧牲者的補償金，可否合理化犧牲？獲利者應對犧牲者負什麼責任？廣大的沈默大眾難道沒有責任？高橋強調，若僅以重分配政策，對犧牲者提供金錢或福利上的補償，其實不但無法改變犧牲的體系，更可能讓犧牲者的犧牲被視為是有得有失的等值交換，進而掩蓋了犧牲本身所隱含的不正義。他並認為，「犧牲的體系」之所以能持續存在，癥結是大多數人不知道或不願意理解別人的犧牲，或認為別人的犧牲很合理，或不認為有犧牲的存在（高橋哲哉，2014）。

　　美國政治學者艾莉斯楊（Iris Young）在其經典著作《正義與差異政治》一書中也指出，對於社會不正義的探討，若僅聚焦於分配結果，將容易忽視壓迫過程本身帶來的不正義與其傷害，這些傷害，並不是單純將財富或資源重新分配便能夠彌補。她並指出，壓迫的形式有多種樣貌，包括剝削、邊緣化、能力弱化、歧視、污名化等等（艾莉斯楊，2017）。必須在社會結構中細緻地分析這些壓迫的面向，才能真正矯正不義的社會後果。

　　只重視績效產值而不重視勞動者人格發展與身心健康的經濟生產模式，不就是一個巨大的犧牲體系？職業傷病，不就是「犧牲體系」的產物？經營管理者在事故或傷病發生之前漠視勞動保護責任，事故發生之後規避損害賠償責任；而工作者為了眼前的生計不顧未來的傷病風險，在不幸發生傷病時，無奈接受看似無法改變的命運。在勞雇權力不對等的社會結構中，

血汗勞動被視為理所當然，職災風險被視為工作的一部分，甚而遭遇職業傷病的工作者，也將這種態度內化為自身的價值觀，更加鞏固犧牲體系的文化基礎和壓迫關係。那麼，如何改變犧牲的體系？如何改變職業安全文化？職災補償制度的設計，如何降低分配的不平等並減少犧牲體系下的壓迫？首先便是要從看見職業傷病的社會結構成因開始。

1.2　製造健康不平等的社會致病因素

社會學學者謝國雄在 1997 年出版的《純勞動》一書中，具體描繪台灣勞動體制中雇主專制與國家缺席的特質（謝國雄，1997）。謝國雄在 1993 年前後以勞資爭議的勞方調解委員與研究者身分，深入分析數十位職災者的求償經歷。他指出，「純勞動」意識，也就是勞動力極度商品化意識，是台灣勞雇關係的基調。

在職災未發生之前，職災風險被隱形化。雇主輕忽安全健康，而受僱者為了生計接受不安全的工作，國家規範與勞動檢查的消極作為，更使職業傷病風險成為職場常態。老舊危險的機器設備、有害的化學物質、不在乎安全趕工加班、勞資共賭拼經濟、違反勞動規範的工作處境，均是普遍存在的職場現象。按件計酬與包工制的生產關係，讓「有做有錢、沒做沒錢」的「純

勞動」意識更加普遍。其中的關鍵在於，「純勞動」意識建立在勞雇雙方普遍認可的互動規範上，雇主開出一定待遇條件，勞工依其能力與自身需要選擇接受此條件，雙方看似都是自願決定。然而看似自由的勞雇關係背後，反映的是機會與選擇上的不平等。

職災一旦發生，原來看似勞雇齊心的社會關係立即受到影響，失去勞動力的人身，立即被迫進入論斤秤兩的「人肉市場」，清楚揭露「勞動力商品化」的本質。從謝國雄的訪談研究可發現，職災者在遭遇職災的當下，當事人或其家屬原先期待能先保住工作，不僅是為了能保住職災者在不能工作期間的薪資收入，也希望能保住作為工作者的社會角色與尊嚴。但職災者很快發現雇主急於切割責任，迫使他們不得不進入「錢決法」處境。職災者被雇主停保、解僱、無法獲得法定的職災補償權益、迫於生計壓力而接受低於勞動法令額度的和解金，是普遍現象；國家的勞動法令理應保護勞工、節制雇主專制，然而職災補償制度的實際運作反而強化雇主專制，使職災者災後求償與復健復工過程更加崎嶇。這些問題在近三十年後的台灣，竟然仍是普遍現象。

職災者是社會最弱勢的一群，在所有國家的所有工業化階段，都是如此。不斷發生的職業傷病，具體呈現勞動場域的健康不平等，而且這些傷病發生的原因，經常是由社會結構因素所造成的，在社會流行病學領域稱之為「社會致病因素」（social determinants of health）（鄭雅文，2015）。

在個人的工作選擇上，社會地位越低落，薪資福利與勞動條件就越差，職業傷病風險也越高；一旦職災發生，社會資源越匱乏的工作者越難以議價，越容易被拋出勞動市場，越容易陷入失業與貧窮處境。在地區層面，貧窮與失業問題越嚴重的地區，工作者越容易為了生計而不計傷病風險，在地政府也越容易為了討好資方而輕忽勞動權益保護。在社會層面，越不重視勞動權益的社會文化，越不願意面對職業傷病勞工的困境，政府政策越輕忽，越不願意落實勞動保護（Benach et al., 2007）。在社會文化層面，台灣社會普遍存在的「純勞動」意識，更讓製造壓迫的社會關係成為常態，再度複製社會不正義，造就了由工作者獨立承擔職災風險的社會。

然而不論是工業安全、職業醫學或公衛政策領域，對於職業傷病的探究，仍鮮少從社會結構脈絡檢視職業傷病的社會致病因素與社會不平等問題。

所謂「健康不平等」（health inequality），指的是存在於個人間或族群間被視為「非必要」（unnecessary）、「可避免」（avoidable）且被大多數人視為是「不公平」（unfair）與「不正義」（unjust）的健康差異（Whitehead, 1990；呂宗學等，2015）。檢視公衛發展史亦可發現，政治與社會條件一直是製造健康不平等的主因，消除健康不平等，也一直是政治與社會政策議題（江東亮，2015；鄭雅文、江東亮，2015）。

　　職災，是非必要且可避免的，這也是國際勞工組織與許多國家揭示的「零職災」（vision zero）政策理念。沒有人應該為了工作而犧牲生命或健康，但往往是越弱勢的工作者承受越高的職業傷病風險，呈現勞動與健康問題上的不公平。預防職災，是雇主責任，不幸發生職災，亦應由雇主負擔損害填補的責任，但在現實上，卻時常是由工作者或其家庭承擔職業傷病造成的苦果，展現社會的不正義。

　　如何分析社會不平等？根據世界衛生組織的報告，製造健康不平等的社會致病因素，大致可分為結構、組織及個人三個層級，介入健康不平等的政策類型則可分為五種類型（由 A 至 E），如圖 1.1 所示（Solar & Irwin, 2010）。

　　結構層級的社會致病因素包括政治權力關係、政府治理能力、政策與法律制度規範、文化與社會價值。職業傷病問題具高度政治性，一向是雇主團體與勞工團體角力的場域—雇主權力越大，政策制訂過程越容易漠視勞動者的安全健康保護，反之，勞工力量越強大，則越能強化國家政策的勞動與社會保護功能。檢視國際間職業安全健康保護政策的發展，均與勞雇政治實力的消長有密切關連。相較於歐美國家與日韓等東亞鄰國，台灣的工會組織率相對低落，造成政府部門制定出偏袒雇主利益的政策。上述社會經濟與政治情境因素，形塑社會階層化現象，導致不同社會階層、性別、族裔或職業屬性上的工作者在社會條件與社會資源上的不平等。

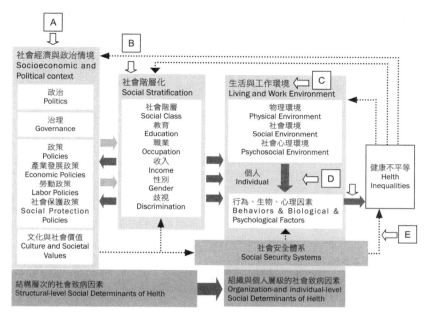

圖 1.1　健康不平等的社會致病因素與政策介入類型

本圖由作者繪製。參考自（Solar & Irwin, 2010）

　　組織層級的社會致病因素，展現在生活與工作環境狀況上，包括物理性環境如污染、嫌惡性設施、職業危害等，社會性環境如公共資源、公共建設、執法狀況等等，以及社會心理環境狀況上，例如人們對於安全與健康的態度、守法狀況、社會互助精神等等。

　　個人層級的社會致病因素，則展現在個人的行為、慣習、免疫力、疾病耐受力，以及心理認知、知識、信念等因素。

　　從社會流行病學的多層次觀點來看，結構層次的因素，是影響下游組織與個人層次的根本原因（鄭雅文，2015）。職災的發生，雖然常可發現工作者個人有輕忽安全、不在乎健康風險的問題，但若將個人因素放置於上述分析架構來看，工作者本身的知識、態度、信念、慣習、文化與意識型態，事實上是社會不平等結構下的產物。在政治實力上，工作者常被個體化，沒有資源與機會組織工會，當然也就缺乏議價能力；在知識態度上，越底層的工作者越缺乏勞動權益意識，越容易為了生計而無暇關注健康，也越容易以無可奈何的宿命觀看待自身的職業傷病問題。另一方面，目前社會主流論述常強調個人責任，將職業傷病歸咎於工作者自己不重視安全、輕忽預防保健、有菸酒檳榔等不健康行為等因素，有意或無意忽略職業傷病風險的社會脈絡與政府責任。

　　政府政策的作為與不作為，是影響健康不平等的最重要社會致病因素。對於健康不平等的政策介入，依其作用的社會致病路徑，大致可分為五類，如圖 1.1 所示，包括：（A）改變結構層級社會狀況、（B）降低社會階層化與結構性不平等、（C）降低職業危害、（D）提高個人的能動性、抵抗力與韌性，以及（E）對於脆弱易感或已遭遇或罹患傷病的民眾提供社會安全保護，例如傷病期間的醫療照顧與薪資保障，以降低傷病的負面影響（Solar & Irwin, 2010）。

　　依政策介入的對象，又可分為「選擇性」（selective）與「普

及性」（universal）兩類。政策介入的目標，是放在「最弱者」
（the worst-off）的救助，還是應聚焦於最強者與最弱者之間的
差距（the gap），還是應致力於消弭階層間的差異，亦即所謂
的「階梯斜度」（the gradient），一向是政策之爭議點。以財
富分配政策為例，若只針對低收入者提供救助，屬殘補性政策，
通常會伴隨著標籤化與污名化問題；若只針對最高階層，則容
易被批評為「仇富」。反之，以整體族群為介入對象並以降低
階層化為目的的政策設計，不但可避免污名問題，也可透過全
民普及涵蓋，促進「社會整合」（social integration）與「社會
團結」（social solidarity），就處理社會致病因素以及社會不
平等問題而言，應是比較理想的政策介入模式（Benach et al.,
2013；Solar & Irwin, 2010）。

1.3 職災補償責任社會保險化的意義

　　職災補償制度的目的，是為了讓遭遇職業傷病的工作者獲
得公平合理且即時的補償。在健康不平等的政策介入類型上，
職災補償制度雖屬較後端的政策介入（亦即路徑 E），但對於落
實雇主責任、降低勞動與健康不平等，仍具重大意義。若能建
立普及涵蓋所有工作者，包括各產業、各職等、各種工作型態
工作者的職災保險制度，更可能促進社會整合與社會團結。

　　回顧歐美國家百年來的發展，職災補償制度的演化大抵上由傳統民法追究雇主或加害者的過失責任，轉變為「無過失或不究責」（non-fault）法理，並由個別雇主提供直接補償演化為強制保險，再將雇主補償責任整合至社會保險。

　　自 1950 年代以來，一方面由於歐美國家社會福利理念的擴張，另一方面由於勞動型態彈性化趨勢造成傳統勞雇關係日益脆弱，職災保險制度的定位隨著改變，從傳統的雇主責任思維擴大至社會保護思維，成為社會安全網的重要制度環節。

　　各國基於各自的社會歷史脈絡，發展出不同的制度設計，但大多依循「國際勞工組織」（International Labour Organization，以下簡稱 ILO）頒布的國際公約。職災補償制度一方面規範雇主補償義務，以「無過失」法理與強制性社會保險，確保補償財務的穩定性與即時性；基於職災補償仍為雇主責任，原則上職災保費由雇主全額負擔。另一方面，職災補償制度保障工作者在遭遇職業傷病期間的經濟安全、醫療照顧與就業安全社會保險，扮演社會安全網的積極角色。尤其對於因果關係較難確認的職業傷病，以及因勞雇關係不穩定或從事自僱自營工作而難以指認加害者的職災勞工，職災補償制度是保障工作者生存權的重要機制。

　　社會保險制度透過普及涵蓋與立法強制納保，由所得較高的人幫助所得較低的人，災害風險較低的人幫助災害風險較高的人，未發生事故的人幫助不幸遭遇事故的人，因此也具有個

人保障與社會保護的雙重目的。對於個人而言，可降低災害發生後的財務或人身損失；對社會而言，則有助於社會互助。無論是基於雇主責任的課責、自我利益、社會互助或是濟弱扶傾的社群理念，社會保險制度均有強化社會整合與社會團結的意義，有助於降低社會不平等。

1.4 對於職災保險制度的疑慮

不可諱言，工業資本主義國家在十九世紀末至二十世紀初期建立的職災補償制度，其實是勞雇雙方妥協之下的產物，即所謂「歷史上的妥協」（historic compromise）。資方同意不論過失，承擔無過失法理的職災補償責任，但對提供的補償額度設限，雇主並得以免除民事賠償責任；勞方為了避免陷入訴訟泥淖，並為了快速取得補償，同意接受額度受到限制的補償金，且同意放棄對雇主的民事訴訟求償權。國家統治者則為了化解勞雇衝突，維持經濟秩序，力促職災保險制度的建置（Fishback & Kantor, 2007）。

奠基於自由市場與效益主義思維的職災保險制度並非毫無問題，對此制度的主要質疑，主要關注社會正義與人權問題，大致可歸納為以下幾點：

‧ 是否造成雇主可非難性及可歸責性的降低？

對此問題，各國的因應方式不同。大部分歐陸國家將職災補償責任完全社會保險化。以德國為例，職災者對其雇主的損害賠償請求權被限制。然而，雇主雖在職災補償上免除過失責任，但在其他面向則被賦予更高的法定責任，例如強制納保、更完整的災後補償與保障，以及職災預防責任的落實（黃越欽等，1995）。

部分國家包括美國、英國、日本、新加坡，則採社會保險與民事損害賠償兩者並存的制度設計，以前者為主，後者為輔。作為補充性之用的民事損害求償制度，仍維持「過失主義」法理（黃越欽等，1995）。以日本為例，雇主依法必須加入職災保險，但並不因此排除民法之適用，換言之，當職災之發生具雇主過失之事實時，只要符合侵權行為或債務不履行要件，勞工可在請領勞災保險給付之外，再依民法要求雇主負擔損害賠償責任（徐婉寧，2015）。新加坡的職災補償制度亦屬雙軌並存制，然而與日本制度不同的是，職業傷病勞工只能擇一選取，其一是依據《工傷賠償法》（Work Injury Compensation Act，簡稱 WICA）申請職災保險給付，另一是依據民法請求雇主損害賠償。勞工及其家屬僅可擇一行使權益；新加坡政府為了避免爭訟，以提高給付額度至接近爭訟賠償標準作為策略（蘇永煌等，2003；Chan et al., 2012）。

為了降低職災發生之後的勞雇衝突，避免弱勢勞工陷入生活困境，職災補償責任的非訟化已是國際趨勢。至於雇主責任

可能過低的質疑，一方面可透過強制納保、提高費率、充實保障範圍來加以強化，另一方面則可透過勞動法規與勞動檢查，落實雇主在職場安全健康管理上的責任。

・是否過於重視效率，而輕忽勞動人權受損問題？

　　批評者指出，為了快速弭平勞雇爭議而建立的職災保險制度，乃是奠基於新自由主義思維。職災被視為是「市場失靈」問題，是雇主生產效率低落的表徵，職災者薪資損失與人身損害被視為是需內部化的經營成本，職災引發的勞雇衝突與訴訟爭議被視為是影響整體勞動市場效率的因素；據此，職災保險成為提升生產效率、矯正生產成本外部化問題、提高勞動市場效率的政策工具。但批評者認為，上述市場經濟思維並未關照到職災問題所呈現的剝削與不正義本質（Boden, 2012；Hilgert, 2012；Jobin & Marichalar, 2018；Lippel, 2012）。

　　我們認同上述主張，同意職災保險制度的核心精神，不應僅著眼於勞雇爭議的快速弭平或整體生產效率的提升，而應以「尊嚴勞動」為核心價值，以保障工作者健康權、工作權與社會權作為制度目標。應思考的是，如何指認加害者並予以課責，而補償的內容不應僅止於金錢補償，還應力求建設性的補償，包括非經濟層面的重建，包含身體功能上的復健（rehabilitation）、社會功能上的重建（resocialization），以及工作者尊嚴的回復（ILO, 2013b, 2017；黃越欽等，1995）。

・是否合理化犧牲，成為「犧牲體系」的配套？

職業傷病對工作者及其家庭帶來的衝擊，不僅是經濟層面上的損失，也對生命、健康、家庭功能、社會關係、個人尊嚴帶來傷害；這些傷害，其實難以用金錢量化。批評者認為，僅著眼於金錢補償的職災保險制度，隱含著職業傷病風險的合理化，也隱含著生命價值的對價化；依據身體受損程度或薪資減損程度，計算失能給付的額度，隱含「勞動力商品化」思維；保費的計算，也可能隱含著特定職業傷病風險無可避免或無法防範的預設。職災保險制度因此可能合理化犧牲，成為犧牲體系的配套，形成結構性暴力的一環（Boden, 2012；Hilgert, 2012；Jobin & Marichalar, 2018；Lippel, 2012）。

對於上述質疑，我們認為或可從程序正義加以回應。職災保險制度的設計與運作，包括給付內容、額度、職業傷病認定、資源使用與配置、資料揭露等環節，不應僅交由少數專家決定，而應建立有效並公開透明的民主參與和課責機制。在分配正義上，亦應將工作者原有社會地位與生活條件的不平等納入考量，思考職災補償的內容如何降低社會不平等。必須強調的是，不論以何種形式提供補償，都不應合理化職災風險。

如上述，職災保險制度在倫理層面上，的確存有若干盲點。職災保險制度如何指認責任？如何保護勞動人權？如何落實社會正義？這些，正是本書探討的議題。

1.5　本書章節內容

透過系統性的耙梳，本書分析職災補償制度的歷史發展、倫理基礎、台灣現行制度設計與運作現況、現行職災補償制度下職災者的處境與污名經驗，並透過國際經驗的比較，對台灣職災保險制度的改革提供方向。

本書分有四篇。第一篇「看見職業傷病」包含以下兩章。

第 2 章首先釐清職業傷病的定義，說明當代職業危害與職業傷病的主要型態，並藉由勞保歷年來有限的職災給付資料，檢視台灣職業傷病樣貌，最後指出政府統計資料的限制，思考政府統計數據未能完整呈現的職業傷病問題。

第 3 章為訪談研究，探討職災者的災後經歷。作者深度訪談 52 位職災者，發現普遍的災後困境包括身體上的病痛、工作能力受損、勞雇衝突、經濟困境、社會人際關係的破裂以及心理疾病的出現。

第二篇檢視「職災補償制度的演化」，包含以下三章。

第 4 章回顧職災補償制度的國際發展歷程。作者以英國與德國為主要參照對象，說明十九世紀後期出現的職災補償制度如何進入政策議程，進而從「民事損害賠償」、「無過失主義雇主補償」轉變為「社會保險」的發展軌跡。此章並整理 ILO 訂定的職災補償公約，檢視其制度精神、制度類型和勞動保護內容，指出在當代就業狀況日益不穩定的勞動環境下，職災保

險制度已被 ILO 與許多國家視為社會安全網。

　　第 5 章檢視台灣職災補償制度的發展軌跡。台灣先有《勞保條例》，採無過失原則的社會保險，後有《勞動基準法》第 59 條的立法，要求個別雇主對其受僱勞工提供無過失原則的職災補償，之後再有《民法》「債編」的修訂，新增僱用人「無過失賠償責任」，造成雇主責任加重的逆轉現象。本章回顧台灣職災補償制度設計與相關法令的歷史發展軌跡，以了解為何台灣職災補償制度的發展迥異於國際經驗，演變為今日龐雜混亂的面貌。

　　第 6 章探討職災補償制度發展過程中牽涉的倫理考量。作者首先說明政策倫理思辨的重要性，在於確認政策的倫理正當性及促進民主溝通；接著釐清兩大職災補償制度類型背後的規範假設及倫理基礎。第一種類型為「社會保險模式」，可以由支持社會團結的「社群主義」及「效益主義」來辯護，亦可以平等主義的確保基本「權利保障」和「康德主義倫理學」來辯護；第二種類型為「雇主責任保險模式」，可由「個別雇主責任」和「文化相對論」來辯護。本章末節從倫理論證，指出職災補償的制度改革何以應朝向社會保險模式前進。

　　第三篇「台灣的職災保險制度」聚焦於台灣制度現況，包含以下四章。

　　第 7 章檢視台灣職災補償制度現況，指出核心的問題在於法律制度的混亂。職災補償法制的疊床架屋與複雜的連動效果，

造成受災勞工陷入混亂的法律迷宮，不僅請求權受損，也使災後勞雇關係快速惡化，甚至往往以決裂收場。災後復健復工服務體系的不足，也使職災者陷入社會排除的困境。

職業傷病的認定，是職災補償制度的核心爭議。第 8 章指出現行職災認定制度的問題與缺失，其中尤其是爭議審議程序缺乏民主參與，造成社會信任問題。

在社會安全網快速擴大的政策發展脈絡下，職災保險制度應如何定位？以醫療服務為例，在全民健保醫療體系中，是否應區分職災者身分並給予差別待遇？還是應依據病人的醫療照顧需求，不論職災與否均給予一視同仁的服務？第 9 章檢視職災醫療與一般國民醫療制度區隔的必要性，並對制度改革方向提出建議。

回顧國際文獻，可發現職災者在尋求職業傷病認定與補償的過程中普遍遭受污名。職災者被責難、被認為自己輕忽、被認為工作能力或體質不佳，甚至被懷疑是為了詐取保險給付或社會福利而虛構傷病的嚴重程度與工作相關性。第 10 章檢視職災補償制度的污名問題，指出「道德危害」論述可能助長職災者身分污名，而缺乏勞工參與及社會信任的制度設計不但助長制度性污名，更使職災補償制度本身的正當性受到質疑。

第四篇「國際經驗」探討國際間職災保險的制度設計。

首先，要掌握職業傷病的真實發生狀況，健全的通報監測機制是必要基礎，而職災保險的給付數據，是職業傷病國際比

較的重要資料來源。第 11 章選取特定國家，檢視職業傷病通報與認定機制，指出統計資料國際差異的制度性成因。

第 12 章檢視德國職災保險制度的演化與制度現況。德國為職災保險制度發源地，保險涵蓋率高達全人口 96%，不僅保障所有受僱者，也涵蓋其他類型工作者與非經濟人口，成為普及涵蓋的社會安全網。德國職災保險相當強調雇主在職災預防與職災者復健復工照顧上的責任，是其制度特色。

第 13 章聚焦於日本經驗。日本在 1920 年代建立不究責原則的職災扶助制度，戰後法律重整，將分散於不同法規的職災救助規範統整於 1947 年頒布的《勞動者災害補償保險法》。日本勞災保險亦涵蓋所有受僱者，並以勞雇契約的有無，而非保險登記與否，來界定保險效力。與德國不同的是，日本勞災保險並未排除雇主補償責任，也未限制職災者的民事損害求償權。

第 14 章總結本書觀點。我們認為，圍繞著職災補償制度的諸多爭議，應以落實「社會正義」與追求「共同良善」作為核心價值。前者，包含雇主責任如何課責、勞動人權如何保障、程序正義如何落實等問題；對於後者，應思考的是如何透過制度設計，讓正義、平等與互助等價值，成為共同追求的目標。

第一篇　看見職業傷病

　　對職業傷病的定義、樣貌與統計數據的掌握，是政策討論的基礎。第 2 章首先說明職業傷病的定義，以及職業危害與職業傷病的主要型態，接著藉由統計資料檢視台灣當代職業傷病的樣貌，並思考統計數據未呈現的職業傷病黑數問題。

　　不能忘記的是，冰冷數據的背後，堆疊的是一個個傷病或早逝的生命。第 3 章探入職災者的生命經驗。作者首先回顧台灣公衛醫學領域有關職災者災後身心健康狀況的研究文獻，接著透過深度訪談，試圖理解職災者災後處境的共通性。

職業傷病的樣貌

鄭雅文、陳宗延

2

「職業傷病」（occupational injury and disease）泛指因工作引起的傷害與疾病。本章第一節檢視此名詞的定義；第二節與第三節分別介紹職業健康領域對於職業危害與職業傷病的分類；第四節整理台灣現行的職業傷病統計監測機制，其中勞保的職災給付是相對較為完整的統計數據，也是國際比較的主要參照；第五節呈現近年來勞保職災給付的職業傷病；最後一節討論勞保統計的限制，指出職業傷病較易被忽視的族群。

2.1 職業傷病的定義

在醫學與公衛領域，職業傷病的探究著重於因果關係以及預防策略的設計與評估。在法學領域，有關職災議題的研究則大多關注傷病發生之後的責任歸屬。就法規層面來看，職業傷病的界定，可追溯至 ILO 於 1921 年與 1925 年公布的第 12 號《工作者補償（農業）公約》[1] 與第 17 號《工作者（事故災害）補償公約》[2]。此兩公約將職災補償的對象定義為「起因於工作或執行工作過程中發生災害而導致的人身傷害」（personal injury by accident arising out of or in the course of their employment）。

---

[1] C12 Worker's Compensation (Agriculture) Convention

[2] C17 Workers' Compensation (Accident) Convention

在此，使用的名詞為「人身傷害」，界定的要素為法界學者常引用的「業務起因性」和「業務遂行性」，前者指的是與職務間具相當因果關係，後者指的是在雇主指揮監督的工作過程中發生。ILO 在 1925 年公布第 18 號《工作者補償（職業病）公約》[3]，將補償對象擴及職業病。

　　ILO 在 1964 年公布第 121 號《就業災害給付公約》[4]。此公約使用「就業災害」（employment injury）一詞，其內容包含「工業災害」（industrial accident）、「職業病」（occupational disease）與「通勤災害」（commuting accident）三類。而觀察 ILO 近年來的統計報告，大都採用「職業傷害」與「職業病」兩類，其定義說明如下（ILO, 2013a）：

- 「職業傷害」（occupational injury）：「因職業災害事故引起的人身傷害、疾病或死亡」（any personal injury, disease or death resulting from an occupational accident）；
- 「職業病」（occupational disease）：「因長期性職業危害暴露導致的疾病」（a disease contracted as a result of an exposure over a period of time to risk factors arising from work activities）。

---

[3] C18 Workers' Compensation (Occupational Diseases) Convention

[4] C121 Employment Injury Benefits Convention

值得注意的是，職業傷害也包含職業災害事故導致的疾病。然而，ILO 一些報告書也常見「職業災害與疾病」（occupational accidents and diseases）一詞合併使用，可見即使在 ILO 的文獻，也有名詞混用的現象。

在台灣，《職業安全衛生法》將「職業災害」定義為「指因勞動場所之建築物、機械、設備、原料、材料、化學品、氣體、蒸氣、粉塵等或作業活動及其他職業上原因引起之工作者疾病、傷害、失能或死亡」。從此定義來看，台灣法規所謂的「職業災害」，指的其實是職業災害事故或職業因素導致的後果，包括疾病、傷害、失能或死亡。台灣法規對於職業災害或職業疾病等名詞的定義分歧問題，於第 8 章討論。

2.2　職業災害與職業危害

如上述，「職業傷病」包含「職業傷害」與「職業病」兩大類，而其成因可區分為立即發生的「職業災害事故」（accidents）與長期存在的「職業危害」（workplace hazards）兩大類，如圖 2.1 所示。本節首先介紹職業傷病的成因。

（1）職業災害事故

　　立即發生的「災害事故」包括墜落滾落、跌倒、衝撞、物體飛落、物體倒塌崩塌、被撞、被夾被捲、踩踏、溺水、與高溫低溫接觸、與有害物接觸、感電、爆炸、物體破裂、火災、不當動作、公路交通事故、鐵路交通事故、船舶飛機交通事故等。

立即發生的災害事故
（Accidents）
長期存在的職業危害
（Workplace Hazards）
· 物理性危害
· 化學性危害
· 生物性危害
· 人因性危害
· 社會心理性危害

職業傷害
（Occupational injuries）
職業疾病
（Occupational diseases）
· 呼吸道疾病
· 肌肉骨骼疾病
· 皮膚疾病
· 聽力損失
· 癌症
· 肝臟疾病
· 心腦血管疾病
· 生殖系統疾病
· 腎臟疾病
· 神經系統疾病
· 精神與心理疾病

圖 2.1　「職業傷病」的類型與成因
本圖由作者繪製。

（2）職業危害

長期存在的「職業危害」可分為「物理性」、「化學性」、「生物性」、「人因性」及「社會心理性」危害，以下概要介紹其內容。

・物理性危害 （physical hazards）

物理性危害包括危險性的機械設備、粉塵、油煙、廢氣、臭味、噪音、異常溫度、不良照明、場地濕滑、游離輻射、非游離輻射等。物理性危害常見於礦石採取、營造以及俗稱 3K（日語骯髒、危險、辛苦）的傳統製造業。但服務業作業環境也有不少物理性危害，例如交通運輸業、物流倉儲業、餐飲服務業、醫療服務業常見的物理性危害有熱危害、油煙、廢氣與危險設備（林洺秀、郭智宇，2014）。

・化學性危害（chemical hazards）

酸鹼溶劑、電鍍液、黏著劑、去污劑、清潔劑、染劑、油漆、塑膠安定劑、農藥、麻醉劑等化學物質，是許多產業常見的化學性危害。在高科技光電產業，使用的化學品尤其繁多且變化多端，難以掌握與監測。在其他製造業、農林漁牧業、醫療保健業、美髮業、清潔乾洗與脫脂作業等工作環境，工作者也可能接觸有害的化學品。根據勞動部「勞動與職業安全衛生研究

所」於 2013 年對全國工作者進行的抽樣調查，有 13% 的受僱者表示工作中會接觸到化學品，有近 8% 的受僱者認為工作中的化學品接觸有可能會傷害健康（林洺秀、郭智宇，2014）。

　　化學品導致的職業傷病問題相當多元，立即性的災害事故如爆炸可能造成皮膚灼傷、呼吸道嗆傷、中毒，長期暴露於化學品可能導致各式各樣的職業病，包括神經病變、皮膚疾病、肝腎病變、呼吸系統疾病、心腦血管病變、生殖系統病變、癌症等。台灣在 1972 年發生飛歌電子廠女工集體中毒死亡事件，在 1990 年代出現美國無線電公司（Radio Corporation of America，簡稱 RCA）電子廠員工集體罹癌事件，這兩個重大工傷事件均由於三氯乙烯、四氯乙烯等有機溶劑的暴露所致。

・生物性危害（biological hazards）

　　生物性危害包括病菌、病毒、寄生蟲、生物性過敏原，以及生物體產生的毒素，可能導致傳染性疾病、過敏性疾病（如氣喘、鼻炎、支氣管炎）或中毒反應。生物性危害較普遍的工作場所，包括醫療照顧業、農業、畜產業、食品加工業、廢棄物處理業等。根據勞動部 2013 年調查資料，有 8.7% 的受僱者自評在工作中會接觸到致病菌或病毒（林洺秀、郭智宇，2014）。

・人因性危害（ergonomic hazards）

　　人因性危害指的是，會對工作者肌肉骨骼系統造成傷害的

物理性環境因素，例如工具、機器、設備、工作枱或座椅、工作動線的不當設計，以及器械振動、重複性肢體動作、負重工作、不正常身體動作、長時間站立、長時間從事電腦操作等等。人因性危害導致的傷害主要是肌肉骨骼疾病，但也可能造成災害事故，以及疲勞與心理壓力疾病。根據勞動部 2013 年的調查資料，在各種人因性危害類型中，長時間站立或走動比例最高（54.9%），其他如手部反覆動作（49.6%）、長時間使用電腦（46.5%）、搬運重物（42.6%）、姿勢不自然（30.4%）、使用過重的手工具（24.2%）、使用振動性工具（18%），也是普遍的人因性危害（林洺秀、郭智宇，2014）。

· 社會心理性危害（psychosocial hazards）

職場社會心理危害指的是，造成工作者精神壓力的工作設計、工作安排、社會互動或組織管理方式，也稱為「工作壓力源」（job stressors）。職場社會心理危害的類型很多，可能導致的身心壓力疾病也相當多元，包括「創傷後壓力症候群」（post-traumatic stress disorder, PTSD）、心腦血管疾病、肌肉骨骼疾病、胃腸潰瘍、代謝症候群、免疫系統疾病、睡眠問題、憂鬱症、疲勞等等。因工作壓力導致自殺，在日本與一些國家已成為重要的職業健康議題，此問題在台灣也曾出現，與工作者長期處於職場壓力處境不無關係（鄭雅文等，2011；鄭雅文，2013）。

2.3　職業傷病的類型

　　如圖 2.1 所示，「職業傷病」分為「職業傷害」及「職業病」兩大類。職業病可能肇因於長期性的職業危害暴露，但也有可能由立即性的災害事故所導致，例如重擊、滑倒導致的脊髓損傷或下背痛，但台灣目前的職業病分類方式並未區分由傷轉病的疾病類型。反觀日本的勞災保險在職業傷害與職業病兩類之外，另設「業務上負傷起因之疾病」類別（見第 13 章）。職業傷病的認定，一向是職災補償政策爭議的核心，本節扼要介紹主要的職業傷病類型。

（1）職業傷害（occupational injuries）

　　職業傷害，指的是立即性的職業災害事故導致的人身傷害、中毒或死亡。職災風險較高的產業包括營造業、礦石採集業、農林漁牧業與傳統製造業。根據勞動部 2013 年的調查，有 32.6% 的受僱者認為工作環境有「跌倒滑倒」危險，有 26.0% 的受僱者認為有「切割擦傷」危險；「夾傷、捲傷、物體倒塌、飛落、衝撞、被撞」也是普遍危害（林洺秀、郭智宇，2014）。

　　陳介然等人分析勞動部 2013 年調查資料，發現台灣受僱者自評過去一年中曾因為工作而受傷或生病的比例，男女分別為

13% 與 10%，其中營造業男性受僱者高達 20%。統計分析也發現，事業單位規模小於 50 人、長工時、夜班輪班、工作心理負荷較高者，是發生職災的高風險族群（陳介然等，2015）。

（2）職業病

職業醫學領域常見的職業病分類，大致依據身體器官系統做分類，少部分則依致病成因做分類，後者如噪音性聽力損失、異常溫度引起之疾病、振動引起之疾病、石綿相關疾病等。以下扼要介紹常見的職業病類型：

・ 職業性呼吸道疾病

職業性呼吸道疾病包括急性肺部疾病，如刺激性物質造成的氣管收縮、肺泡炎、肺水腫等，也包括慢性呼吸道疾病，如氣喘、慢性阻塞性肺疾、塵肺症、肺癌等，但慢性疾病亦可能急性發作。因粉塵暴露導致的塵肺症，是許多國家在工業發展初期最主要的職業病，可說是歷史最悠久、人數規模最龐大的職業病，目前在發展中國家中也仍是最主要的職業病。瀰漫粉塵、氣體、蒸汽、燻煙的職業，是職業性慢性阻塞性肺疾的溫床。化學性危害如有機溶劑、揮發性溶劑、重金屬溶劑，以及生物性危害如動物毛皮、植物花粉等過敏性物質，也可能造成職業呼吸道疾病。以職業性氣喘為例，罹病風險偏高的職業包含烘

焙、木工、印刷、金屬加工、清潔、農業、實驗室工作、醫療
健康照護、營造、化工業等（郭育良，2007）。

‧ 職業性肌肉骨骼疾病

職業性肌肉骨骼疾病是相當普遍的職業病，包括下背痛、
頸肩症候群、肱骨踝上炎（網球肘）、腕隧道症候群等類型。
其致病因素主要為人因性危害，例如負重、搬運、抬舉或推拉
動作、重複性動作、長期振動、不正常姿勢、長時間站立或扭
轉、坐式工作型態。立即性災害事故如滑倒、摔落、撞擊、扭傷，
也可能造成下背痛或其他肌肉骨骼疾病。此外，長時間過度勞
動、缺乏休息、情緒緊張等社會心理性危害，也可能造成肌肉
骨骼問題的發生或惡化（郭育良，2007）。在大多數已開發國
家，肌肉骨骼疾病是最常見的職業病類型，就台灣勞保職業病
資料觀之亦不例外。根據勞動部 2013 年的調查，台灣受僱者在
過去一年內曾有身體痠痛問題的比例高達 60%，以肩、頸、下
背或腰部的痠痛最為常見（林洺秀、郭智宇，2014）。

‧ 職業性皮膚疾病

職業性皮膚疾病的致病因子多元，主要來自化學性危害，
如有機溶劑、電鍍液、黏膠、清潔劑、染燙劑、水泥、防腐
劑、含金屬溶劑。但物理性危害（如濕熱、振動、紫外線、日
光曝曬）、生物性危害（如細菌或病毒感染、植物毒液）與人

因性危害（如反覆性磨擦），也可能造成皮膚疾病（郭育良，2007）。職業性皮膚病起初的徵兆往往隱而不顯，但倘若慢性發作則不易根除。

常見的職業性皮膚疾病是「接觸性皮膚炎」，占所有職業性皮膚疾病的九成以上，又可分為「刺激性」與「過敏性」兩類，前者好發於染製業、美容美髮業、營造業、清潔業、化工業、高科技電子業，後者與接觸過敏性物質有關。其他類型的職業性皮膚病有痤瘡、疥瘡、白斑病、凍傷、灼傷等。根據郭育良教授等人的研究，台灣男女性受僱者過去一年曾罹患職業性皮膚疾病的比例分別為 4.4% 及 4.2%（Shao et al., 2001）。

· 職業性石綿相關疾病

石綿為致癌物質，可能導致的疾病包括石綿肺症、肋膜病變、惡性間皮瘤、肺癌、喉癌、卵巢癌。大多數國家（包括台灣）已全面禁用石綿，但由於過去大量使用且疾病潛伏期漫長，導致石綿相關疾病至今仍是許多工業先進國家的重要職業病。台灣在工業化過程中也曾大量使用石綿，石綿建材製造工廠曾遍布全台，鍋爐管線與保溫隔熱設備也使用大量石綿，此外，台灣曾是世界拆船王國，拆船工人是石綿暴露的高風險職業族群。直至現今，裝潢或拆除房屋工人仍可能暴露於石綿粉塵中。根據過去的石綿消耗量、暴露量與疾病潛伏期推估，台灣應有為數不少的石綿疾病；但歷年勞保職業病統計資料卻顯示，獲

得勞保認定為職業病的石綿疾病件數屈指可數，顯示低估問題嚴重（鄭雅文，2017）。

· 職業性癌症

癌症是台灣最主要的死因，推估有一定比例的癌症起因於職場危害。依據國際癌症研究署（International Agency for Research on Cancer, IARC) 對致癌物質的分類 (IARC, 2018)，迄今共發現 120 種確定致癌因子（Group 1）與 82 種極有可能致癌因子（Group 2A），當中不少是常見的職業暴露。職業性癌症的類型繁多，包括石綿造成的肺癌和間皮瘤、露天工作的紫外線輻射造成的皮膚癌、核電廠或醫護工作者游離輻射造成的血癌、木頭粉塵造成的鼻咽癌（以上屬 Group 1）；影響生理週期的輪班工作已知會提高乳癌風險，而四氯乙烯會增加食道癌風險（以上屬 Group 2A）。

根據王榮德教授研究團隊的推估，台灣 2011 年暴露於致癌物質的工作者約有 225 萬人，男女性罹患 24 種職業性癌症的件數，推估為 4,675 件與 936 件，其中以職業性肺癌最多，男女性推估件數分別為 395-1,728 人及 82-411 人（王榮德、潘致弘，2014）。但職業性癌症的潛伏期漫長，因果認定相當困難。

· 職業性心腦血管疾病

職業性心腦血管疾病可由毒性化學物質（如一氧化碳、有

機硝化物、二硫化碳、氟氯碳化物、含氯有機溶劑、鉛、砷等）
或物理性危害（如噪音、異常溫度、異常氣壓）引起。與西方
國家相當不同的是，在東亞國家（包含日本、南韓、台灣、中
國），工時過長或工作負荷過重是職業性心腦血管疾病的主因。

　　台灣在 1991 年首度頒布《職業引起急性循環系統疾病診斷
認定基準》（2010 年更名為《職業促發腦血管及心臟疾病（外
傷導致者除外）之認定參考指引》），之後歷經多次修訂（勞
動部職業安全衛生署，2018b）。依據勞動部公布的認定指引，
符合工時、工作型態與突發壓力事件等一定標準的腦血管疾病
（包含腦出血、腦梗塞、蜘蛛膜下腔出血、高血壓腦病變）和
心臟疾病（包含心肌梗塞、急性心臟衰竭、主動脈剝離、狹心
症、嚴重心律不整、心臟停止、心因性猝死），可被認定為「職
業促發腦血管及心臟疾病」，也就是俗稱的過勞心腦血管疾病。
之所以稱為「促發」，是因為考量到工作負荷本身不會直接導
致心腦血管疾病，而是使原本已存在的病情惡化，雖非直接導
致，但仍屬廣義的執行職務所致疾病。

・職業性精神疾病

　　如前節所述，職場中的社會心理危害可能導致各種身心壓
力疾病，除了身體上的肌肉骨骼疾病、心腦血管疾病，也可能
導致心理上的疾病如憂鬱、焦慮。不過心理疾病的範圍廣泛，
成因複雜多元，除了工作因素，也有個人心理特質或其他社會

壓力來源，因此在職業疾病的認定上困難度相當高。其中，重大壓力事件導致的「創傷後壓力症候症」是較容易被認定的職業病類型。例如緊急救難人員、警察、消防員、社工、記者，在經歷或目睹災難事件後，已知是出現「創傷後壓力症候症」的高風險職業族群。勞動部在 2008 年將「創傷後壓力症候症」列入勞保「職業病種類表」，隨後在 2009 年將精神疾病納入為勞保職業病的補償疾病類型，同年也頒布《工作相關心理壓力事件引起精神疾病認定參考指引》（鄭雅文，2013）。

· 其他職業病

其他職業病類型尚包括聽力受損、生殖系統疾病、肝臟疾病、腎臟疾病、神經系統疾病、生殖危害、傳染性疾病、異常溫度疾病等，其規模與影響亦不可小覷（郭育良，2007）。勞動部 2013 年的調查，詢問受僱者自覺工作環境中是否有發生職業病的風險，結果顯示有 43.9% 的受僱者認為工作環境「聲音太大」，42.7% 認為「很熱」，40.5% 認為有「灰塵」問題，39.4% 認為有「臭味異味」問題，另有 31.8% 有二手菸暴露（林洺秀、郭智宇，2014）。

（3）職業傷病的認定依據

職業傷病的認定由於牽涉法律上的補償責任歸屬，因此是爭議核心。急性災害事故的因果關係較無爭議，但慢性發作的

職業病，認定則較不直觀，須仰賴流行病學的因果推論。職業醫學專科醫師在進行職業病認定時，大致遵循以下 5 大流行病學因果推論原則（王榮德等，2008）：

- 必須有客觀證據，確認疾病的存在，也就是需要有明確的疾病診斷；
- 必須有客觀證據，確認暴露（即職業危害）的存在；
- 必須有客觀證據，確認暴露與疾病間具合理的「時序性」（temporality），具體而言，在考量疾病誘發期（induction period）與疾病潛伏期（latency period）之後，暴露導致疾病的時間先後關係必須符合病理機轉；
- 暴露與疾病間之關係須合乎科學知識的「一致性」（consistency），亦即因果相關須在既有知識文獻中獲得佐證；
- 在綜合考量所有可能的致病因素之後，須確認工作因素對疾病的貢獻度大於其他非工作因素。

有些職業病有明確的職業暴露成因，例如礦工的塵肺症，被認定為職業病較無問題。然而，職業病的認定有時無法完全符合上述五大原則。例如，當職業暴露具有高度獨特性，導致該暴露與疾病的相關無法在既有科學文獻中找到先例，因此難以滿足「一致性」要求。

此外，許多「多因性」疾病，如下背痛、慢性阻塞性肺病、

接觸性皮膚炎、心腦血管疾病、癌症等，致病因素眾多，除了工作外，工作者自身的體質、家族遺傳、居家環境暴露、抽菸飲食運動等生活型態，均可能是罹病的因素，或與工作因素互相影響構成加乘風險的效應。對於多因性疾病的職業病認定，如何應用群體層級的流行病學數據，並在個體層級得出工作因素貢獻度大於或小於 50% 的推論，其實在科學知識上存有相當爭議。就流行病學知識本身而言，個人取向的流行病學問題意識得到個人歸因的研究結果，而群體取向的流行病學研究問題得到社會致病的研究結果；證據的製造與引用，均有其社會脈絡，也無可避免有其價值取向。在流行病學知識不確定的狀況下如何進行決策，並不只是科學問題，也是價值選擇與政治問題（鄭雅文、范國棟，2007；鄭雅文，2008）。

2.4 職業傷病的監測統計機制

要瞭解職業傷病的規模與分布，首先必須掌握統計資料。台灣的職業傷病統計機制大致包含以下四類：

（1）《職業安全衛生法》雇主通報重大職災之責任

《職業安全衛生法》第 37 條第 2 項規定，事業單位工作場

所發生重大職災，雇主應於 8 小時內通報勞動檢查機構[5]。在此，重大職災的定義為「一死、三傷、一住院或其他經中央主管機關指定公告之災害」，未依法通報的雇主應處以三萬元以上三十萬元以下罰鍰。根據勞動部每年公布的《勞動檢查年報》，台灣在 2012 年至 2017 年之間，每年都有超過三百名勞工因「重大職災」致死，其中營造業所占比例均在四成以上（表 2.1）。

然而即便是符合上述重大職災定義，雇主未依法通報的情形十分普遍，勞檢部門對於違法雇主的行政罰鍰過低，未能形成足夠壓力，因此勞動檢查部門掌握的「重大職災」統計，其實只是冰山一角。再者，所謂「重大職災」的界定亦有過於狹隘的問題，不僅未涵蓋受傷程度未達此嚴重程度之災害事故，亦未涵蓋非急性的傷病或慢性發作的職業病。

（2）《職業安全衛生法》雇主主動填報職災紀錄之義務

《職業安全衛生法》第 38 條規定，中央主管機關指定事業且員工人數 50 人以上之事業單位，應填載工時損失達 8 小時以上之職業災害，按月報請勞動檢查機構備查。然而，規定需自主填報的事業單位並不全面，且長久以來事業單位隱匿不報的

---

5   原「重大職災」定義為一死或三傷；2013 年《職業安全衛生法》修訂，新增「一住院」。

表 2.1 《職業安全衛生法》適用行業工作場所重大職業災害死亡人數：
2012-2017 年

年度	全體			營造業		
	適用人口（千）	重大職業災害死亡人數	死亡率（每十萬人口）	適用人口（千）	重大職業災害死亡人數	死亡率（每十萬人口）
2012	6,910	329	4.76	704	151	21.45
2013	7,077	313	4.42	683	171	25.04
2014	9,920	346	3.49	685	168	24.53
2015	10,747	342	3.18	840	156	18.57
2016	11,267	321	2.85	899	147	16.35
2017	11,352	314	2.77	901	142	15.76

本表由作者整理製作。資料來源：（勞動部職業安全衛生署，2018a）

問題早已為人詬病，因此此資料難以呈現職業傷病樣貌。

（3）勞動部職業傷病通報資訊系統

近年來職安署建置「職業傷病通報資訊系統」，強調多元通報機制。依據職安署的說明，勞動部勞工保險局（以下簡稱勞保局）核定職業傷病給付時，應通報中央主管機關，而勞工發生職業傷病者，受災勞工本人、其雇主、醫療機構等有關人員，均得主動通報（勞動部職業安全衛生署，2016）。職安署並編列經費，以補助方式鼓勵各區職業傷病防治中心及職業傷病診治服務網絡醫院進行主動通報。然而此機制並不具法律強

制性，且僅以慢性發作的職業病為通報重點，更難以呈現台灣
職業傷病的全貌。

（4）《勞保條例》的職災給付

勞保局每年公布的職災保險現金給付資料，是職業傷病統
計的主要資料來源。

勞保為綜合性保險，有「普通事故保險」與「職業災害保
險」兩大類，後者的給付類型有「傷病給付」、「失能給付」、
「死亡給付」、「醫療給付」四類，前三者屬現金給付，醫療
給付則以醫療服務方式提供（有關職災醫療制度，參見第9章）。
勞保職災保險給付資料並不完美，其限制在本章最後一節討論，
但仍是最全面的職業傷病統計資料，也是國際職業傷病比較的
主要資料來源。下節呈現勞保統計呈現的職業傷病樣貌。

2.5 勞保職災統計中的職業傷病樣貌

（1）勞保給付整體概況

勞保投保人口逐年增加，至 2017 年有 1,027 萬被保險人。
在「普通事故保險」方面，給付件數與總額穩定成長，至 2017

年達 161.7 萬件，總給付額度為 3,829 億。在「職業災害保險」方面，自 2012 年以來，職災現金給付件數與總額則呈現下降趨勢，在 2017 年給付件數為 5.2 萬件，給付總額為 36.7 億左右；職災醫療給付件數與額度每年在 150 萬至 187 萬件間，在 2017 年有 162.5 萬件，給付額度為 29.5 億（表 2.2）。

（2）職災千人率

勞動部依據職災保險給付資料，計算每年各產業的職災千人率（全年領取職災現金給付人次／全年平均勞保投保人數 ×1,000‰）。

從勞動部公布的資料可見，2017 年全產業職災千人率為 2.773，依產業別分析，可發現職災千人率最高的產業是營造業（10.570），其次為用水供應與污染整治業（4.717）、運輸倉儲業（4.364）、住宿餐飲業（3.864）、礦業與土石採取業（3.720）、製造業（3.209）（勞動部職業安全衛生署，2017b）。

（3）職災死亡率

職災保險給付中「暫時失能」或「永久失能」，由於各國標準不一，難以進行國際比較，但「死亡給付」則是國際比較的重要指標。

表 2.2　勞保普通事故保險與職災保險之給付狀況：2012-2017 年

年度	投保人數	普通事故保險		職業災害保險					
				現金給付 （含傷病、失能、死亡）		職災醫療給付 （含住院、門診、預防健檢）		總計	
		總件數	總金額 （千）	總件數	總金額 （千）	總件數	總金額 （千）	總金額 （千）	
2012	9,709,511	938,330	254,731,160	62,997	4,594,549	1,867,495	3,364,794	7,959,343	
2013	9,745,794	1,082,163	273,084,494	59,693	4,253,557	1,195,529	2,686,981	6,940,538	
2014	9,920,361	1,157,828	241,718,591	58,195	4,111,676	1,455,456	2,910,364	7,022,040	
2015	10,073,327	1,279,594	275,479,239	56,088	3,959,044	1,500,756	3,012,596	6,971,639	
2016	10,165,434	1,448,585	319,342,159	53,298	3,831,253	1,534,815	2,775,927	6,607,180	
2017	10,272,071	1,617,014	382,932,734	52,303	3,666,038	1,625,085	2,946,260	6,612,298	

本表由作者整理製作。資料來源：（勞動部勞工保險局，2017）

　　從勞保職災死亡給付資料可發現，台灣在 2017 年有 545 件死亡給付[6]；死亡職災發生千人率最高的是礦業及土石採取業（0.531），其次是營造業（0.096），而原住民勞工的職災死亡千人率是全產業勞工的 3 倍，外勞的職業災害發生率則是全產業勞工的 1.37 倍（勞動部職業安全衛生署，2017b）。台灣的職災死亡率為每十萬投保人口 5.31 件，高於大部分工業先進國家，包含英國（0.8）、德國（1.0）、挪威（1.5）、芬蘭（1.8）、

---

[6]　本人死亡一次金，不含失蹤津貼、遺屬給付。

西班牙（2.3）、義大利（2.4）、法國（2.6）、日本（1.6）、美　國（3.6）（EUROSTAT, 2018；Bureau of Labor Statistics, 2018；厚生勞働省，2018a, 2018b）。若考慮仍有許多高風險工作者未納入強制納保範圍，可推估台灣實際的職災死亡率應遠高於上述數據。即便排除交通事故，台灣的致死性職災發生率仍顯著高於大多數先進國家。

（4）職業病補償率

勞保局自 1987 年始有職業病給付數據，自 1999 年後始對職業病進行分類統計。勞保自 1999 年以來給付的職業病件數，可參見表 2.3。

在 1999 年至 2001 年，勞保給付的職業病類型以「礦工塵肺症及其併發症」為最大宗。此時期塵肺症給付規模龐大，主要是由於 1995 年成立的「塵肺症患者權益促進會」推動所致，迫使勞保局修改認定標準，讓罹患塵肺症的退休礦工得獲勞保職災給付（有關此事件的內容與影響，參見第 10 章）。

同時期也有數十位「異常氣壓」職業病個案獲得職業病給付，與 1995 年前後爆發的潛水伕症爭議有關，當時數十位台北捷運工程工作者因壓氣工法處理不當而罹患潛水伕症。在此時期也出現 RCA 員工集體罹癌爭議，歷經漫長的訴訟過程，至 2015 年台北地方法院一審宣判，認定 RCA 員工罹癌為職業病，

表 2.3　勞保職業病現金給付之類別與件數：1999-2017 年

年度	眼睛疾病	游離輻射	異常氣壓	異常溫度	噪音引起之聽力損失	職業病下背痛	振動引起之疾病	手臂頸肩疾病	缺氧症	鉛及其化合物	其他重金屬及其化合物	有機溶劑或化學物質氣體	生物性危害	職業性氣喘及過敏性肺炎	礦工塵肺症及其併發症	矽肺症及其併發症	石綿肺症及其併發症	職業性皮膚病	職業相關癌症	其他可歸因於職業因素者	心腦血管疾病	精神疾病	總計
1999	7	0	11	0	15	82	8	39	0	0	2	13	1	2	2,281	6	9	25	24	272	0	0	2,797
2000	3	4	3	0	12	93	16	38	3	0	1	7	0	1	997	3	7	7	11	129	0	0	1,335
2001	1	2	2	0	3	60	9	64	0	2	1	2	6	0	136	4	2	0	1	54	0	0	349
2002	1	0	1	0	14	77	2	64	0	0	0	2	2	1	111	0	0	1	0	46	0	0	322
2003	0	1	1	0	4	44	0	61	0	0	2	2	2	3	116	1	0	3	4	34	0	0	278
2004	0	0	1	0	6	53	1	85	0	1	0	5	2	0	105	0	2	5	6	56	0	0	328
2005	1	2	3	0	3	47	5	64	0	0	0	4	2	1	37	2	0	6	4	32	0	0	213
2006	1	0	5	1	0	61	2	87	0	1	1	3	19	1	18	4	4	12	2	32	13	0	267
2007	0	0	0	0	5	86	0	98	0	0	0	2	7	3	16	4	2	5	2	8	37	0	275
2008	0	1	3	0	2	109	1	182	0	0	0	1	6	6	18	1	6	3	1	13	34	0	387
2009	1	0	1	0	6	136	1	239	0	0	0	3	10	3	18	3	2	11	1	17	26	0	478
2010	0	0	0	0	5	126	5	303	0	0	1	1	21	1	22	0	4	9	7	12	33	3	553

接前頁

年度	眼睛疾病	游離輻射	異常氣壓	異常溫度	噪音引起之聽力損失	職業病下背痛	振動引起之疾病	手臂頸肩疾病	缺氧症	鉛及其化合物	其他重金屬及其化合物	有機溶劑或化學物質氣體	生物性危害	職業性氣喘及過敏性肺炎	礦工塵肺症及其併發症	矽肺症及其併發症	石綿肺症及其併發症	職業性皮膚病	職業相關癌症	其他可歸因於職業因素者	心腦血管疾病	精神疾病	總計
2011	0	0	1	1	1	170	1	416	0	0	0	5	15	0	26	2	0	10	13	10	87	0	758
2012	1	2	0	3	1	144	0	393	0	0	0	1	22	3	210	3	1	9	6	14	92	3	908
2013	1	0	0	0	1	122	1	381	0	0	0	1	18	2	175	5	4	12	4	10	68	3	808
2014	1	0	0	3	1	121	0	352	0	0	0	7	14	2	157	7	3	3	11	7	67	1	757
2015	2	0	2	4	2	161	2	393	0	0	0	8	4	2	131	6	1	7	146*	18	78	3	970
2016	0	0	0	1	1	119	2	345	0	0	1	4	10	1	106	12	0	8	11	11	68	6	706
2017	1	0	4	2	1	102	0	298	0	0	1	1	11	1	83	10	12	2	4	8	84	6	631

本表由作者自行整理製作。資料來源：（勞動部勞工保險局，2017）

*2015 年台北地方法院一審判決，認定 RCA 員工罹癌與職業暴露有關，勞動部隨即以專案方式認定原告個案之罹癌為「執行職務所致疾病」，共計 139 件。故排除 RCA 個案，當年度職業性癌症數僅 7 件。

勞動部隨即以專案方式，決定由勞保局發給職災給付，以致當年職業性癌症的認定件數突增至 146 件。

在 2006 年之後，與過重負荷有關的心腦血管疾病案例數日益增加，至 2010 年，因過勞與壓力事件所導致的職業精神疾病亦開始出現。從台灣職業病給付件數的變化趨勢來看，可發現社會運動對於特定職業病問題的可見性，扮演重要角色。

相較於其他先進國家，台灣的職業病補償件數低落，主要職業病類型大多為手臂、頸肩、背部等肌肉骨骼疾病。以 2017 年的勞保職業病給付資料為例，當年總共有 631 件職業病給付案例，其中即有 63% 屬肌肉骨骼疾病（包括手臂頸肩疾病、職業性下背痛），另 17% 為呼吸疾病（包括塵肺症、矽肺症、石綿肺症），13% 為過勞促發的心腦血管疾病。除此三大類型之外，其他類型的職業病案件寥寥無幾。

（5）職災醫療給付

《全民健康保險法》第 94 條規定，「被保險人參加職業災害保險者，其因職業災害事故所發生之醫療費用，由職業災害保險給付。」也就是說，職災醫療費用應由職災保險來負擔，而非全民健保。

由勞保局公布的職災醫療給付資料可發現，職災醫療給付件數每年大致在 150 萬至 187 萬件間，給付額度大致在 27 億至

34 億，其中住院醫療費用占 47-58% 左右，門診醫療占 32-44% 左右，預防職業病健檢費用比例則大約在 8-10%。以 2017 年的統計來看，該年職災保險給付總額總共 66.1 億元，其中醫療給付所占的比例為 45%（表 2.2）。

雖然職災醫療的給付規模可觀，但根據勞動部 2013 年的調查，因工作受傷或罹患疾病的受僱者，使用職災醫療的比例只有 2.88%（林洛秀、郭智宇，2014）。換言之，有相當高比例的職業傷病患者並未使用職災醫療，此現象造成職災醫療未由職災保險負擔，反轉嫁由全民健保承擔（有關職災醫療制度的現況與問題，參見第 9 章）。

2.6　隱而未見的職業傷病族群

光是勞保職災現金給付的官方資料，不足以使我們斬釘截鐵地把握職業傷病的全貌。在補償數據背後，還有依稀可見卻全貌模糊的職業傷病問題，包括未納保勞保的受僱者、原住民、藍領外勞、青少年勞工、打工族和其他非典型工作者，實際職業傷病規模，想必比政府統計所呈現的數據還要龐大許多。

・未強制納保勞保的受僱者

目前職災保險仍依附於勞保，而未強制納入勞保的族群包

括：受僱於四人以下事業單位者、未加入職業工會或漁會的無一定雇主者、自僱自營工作者、60 歲以上或已領取勞保老年給付而仍繼續從事受僱工作者，以及具公保身分的公部門員工等。非聘僱於機構的照顧服務者，包括大多由女性外勞擔任的家事工作者，也未納入勞保強制納保範圍。依據勞動部統計，2017 年的勞保投保人數共計 1,027 萬人，包含職業工會會員 215 萬人、自願投保者 42 萬人。然而按主計處統計，該年就業人口共約 1,135 萬人，顯示仍有一成左右的工作者未受職災保險保障。上述微型事業單位受僱者或無固定雇主工作者，包括如營造業層層轉包體制下的點工、臨時工，除了就業安全較無保障、職業安全教育訓練與安全衛生防護較匱乏，在頻繁轉換雇主的狀況下一旦發生職業傷病，不但缺乏職災保險保護，也往往難以追溯雇主責任，造成災後求償無門的困境。

· **原住民**

　　勞動部勞動與職業安全衛生研究所分析勞保職災給付資料，發現在 2017 年一年間，原住民投保人數為 177,031 人，職業災害件數總計 782 件（其中死亡 15 件、失能 39 件、傷害 728 件），整體職業災害千人率（含死亡、失能、傷害）為 4.42，為整體職災千人率的 1.6 倍（勞動部勞動及職業安全衛生研究所，2017）。若考慮不少原住民勞工未納入勞保，或因資訊與資源不足而申請職災給付，職業傷病問題很可能比此數據還要龐大。

・外籍藍領勞工

來台工作的外籍藍領勞工已達 70 萬人。其中，產業外勞大都從事高風險的製造業與營造業工作，以女性為主的社福外勞則大都於個別雇主家中工作，後者不受《勞基法》規範，也不屬強制投保勞保之範圍。另有無合法工作證的外勞，人數難以推估，經常流入勞動條件低落的職場，成為職業傷病的高風險族群，但卻不在政府職災保險統計數據範圍之內。

・青少年勞工

青少年勞工也是職業傷病的高危險族群。在生理因素方面，成年勞工使用的機械設備或所處的工作環境可能不適合體格及生理發育仍未完全成熟的青少年，例如負重工作、操作機械設備、長工時工作、化學品暴露等職場危害，對青少年勞工可能造成較大的健康風險。在社會面向，青少年勞工往往缺乏社會經驗、知識、工作技能或權利意識，或因收入低與其他社會弱勢狀況，而容易受到不當對待。青少年也可能缺乏安全意識或本身的危險行為，而增加職業傷病風險。根據勞動部統計，青少年職災千人率（2016 年 4.98）是全體勞工（2.953）的 1.69 倍（勞動部職業安全衛生署，2017a），但許多青少年工作者並非正式工作者，因此也常未被納入勞保職災統計範圍。

· 農業部門從業工作者

農林漁牧業屬職業傷病的高風險產業，常見的職業傷害類型包含機械設備操作不當導致的外傷、雷擊、農藥中毒，主要職業病則有負重工作造成的肌肉骨骼疾病、熱危害、陽光曝曬造成的皮膚病變、眼睛病變、粉塵燻煙造成的呼吸道疾病、病菌寄生蟲等生物性危害造成的感染。農業從業人口的屬性相對較為脆弱。台灣對於農業工作者的職業傷病研究並不全面，農業職業災害保險甫於 2018 年 11 月開始試辦，尚未有系統性的統計資料（陳宗延、鄭雅文，2018）。

從勞保歷年的職災保險給付數據可發現，台灣的職災致死率高出先進國家甚多，顯示政府與社會大眾對工作者人身安全的輕忽；再者，職業病認定率遠低於先進國家，意味著有更多職業傷病沒有被認定與補償。職業傷病不被看見的原因多重，職災保險制度所導致的制度性排除問題，將於第 7 章詳述。

職災者的災後處境

鍾佩樺、鄭雅文

3

「以前做這個工作很開心，很有成就感，我常會跟我老婆講，這條路是我做的，那次颱風楓港大橋也是我們搶修的。把路蓋好，讓大家很安全的走在上面，很有成就感……。」
「頭家本來對我很好，很有情義，給我很多機會學習，讓我負責任……。我結婚時頭家的賓士車借給我用，他兒子還來幫我開車。可以幫忙頭家做工作，我覺得很快樂……工作的要求我都很盡力配合。沒想到發生事情之後他會那麼現實……人怎麼會這麼無情……。做工的人，就是歹命。」（職災者）[1]

在勞動力被視為「商品」的社會，承載勞動力的人身一旦受損，立即失去了價值。職災發生之後，可想見的是身體上的病痛，但職災者的災後境遇不僅止於此，還包括工作能力受損、收入降低，以及勞雇關係緊張帶來的衝擊。

本章呈現訪談研究結果，此研究旨在了解職災者的災後處

---

[1] 個案為營造業零工，33 歲，受僱於承包公共營造工程的包商，每日薪資為 1,700 元。2004 年 11 月，遭倒塌的鋼條土石撞擊導致顏面骨骨折、牙齒斷落，災後第十個月出現「右眼眼球鈍傷合併視神經病變」，並經精神科醫師診斷罹患有「重度憂鬱症」與「創傷後壓力症」。受訪時已進行多次勞資協商，但無任何結果，正由法律扶助基金會律師協助，準備向雇主提出民事訴訟。至訪談時仍在治療，無業，未領取到任何勞保給付或勞基法補償金（鄭雅文，訪談記錄；2006/7/24）。

境。第一節首先回顧台灣職業醫學與公衛領域近幾年來針對此
議題的研究發現。第二節概要描述研究方法，並呈現受訪個案
的職業災害或傷病經歷。第三節整理受訪者的災後處境，分為
五部分呈現，包括：身體功能與工作能力、勞雇關係、勞保給
付與其他補償救濟、社會人際關係，以及心理健康。第四節檢
視研究限制，並對此問題提出反思。

3.1　回顧本土研究

　　媒體報導中，職災與職業病新聞時有所聞，但媒體報導
大都聚焦於災害發生的當下，少有繼續探究職災者災後處境的
追蹤報導。不過從零星的研究報告、碩博士論文與勞工團體出
版品，可觀察到一些共同經驗，例如，職災者大都為原本社會
資源就相對較匱乏的受僱工作者，遭遇職災之後陷入生活困境
卻求償無門的狀況普遍；職災補償制度理應是事後補救的重
要憑藉，卻有不少工作者未受保護，或在申請過程中遭遇困
難，即便提出法律訴訟，過程卻漫長崎嶇（工作傷害受害人協
會， 2013；王嘉琪，2007；郭明珠，2002；黃怡翎、高有智，
2015；鄭雅文等，2017；謝國雄，1997）。

　　台大醫學院環境職業醫學科郭育良教授研究團隊近年來以
郵寄問卷、電話追蹤、個案訪談、健保資料庫分析等不同研究

方法，追蹤職災者災後的心理健康變化，發表多篇研究論文，以下依發表先後概要整理：

- 林冠含等人 2012 年發表的研究發現，因職災住院的勞工在災害發生後的第三個月，有 6.8% 的職災勞工出現「創傷後壓力症」，有 3% 出現重度憂鬱症（Lin et al., 2012）；
- 郭純雅主筆的論文指出，職災發生後的第三個月有 8.3% 的職災者出現自殺意念（Kuo et al., 2012）；
- 秦唯珊等人曾針對住院 3 天以上的 1,233 位職業傷病者，於事件發生後的第 12 個月進行問卷調查，研究發現職業傷病者最大的心理壓力來源為經濟壓力，該研究也指出，有 21% 的職災者未能復工（秦唯珊等，2013）；
- 林冠含等人在 2014 年另發表一篇研究報告，指出職災發生後的第 12 個月有 5.1% 的職災勞工出現「創傷後壓力症候群」，有 2.0% 出現重鬱症（Lin, Shiao, et al., 2014）；
- 利用全民健保資料，發現因職災住院的患者在一年後有 9.5% 出現精神疾病，罹病風險顯著高於非職災事故住院的患者（Lin, Chu, et al., 2014）；
- 秦唯珊等人訪談 7 位在職災發生後一年出現嚴重精神疾病症狀的職業傷病患者（其中 4 位遭遇通勤事故、3 位遭遇職災事故），歸納整理出致病因素：生理疼痛與復原狀況不佳、缺乏職業傷害補償知識且申請職災認定的過程受到雇主刁

難、傷病期間被雇主催促或強迫復工、焦慮未來失業、雇主冷漠對待、提早復工導致受傷部位傷害加劇（秦唯珊等，2014）；

- 秦唯珊等人分析職災後第六年仍持續接受調查的 570 位職災勞工，發現罹患「重度憂鬱症」的比例高達 9.2%，罹患「創傷後壓力症」的比例也高達 7.2%（Chin et al., 2017）。

　　台大公衛學院學者鍾佩樺等人分析 2013 年「全國工作者安全健康調查」資料，發現台灣的男女性工作者，自陳過去一年間曾遭遇職業傷病的比例各高達 14.91 ％ 與 11.53 ％，而遭遇職業傷病的工作者出現心理疾病症狀的比率，比未曾遭遇職業傷病的工作者高出 2.4 倍（Chung & Cheng, 2016）。

　　上述研究均指出，職災者是出現心理疾病的高風險族群。然而從這些研究，仍難以瞭解職災者出現心理疾病的社會致病機制。有關職災者災後面臨的長期社會困境，值得進一步探究。

3.2　看見職業傷病勞工

　　本研究採深度訪談法。受訪對象的條件為，在 2011-2013 年間曾因執行工作業務或在工作場所中發生災害事故或罹患疾病，年滿 15 歲以上的工作者。

　　我們採便利取樣方法，成功訪談 52 位個案，包括 28 位男性及 24 位女性。受訪者年齡介於 25-44 歲有 17 位，44-65 歲有 32 位、65 歲以上有 3 位。教育程度為國中或以下有 18 位，高中職有 27 位，大學學歷 5 位，碩士學歷 2 位。居住地集中於台北市、新北市與基隆市，共 39 位，其餘 13 位分布於桃園、新竹、雲林、高雄、屏東、花蓮、台東。研究方法請參見本書附錄一。

　　在職業傷病的類型上，有 16 位遭遇職災、36 位罹患慢性職業病，後者的疾病類型以肌肉骨骼疾病最多（見表 3.1）。受訪者的職業傷病經歷簡述可參見本書附錄二。

　　受訪者中有 8 位符合《職業安全衛生法》2013 年修訂之後所定義的「重大職災」（一死、三傷或一住院），其職災經歷簡述餘下：A3 為氣密鋼鋁門窗工廠的女性作業員，操作沖壓機台時，左手食指遭夾斷；災害發生後由老闆娘的妹妹騎機車載送，帶著放在塑膠袋內的斷指至醫院急診，但接受斷指縫合手術後傷口仍持續紅腫疼痛，三週後至另一家醫院接受斷指切除手術，而後出現神經瘤病變。災後一年遭雇主解僱。A6 在姊夫開設的工廠擔任「搪床」操作員，手部被捲入機器造成開放性骨折；由家人送至醫院接受斷指縫合手術，但後來因傷口壞死，切除斷指。A39 為工廠作業員，某日以大量去漬油清洗環境時，同事使用打火機引發大火，導致全身遭嚴重燒燙傷。A44 為賣場銷售人員，從貨梯上跌落，造成腰椎骨折。A49 為工地保全，執勤時為了調整遮蔽用帆布而從高處跌落，公司自行派車送醫，

表 3.1　受訪者的職業傷病類型（共 52 位）

類型	人數	個案代號
職業傷害（職災導致）：16 人		
被夾、被捲	4	A3、A4、A6、A55
跌落	4	A16、A23、A44、A49
跌倒、滑倒	3	A14、A56、A32
不當動作致拉傷	1	A28
火災致燒燙傷	1	A39
重物撞擊、衝撞、倒塌	3	A52、A53、A54
職業病（慢性職業危害所致）：36 人		
肌肉骨骼疾病：手臂肩頸或上背	14	B3、B4、B5、B8、B10、B16、B19、B25、B30、B34、B35、B38、B40、B41
肌肉骨骼疾病：下背或下肢	8	C3、C5、C18、C24、C25、C27、C28、C29
癌症	6	D4、D6、D7、D9、D15、D16
過重工作負荷引起之疾病	3	腦心血管疾病：E2、E10 過勞：F2
呼吸道疾病	4	塵肺症：G5、G8 氣喘：G9、H23
皮膚炎	1	H10

本表由作者整理製作。

方框標註者 8 位（A3、A6、A39、A44、A49、A52、A53、A55），為符合《職業安全衛生法》「重大職災」定義的個案；底線標註者 9 位（A3、A4、A52、A55、B16、B40、C27、G9、H10），為災後與雇主有訴訟爭議的個案。

發現左腳跟骨粉碎性骨折。A52 為挖土機駕駛，遭運送砂石的
輸送帶由上方砸落，壓垮挖土機駕駛艙，當場昏迷，工廠自行
送醫，診斷為頸部脊髓損傷，多次住院治療。A53 為挖土機設
備生產公司負責人，遭滑落的履帶撞擊，腳部骨折，住院五天。
A55 受僱於塑膠壓克力資源回收場，公司除了她與會計為台灣
人，其他 9 位均為越南籍男性外勞，工作環境惡劣；某日操作
攪拌機時右手被捲入，由老闆送往醫院就醫，診斷右手手部粉
碎性骨折、關節脫位、深度撕裂傷。

3.3　災後處境

本節呈現受訪者的災後處境，歸納為「身體功能與工作能
力」、「就業狀況」、「勞保職災給付」、「社會人際關係」
以及「心理健康」五部分。

（1）身體功能與工作能力

研究者在進行訪談時，大部分個案已接受一段時間的醫療
與復健治療，但許多受訪者仍有身體疼痛與不舒服的問題。其
中有部分個案有嚴重的身體疼痛，直接影響工作能力。例如 A3
在操作沖壓機台時食指遭截斷，在事發三年後接受本研究訪談

時，手部傷口已癒合，但卻因為神經瘤病變而疼痛不堪，疼痛時痛不欲生，醫師開給管制級止痛藥品，但吃藥後會嗜睡，無法工作。在工廠擔任技術員的 A4 遭機台輾傷腳部，一年半後仍存有神經傷害問題，不時感到疼痛，無法步行太久，跑步負重亦有困難。貨櫃清潔員 A14 在工作中滑倒造成腳部骨折，因斷骨處未妥善復位便打上石膏，至訪談時仍需拄拐杖行走。送貨員 A32 於工作中滑倒造成脊椎傷害，不時有疼痛問題，因無法負荷原有工作而離職。A52 罹患頸部椎間盤突出及腕隧道症候群，天冷時會痛到無法入眠。E10 中風後視力受損，嚴重影響工作能力。營造業拆除工 C18 操作手持式破碎機時傷到腰部脊椎，無法工作而離職，至訪談時仍有手腳麻痺、雙手不自主抖動問題。疑似有輻射暴露的短期臨時工 D16 罹患白血病，症狀出現之後身體異常衰弱，完全無法工作，發病後一年半即過世。

（2）就業狀況

在就業狀況方面，我們首先依受訪者是否有明確勞雇關係作分類。無明確勞雇關係的受訪者有 12 位，包括雇主、自營者、家屬工作者，以及營造業與建築裝潢業的泥作、油漆工作臨時或承攬工作者。其他有明確勞雇關係的受僱者中，有 19 位在發生職業傷病後離開原工作，災後繼續留任原事業單位的受僱者有 21 人，其類型詳見表 3.2。

表 3.2　受訪者的災後就業狀況、勞保職災給付與心理健康（共 52 位）

分析面向	類型
就業狀況	·**無明確勞雇關係（12 位）** > 雇主：A53、B41、C28、D4 > 自營：C5 鐵工廠 > 家屬工作：D6、D9 > 營造建築裝潢業的臨時工或承攬工（5 位）：B10、B35、C18、 　C29 、D7 ·**有明確勞雇關係，但於職業傷病發生後離開原事業單位（19 位）** > 短期工作結束（1 位）：D16 > 自願離職（10 位） 　－自覺身心狀況不堪負荷（4 位）：A23、A39、B5、B25 　－受雇主壓力離職：（5 位）：A32、<u>A52</u>、<u>A55</u>、G8、<u>H10</u> 　－復工後薪資過少自行離職（1 位）：A49 > 退休（2 位）：E2、G5 > 遭公司解僱（4 位）：<u>A3</u>、<u>A4</u>、<u>B40</u>、<u>G9</u> > 遭公司資遣（2 位）：B38、E10 ·**有明確勞雇關係，職業傷病發生後留在原事業單位（21 位）** > 原職（9 位）：A6、A28、B3、B4、B8、B34、C3、A56、H23 > 轉任輕便工作（8 位）：A14、A44、<u>B16</u>、B19、B30、C24、 　<u>C27</u>、F2 > 請假（4 位）：A16（申請育兒照顧假，留職停薪）、C25 及 D15（請 　假期間工資照給）、 A54（無薪病假）

接前頁

勞保職災給付	·**申請勞保職災給付（37 位）** ﹥ 通過（23 位）：<u>A3</u>、<u>A4</u>、A6、A16、A39、A49、<u>A52</u>、A53、<u>A55</u>、B34、B35、<u>B40</u>、B41、C3、C18、C24、C25、<u>C27</u>、C28、D4、D7、G8、<u>H10</u> ﹥ 未獲通過（8 位）：A23、A32、B5、<u>B16</u>、C5、D6、D9、E10 ﹥ 申請或認定中（6 位）：B19、D15、D16、G5、<u>G9</u>、C29 ·未申請勞保職災給付（13 位）：A14、A28、A44、A54、B3、B4、B8、B10、B25、B30、B38、F2、A56 ·公保身分（2 位）：E2、H23
心理健康 （程度不等的情緒問題，共計 27 位）	·有自殺意念但未至精神科就診（2 位）：<u>A3</u>、<u>A4</u> ·有自殺意念並使用安眠藥或抗憂鬱藥物（4 位）：<u>B16</u>、C18、<u>C27</u>、E10 ·提及曾有傷害雇主意念（1 位）：B38 ·使用安眠藥或抗憂鬱藥物（13 位）：A6、A14、A32、A53、B19、<u>B40</u>、C3、C5、C28、D9、E2、G8、<u>G9</u> ·未使用精神疾病藥物但有明顯情緒問題（7 位）：A23、A52、<u>A55</u>、B3、C25、D16、<u>H10</u>

本表由作者整理製作。底線標註者 9 位（A3、A4、A52、A55、B16、B40、C27、G9、H10），為災後與雇主有訴訟爭議的個案。

受訪對象中有 9 位向雇主提告。其中 6 位牽涉非法解僱或勞雇關係確認爭議（A3、A4、A55、B40、C27、G9）；1 位牽涉工時與加班費爭議（B16）；1 位為日薪挖土機司機，遭重物砸傷導致頸部脊髓損傷，向法院提告爭取《勞基法》雇主職災補償（A52）；另 1 位為人力派遣公司員工，被派至手機零件組裝代工廠工作，一個月後出現嚴重的接觸性皮膚炎，代工廠要求派遣公司將其「轉場」，個案自行離職後提出資遣費訴訟（H10）。

職業傷病發生後自願離開原職的 19 位工作者，1 人是在短期工作結束之後才發現罹患職業病，10 人在發生職業傷病之後因各種原因自願離職，其中有 5 人自陳受到雇主壓力而離職。因雇主壓力而離職者經歷狀況不一。例如，A32 在職災發生之後，雇主要求職災者在家休養，但未提供薪資，在個案自行申請並獲勞保職災給付之後，雇主才提供兩萬元慰問金，但立即要求個案簽立自願離職同意書；A55 在操作攪拌機時手被捲入機器，造成手部骨折與挫傷，傷病期間雇主未給予薪水，在勞工局介入後雇主才同意復工並補償薪資，但復工期間個案自陳遭雇主言語辱罵，在心理壓力之下自行離職；G8 從事金屬研磨工作，經職業醫學專科醫師確認罹患塵肺症，申請勞保職業傷病給付過程遭受雇主抵制，在勞工局、法律扶助基金會與勞工權益團體的介入後，進行多次勞資協調，個案同意和解並自願離職。

有 4 位受訪者被雇主以不適任或無故曠職為由解僱,他們也皆因解僱問題而與雇主對簿公堂。手指遭截斷的 A3 在傷病期間提出公傷病假申請,但雇主認為她提供的職業傷病診斷書不符公司請假規定,而以無故曠職 3 日為由將其解僱。上班一個多月即遭車台壓傷腳部的 A4,災後一年多後受傷處仍持續疼痛,公司以不適任為由解僱。電子業作業員 B40 罹患腕隧道症候群,公司拒絕給予薪資補償與公傷病假,之後以個案無故曠職為由將其解僱。灌膠作業員 G9 在出現職業性氣喘之後無法正常上班,因無法提出公司認可的傷病證明遭解僱。

災後與原有公司持續勞雇關係有 21 位。留在原公司但轉調輕便工作者有 8 位,其中有部分受訪者的勞雇關係良好,例如任職於機械設備公司的資深技工 C24。但有幾位受訪者提到,轉任輕便工作後薪資大幅降低,也有受訪者提到工作內容使傷病問題不斷惡化。例如 A14 在受傷期間請病假,公司要求他留職停薪,工作者雖身體仍不適,但因擔心收入而勉強復工;擔任保險公司內勤人員的 B16 罹患肌肉骨骼疾病,雖獲公司轉換為輕便工作,但她向勞檢機構檢舉工時過長問題,導致勞雇關係對立,也因為轉調輕便工作而遭到同事排擠。罹患椎間盤突出症並獲得勞保職災給付的 C27,持續勞雇關係且得以轉任輕便工作,但他與公司有長期勞雇爭議,曾向公司提告多次均獲勝訴,然而長期的勞雇衝突與爭訟對他造成極大的身心壓力。

我們進一步分析有受僱關係且在職業傷病發生之後仍與雇

主維持良好關係的職災者，依其勞雇屬性分類，有公部門員工
（A28、B3、B4、B8、H23）、與雇主有親屬關係的資深員工
（A6），以及受僱於中大型傳統製造業工廠的資深員工（B34、
C24、C25）。

（3）勞保職災給付

在 52 位受訪者中，具勞保被保險人身分的職災者有 50 人，
其中有 37 位申請勞保職災給付，13 位未提出申請，另有 2 位為
公保身分。

提出申請勞保職災給付者的 37 位勞工中，有 23 位獲得給
付，給付額度在 1.4 萬到 80 萬之間，但大多數個案的給付總額
在 10 萬元以下。有 8 位提出申請但未通過勞保局審查，未通過
的原因包括：跌倒與受傷之因果關係不明確（A23、A32）、工
作負荷與肌肉骨骼疾病之因果關係不明確（B5、B16、C5）、
工作暴露與癌症之因果關係不明確（D6、D9），心腦血管疾病
有關超時加班之證據不明確（E10）。另有 6 位在訪談時，職災
認定仍在進行中。

未申請勞保職災給付的受訪者有 13 位，其原因多重，主要
因素包括：不清楚此制度（A28、A54、B3、B4、B10）、無法
取得「職業傷病醫療書單」（A14）、擔心影響之後的退休金
（A14）、感受到來自雇主的壓力（A14、B4）、已由公司提供

直接補償（A44、B8、A56）、工作暴露證據難以取得因此未取得職業病診斷書（B25、B38）、自覺勞保給付幫助不大（B30、F2）。其中，A14 的雇主不但拒絕給予職業傷病醫療書單，更揚言一旦個案主張職業傷病將予以解僱。

大多數受訪者在傷病發生之後，經歷程度不一的經濟困境，其中有 6 位勞工陷入顯著的貧窮（A3、A55、C18、D9、D16、H10），他們的共通特質是，在傷病發生之前即為家庭支持體系薄弱且屬經濟弱勢的工作者。例如手指遭截斷且併發神經瘤病變的 A3 為 39 歲單親母親，自小靠家扶中心資助，受傷後無法工作遭解僱，自陳每日三餐都成問題，僅能在身體狀況尚可時，靠撿拾保特瓶作資源回收賺取微薄收入。51 歲的 A55 亦為單親母親，育有三個小孩，另有生病的母親與弟弟也需要她照顧，因手部疼痛無法施力，僅能從事農藥代噴等臨時性工作。腰椎受傷的 C18 為 54 歲拆除工人，獨居，職業傷病發生後積欠房租且無法負擔勞健保費用。罹患癌症的 62 歲女性 D9 為家庭印刷工廠的員工，工廠事業經營狀況不佳，發病後無法工作且必須負擔龐大自費醫療費用。41 歲的 D16 罹患癌症，原本即為低收入戶，罹病後失業。H10 為 27 歲女性派遣員工，傷病後勞健保被公司退保，處於無薪狀況。

少數職災者取得社會福利補助，如 A49 領有精神障礙手冊，每月由社會局補助 3,500 元；C18 曾連續兩年向區公所申請急難救助金，但各只有 5,000 元（總共一萬元）；A32 及 B40 曾領

取里長提供的一萬元急難救助金（一次金）。

另從訪談資料可發現，有 9 位受訪者以當時勞保的最高投保薪資投保（43,900），他們的年齡介於 52 至 66 歲之間（A14、A53、B34、B41、C29、D4、D6、D7、D15）。其中 60 歲泥水師傅 C29 表示，在申請職業病認定時曾遭勞保局質疑未真正從事營造業。

（4）社會人際關係

職業傷病除了影響勞雇關係，也影響工作者的社會人際關係，包括來自主管的壓力以及來自同儕的排擠。例如，因接觸化學品而罹患皮膚炎的 H10 提及，她的雇主會拿她的疾病告誡其他員工，要求員工「若本來自己身體有狀況就要誠實提出來」；罹患腕隧道症候群的 B3 提到，在申請公傷病假時，遭公司人事部門人員公然斥責「人人都有病痛，這哪算職業傷病……」。

不少受訪者提到，同事雖同情其處境，但顧及自身工作而對職災問題保持緘默（A4、A52、C27、G8、G9），不願意出面指證職業傷病發生過程（A3）。部分受訪者表示，職災發生後遭同事排擠。例如 B16 發生職業性肌肉骨骼疾病，雖得以轉調輕便工作，但同事認為勞務不均而排擠她；罹患肌肉骨骼疾病的 B19 在申請職業病認定與轉調輕便工作過程中，自覺在公司內孤立無援；罹患接觸性皮膚炎的派遣勞工 H10 提及，發生

職業病後同事原本提供協助，但不久後即疏遠她。

在一些個案中，也可發現原本即有問題的家庭關係因職業傷病而更加惡化，例如單親者 A3 表示，兄弟姊妹各有家庭經濟負擔，因此很難協助她；獨居者 C18 在職災後更感孤獨憂鬱，缺乏生活目標。

（5）心理健康

有 27 位受訪者出現程度不一的情緒問題，其中有 6 位受訪者自述有自殺意念。A3 及 A4 均在職災發生之後被公司解僱，其中 39 歲的 A3 身體疼痛問題嚴重，訪談時提到自殺意念，訪員詢問是否尋求專業者協助，但她自述因無法負擔掛號費與就醫交通費而未至精神科就診。罹患肌肉骨骼疾病的 B16 與主管關係緊張，因職業傷病補償爭議而向雇主提起訴訟，導致身心壓力巨大而罹患憂鬱症。腰椎受傷的臨時工 C18 為獨居者，缺乏家庭支持，職業傷病後失業，心情低落，嚴重依賴安眠藥。C27 在發生職災後與公司關係緊張並纏訟多年，雖成功領取勞保職災傷病給付並在訴訟中獲判勝訴，但身心壓力巨大，有嚴重睡眠問題，持續服用抗憂鬱藥物與安眠藥。疑似因長期加班而出現眼部出血的 E10 因視力受損嚴重影響生活功能，心情難以調適，自覺在傷病發生後主管與同事無人聞問，留職停薪一段期間後又遭公司資遣，訪談時仍失業，自陳情緒低落並時常

哭泣，每天均需服用安眠藥才能入睡。

有 1 位受訪者（B38）在公司年資六年，每天必需手持電動起子重複鎖螺絲動作，曾向公司反應有手部疼痛問題並希望索取職災醫療書單就醫，卻遭雇主無預期資遣。在訪談中，個案對於工作受傷又被迫失業的遭遇感到憤恨，自陳曾有拿刀刺老闆的激烈情緒。

另有 13 位受訪者定期使用抗憂鬱、鎮靜或安眠藥物。從訪談資料可發現，職業傷病帶來的勞雇衝突及經濟困境，是主要原因。例如，工作中滑倒造成腰椎受傷的 A32 雖被職業醫學科醫師認定為職災，但勞保局以個案未立即就醫為由，認定為非職災，受傷後不久即被雇主要求自行離職，處於長期就業困難及收入不穩定狀況，有嚴重的睡眠困擾與焦慮情緒，需要靠安眠藥才能入睡。罹患職業肌肉骨骼疾病的 B40 因雇主言語羞辱而產生嚴重的睡眠問題與憂鬱症。C5 傷後無法復工，經濟收入銳減導致心理壓力。受訪者 E2 發生腦出血之後，遭公司去除主管職，造成薪資下降，且職務調整未經當事人同意，造成當事人心情難以調適，一年後退休。罹患塵肺症的金屬研磨作業員 G8 在傷病發生之後因職災認定與補償問題與公司出現衝突，勞資協調之後離職，因協調過程造成心理壓力很大，有嚴重睡眠問題，自陳即使使用安眠藥仍無法入睡。罹患職業性氣喘的 H 自述罹病後向公司提出請假遭拒，最後被公司解僱，進入司法訴訟後感到心力交瘁，有失眠問題。

　　在其他未進入精神科求診或未使用精神疾病藥物的受訪者中，也可看見心理疾病問題的普遍性。例如受訪者 A55 傷後復工期間遭主管言語霸凌，威脅資遣，導致精神緊繃並出現失眠、厭食等身心症狀。遭重物撞擊導致脊髓受損的挖土機司機 A52，在災後向勞保局與雇主提告，除了身體病痛持續之外，自陳有憤怒情緒，並會在睡夢中驚醒。製造業作業員 C25 在傷病發生後無法就業，時常覺得頭痛、情緒低落。因接觸化學品而罹患皮膚癌的 H10 提及，不確定受傷部位是否可好轉，覺得很缺乏經濟保障與社會支持，加上勞健保被公司退保，保費被催繳，心情絕望。部分受訪者提及，發生職業傷病事件使其生活步調失序，失去控制感，導致自尊與自信心下降。

　　可發現除了身體病痛之外，職業傷病之後的勞雇衝突、就業困難、經濟壓力、缺乏家庭與社會支持，是導致職災者產生心理疾病的重要因素。值得注意的是，進入訴訟的 9 位職災者均出現程度不一的情緒問題。

3.4　研究反思

　　對於許多工作者而言，賺取薪資以提高生活品質並照顧家庭，是最基本的要求。但是工作不只帶來經濟層面上的滿足，也帶來認同、友誼、社群歸屬、意義感與尊嚴。即便是最勞力

性或最低技術性的工作，都對工作者帶來一定程度的意義與尊嚴。

職業傷病的出現，對工作者原有生活秩序帶來多重斷裂，不僅是身體上的傷害與病痛，也造成勞動力的損害，讓勞雇間的衝突本質迅速浮現。職災者何以成為罹患心理疾病的高風險族群？本研究指出，失業壓力、經濟困境、勞雇對立與法律爭訟，對大多數職災者帶來巨大的身心壓力。原本就低薪，以及原本就缺乏家庭與社會支持的工作者，更可能因為遇上職業傷病，而陷入社會心理困境。

本研究訪談 52 位職災者，包含遭遇職災事故與罹患慢性職業病的工作者，初步整理出職災者災後困境的共通性與其社會脈絡。不過本研究仍有若干限制。首先，在研究族群上，本研究訪談人數有限，來源亦不夠多元，或許有其他面向的社會心理困境尚未納入。可注意到的是，本研究所有受訪者均有勞保或公保，因此未納保勞工的處境並未呈現。本研究也未關照到更弱勢的職災者，例如外籍勞工、原住民勞工、農業勞工、漁工、未成年勞工，另外也未針對因果關係更難以確認的職業病作分析。其次，有關資料的可信度。單由職災者口述或主動提供的書面參考資料，有可能流於片面或偏頗，有待透過多元觀點加以檢視。有關心理健康狀況的評估，受限於訪談方法，無法確認個案口述的疾病狀況之真實性。然而儘管有以上不足，本研究對於當代台灣職災者的災後處境，應仍提供豐富的實況報告，

也明確指出，要接住不幸遭遇職業傷病的工作者，現行的職災補償救助制度確實有迫切改革的必要。

　　本書第一篇從職災補償的意義開始討論起，第 2 章及本章分別從巨觀的統計數據及微觀的個別工作者災後生活處境，說明了職災議題的重要性和急迫性。從公共政策的角度，我們應該如何處理職災補償問題？我們手邊有哪些政策工具？本書第二篇介紹職災補償制度作為政策介入的歷史與法律制度演變，以及其中蘊含的倫理價值基礎。

第二篇　職災補償制度的演化

　　職災補償制度過往的流變，或多或少形塑了制度的今日樣貌，也持續影響制度的明日走向，成為牽絆制度改革的助力或阻力。

　　第 4 章聚焦於先進資本主義國家職災補償制度發展史，並以英國和德國為原型，檢視其「過失主義民事損害賠償」、「無過失主義雇主補償」與「社會保險」三階段的演化，盼能借古鑑今，為台灣職災補償制度的定位和評估提供背景脈絡。

　　第 5 章檢視台灣職災補償制度的發展軌跡，並對台灣制度發展的獨特性，提供可能的解釋。

　　歷史分析提供後人血淚斑斑的教訓，倫理思辨則跨越時空，成為制度建立與變革不可或缺的基礎。抽象的倫理思辨並非無中生有，而是經過無數經驗的累積、反思和錘鍊，凝結成為決策者和眾多利害關係人必須參採的重要原則。第 6 章簡介社會保險背後的價值及其學理，並據此檢視台灣職災補償制度是否符合與普世倫理規範。

職災補償制度的國際發展

陳宗延、鄭雅文

4

職業傷病，自古存在。進入工業革命之後，職業傷病的規模快速擴大，對勞動階層帶來巨大衝擊，成為無法不回應的政治問題。本章第一節概要回顧職業傷病問題的歷史；第二節回顧職災補償責任的社會保險化歷程；第三節整理 ILO 職災補償之相關公約，回顧其發展歷程、制度精神與規範內容；末節就全球職災補償制度的當代樣貌進行概括性回顧，並反思此制度在當前經濟全球化與勞動彈性化趨勢之下的定位。

4.1　職業傷病的歷史

職業傷病自古有之，但成為重要政策議題，始於工業革命之後。1713 年，被後人譽為「職業醫學之父」的義大利醫師拉馬其尼（Bernardino Ramazzini）出版《工人的疾病》（*De Morbis Artificum Diatriba; Diseases of Workers*）一書，詳述 52 種當時常見的職業病及其致病因素。1775 年，英國外科醫師帕特（Percivall Pott）發表世界上第一分職業性癌症病例報告，指出煙囪清掃工作與陰囊癌的相關性，促成英國國會立法禁止童工清掃煙囪（Carter, 2000; Crone, 2004）。

進入 19 世紀，隨著工業革命的進展，勞動階層的勞動處境急遽惡化。英國是工業革命的發源地，也是大規模的職業傷病問題最早出現的國度。恩格斯（Friedrich Engels）在 1845 年以

德文發表〈英國工人階級狀況〉（The Condition of the Working Class in England）一文（恩格斯，2005），鮮活地記述當時英國童工、女工與一般勞工，因為工時過長、姿勢不當、機器造成的工傷與粉塵暴露導致的身心傷害。他寫著，「婦女不能生育，孩子畸形發育，男人虛弱無力，四肢殘缺不全，整代整代的人都毀滅了，他們疲憊而且衰弱」，而「所有這些疾病都是從工廠勞動的性質本身產生的」。逐漸壯大的勞工組織，一方面要求雇主強化勞動者保護，另一方面也要求雇主落實職業傷病損害填補責任。雇主則基於生產效率的考量、勞雇衝突的擔憂以及對新興工業科技的熱衷，紛紛引入職業安全健康保護技術。主政者在面對日趨強大的勞工運動與社會改革聲浪，亦不得不介入勞動保護規範。

至 19 世紀後期，許多職業病陸續被醫學界證實，包括礦工的塵肺症、鑄造業工人的鉛中毒、火柴製造工人的黃磷中毒、毛皮製造工人的炭疽熱。在此同時，英國法院有關職業傷病賠償責任的訴訟案件也日益增加，但大多為職業災害爭議，鮮少有職業病訴訟案件。一直到 1906 年英國修訂《勞動者職災補償法》（Workmen's Compensation Act）之時，才首度將職業病納入職災補償範圍。

東亞地區的工業大國日本自 19 世紀中期快速工業化，不僅在工業發展上追趕歐美工業大國，也在職業傷病問題與職業醫學研究上成為後進國。日本勞動科學與產業醫學研究的先驅暉峻義

等，1919 年起任職於法政大學「大原社會問題研究所」附屬的勞動衛生部門，致力於工時、產業疲勞、勞動狀況、勞工營養等醫學研究。該部門於 1921 年獨立為「倉敷勞動科學研究所」，並在二戰結束後轉型為文部省管轄的「財團法人勞動科學研究所」，至今仍是日本職業健康研究的重鎮。「農村醫學之父」若月俊一在二戰結束後展開農民健康研究，發現許多農民因過度勞動而罹患腕部腱鞘炎，破除了人們對於疾病的錯誤歸因和風俗迷信，並提出具體預防與治療對策（杉山章子，2000）。

在台灣，台大公共衛生研究所柯源卿與林家青等人在 1949 年至現今位於新北市樹林區的大豐煤礦，調查當地煤礦工人肺功能狀況，並與金銅礦務局醫院郭進祿院長合作，長期追蹤礦工健康狀況的變化，試圖以肺活量及胸廓體積作為煤礦工人選工標準。柯源卿教授並分析瑞芳鎮死因資料，發現該地成年男性的主要死因為矽肺症、肺結核、氣喘、肺氣腫與意外事故，均與礦業工作有密切相關（Ko & Lai, 1961）。在此同時，台大醫學院楊思標教授等人在金瓜石地區進行研究，並陸續於《台灣醫誌》發表塵肺症臨床病例報告，指出金銅礦與煤礦礦工為罹患矽肺症的好發族群（楊思標，1952；楊思標等，1953）。台大醫院於 1959 年設立肺功能室，吳敏鑑醫師研究團隊在 1960 年代發表多篇論文，成為勞保塵肺症失能補償的參考依據。台灣在工業化早期，有關塵肺症的學術研究相當蓬勃，詳見學者林宜平之回顧（林宜平，2004）。

1972 年 7 月到 11 月，位於淡水的美商飛歌電子廠，連續發生女工集體中毒事件，其中有多人暴斃。主管機關介入調查，發現該工廠使用三氯乙烯及四氯乙烯等有機溶劑，因通風不良，使員工暴露於高濃度有害物質，導致急性肝中毒。飛歌事件發生後不久，位於高雄加工出口區的日商三美、美之美電子廠也出現同樣問題。女工集體中毒死亡事件經媒體曝光，導致電子業女工集體離職，促成了 1974 年頒布《勞工安全衛生法》（2013 年修法後更名為《職業安全衛生法》）（羅桂美，2002）。

1983 年，台大醫學院王榮德教授於台大醫院首創「職業病與環境病門診」，一方面投入台灣本土職業病的調查研究與教學工作，以推翻假說的研究態度找出許多化學物質引起之職業病（Wang, 1991）；另一方面撰寫「公害與疾病」系列文章，積極投入社會倡議「給化學物一張身分證」，促成「危害性化學品標示及通識規則」之立法及執法，使化學物引起之職業病受到認知且得以被及早預防。

一直至 1997 年才被揭露的美商 RCA 電子廠員工罹癌事件，主要致病因素與飛歌事件一樣，同樣是三氯乙烯（IARC 1 級致癌物）及四氯乙烯（2A 級致癌物）等有機溶劑。RCA 公司於 1960 年來台設廠至 1992 年停產關廠為止，不僅多次違反職安法規，使員工在工作由呼吸道及皮膚接觸暴露上述致癌物，也被發現長期違法傾倒廢棄溶液，導致地下水及土壤嚴重污染，而公司方面又抽取地下水供員工飲用。經歷十數年訴訟，最高

法院終於在 2018 年 8 月 16 日做出三審判決，判定 262 名員工及其家屬勝訴。此案件堪稱是台灣司法史上規模最龐大的職業病訴訟案，也是職業傷病發展史的重要指標，但此事件其實僅呈現台灣工業發展過程中職業傷病問題的冰山一角（蔣宜婷，2018）。

投入職業醫學與工業安全研究的先驅中，具階級批判視野與健康平權信念的研究者不在少數。正是因此才使他們將目光轉向社會中最脆弱、在職場中承受最高職業傷病風險的勞動者，窮其一生尋找工作使勞工生病的連結，並致力於尋求斬斷這些連結的方法。然而職業傷病問題的轉化，科學知識雖是要件，但更重要的是勞動權益的成型，以及勞資政治角力之下國家治理模式的轉變，而職災補償制度也在此脈絡中演化而來。

4.2　職災補償責任的社會保險化歷程

回顧各國職災補償制度的發展，過程不盡相同，但大略可區分為「過失主義民事損害賠償」、「無過失主義雇主補償」與強制性「社會保險」三個階段。不同階段之間未必是線性發展，仍可見逆轉或並存過渡的情況。本節以英國與德國為主要參照，檢視職業傷病補償責任社會保險化的制度發展軌跡，並對英國與德國制度發展的路徑差異提出初步觀察。

（1）過失主義民事損害賠償

在職災補償制度建立之前，不論是英美法系或歐陸法系國家，都以「侵權行為」法理來處理職災。「侵權行為」法理係採「過失責任主義」（negligence liability），職災者必須證明雇主或其他加害人具有「過失」，始得請求賠償。然而法諺有云：「舉證之所在，敗訴之所在」，將困難的舉證責任課諸於勞工身上，但職災者難以重建現場舉證雇主過失，同事又往往礙於勞雇關係而不願出面做證，因此在司法實務上，職災者要透過民事訴訟取得賠償，困難度頗高。

縱使雇主有明顯過失，勞工亦能舉證，英國在19世紀中期的法庭組成和法律通念，仍使得職災者贏得勝訴的機會非常限縮。例如，英國1836年出現的職災訴訟，原告布里斯特利（Priestley）是肉商佛勒（Fowler）的員工，他在運送肉品途中因馬車車軸斷裂車身翻覆而致重傷，向法院提起訴訟要求雇主賠償。法官在1837年的判決引用「共同僱用」（common employment）法理，裁定馬車負重過重導致災害是同事過失所致，雇主本人並無過失，因而駁回原告請求（Stein, 2003）。根據此法理，職災的發生若歸因於同伴過失，受災勞工僅得向肇事同伴求償，而雇主只有在本人有過失之時，才須對受僱者的損害負擔賠償責任。

其他幾件職災者敗訴的判例中，英國法院建立的判例原則

尚包括：「與有過失」（contributory negligence）說，主張勞工本身亦有疏失，因此不能完全歸責雇主；「自願承擔風險」（acceptance or assumption of the risk）說，強調個人自由與契約自由，因此除非雇主有重大惡意，否則當勞工接受勞動契約時，即表示默認並自願承擔工作伴隨的風險；以及「不可抗力」（Acts of God）說，主張職災若難以避免，則不可歸責於雇主（Stein, 2003）。

上述立基於「自由放任」（laissez-faire）思潮的與私法體系的法理原則，屢屢成為雇主卸責的托辭，使罹災勞工難以對抗雇主，更何況大多數勞工在發生職災之後時常陷入生計困境，無力承擔高昂的訴訟費用與曠日費時的訴訟程序。職災者難以提告，或提告後也難以勝訴的事實，揭露了英國普通法對於職災者保護不足的問題（黃越欽等，1995）。

鑑於上述問題，英國在 1880 年制定《雇主責任法》（Employers' Liability Act），擴大雇主責任，同時限制「同伴過失責任原則」的適用空間。英國的《工廠法》也不斷修訂，加重雇主維護機器安全的義務，並擴大雇主對受災勞工的賠償責任。然而上述法規雖擴大雇主責任範圍，依舊採過失責任侵權行為法理，因此受災勞工仍須負舉證責任。英國一直到 1948 年的《法律改革法》（Law Reform Act）通過，才完全廢除「同伴過失」與「自願承擔風險」法理（王嘉琪，2007）。

德國的工業化和資本主義發展，比英國稍晚，但至 19 世紀

中期，工廠、鐵道、礦坑也開始頻傳職災事故。德意志邦聯議會依循鐵血宰相俾斯麥（Otto Von Bismarck）的意志，於 1854 年通過決議，禁絕初始萌芽的工運組織和社會民主運動。到了 1860 年代，德皇威廉一世當政並與自由主義政黨合作，政治和言論氛圍趨於放鬆，泛左翼勢力獲得發展機會。普魯士在 1871 年統一各邦聯建立德意志帝國，俾斯麥和自由主義派取得共識，認定新興的社會民主政黨為帝國威脅，一手打壓左翼運動組織發展，另一手則力圖籠絡勞工，在同年頒布《僱用人責任法》，擴大雇主對職災者的賠償責任（王琪，2007）。

（2）無過失主義雇主補償責任

訴諸於「過失主義」的法理難以真正保障職災者，對此，勞工團體與人道主義者不斷呼籲改革法律制度，催生「無過失責任」（no-fault liability）法理的職災補償制度。此法理主張，在勞雇關係中具有支配權的雇主，有責任確保職場的安全與健康。當職災發生，無論災害的行為人為誰，也無論是否有過失，雇主均須負起補償責任。在此所謂「補償」（compensation），即意味著不以過失為要件。然而，補償的額度受限，且職災者一旦領取補償，則須放棄民事損害賠償請求權。

德國在 1871 年頒布的《僱用人責任法》，對鐵道工人放寬其過失責任舉證義務，一旦發生重大職災，雇主被課予「嚴格

責任」（strict liability），不得主張「不可抗力」或「與有過失」，因此職災者無須舉證。德國的礦業和工廠勞工則是介於過失和無過失責任間的「轉承責任」（vicarious liability），須由雇主自行舉證勞工與有過失，否則雇主便須連帶負起責任。然而實務上，這些原則在當時的德國法庭並未被全面接受和實踐（Engelhard, 2007）。

英國在 1897 年頒布《勞動者職災補償法》（Workmen's Compensation Act），亦採無過失主義雇主補償責任法理，雇主須對職災者負擔無過失補償責任。不同於德國將職災補償責任完全視為雇主責任，英國的《勞動者職災補償法》將職災導致的損害視為雇主和勞工的共同責任，因此補償額度設限，僅達原有薪資的 50%（Hoop, 2007）。為了避免災害事故的補償範圍無限擴大，《勞動者職災補償法》也規定，雇主補償責任僅限於職災，而其要件為「因執行職務所致」（arising out of employment）並「在雇主支配下的勞動過程中發生」（in the course of employment）。此兩要件在 1921 年被 ILO 納入第 12 號公約。

歷史學者 Hoop 指出，英國《勞動者職災補償法》乃是各方勢力拉鋸和利益妥協下的產物：勞工為了確實並快速取得補償，以放棄民事訴訟權利作為交換；雇主雖負擔無過失補償責任，但以金額有限度的無過失補償，取代勞雇衝突與爭訟之累，是比較能接受的「必要之惡」。在此同時，日益蓬勃的人身保險

業者亦發覺有利可圖而支持此法案，許多雇主也透過購買保險，將職災補償的財務風險外部化。當時主政的保守黨，則藉此法案爭取勞工階級的支持（Hoop, 2007）。

（3）社會保險

雇主責任的擴大，必然造成雇主財務負擔的加重。德國在1884年通過《工業災害保險法》，隔年實施，至1911年全面適用於全國勞工，首創強制性的職災補償保險，用以分攤雇主無過失補償責任。在二十世紀之初，職災保險制度受到雇主的歡迎，也被勞工團體接受，迅速成為其他工業國家仿效的典範（Porter, 1999）。

英國則是直到戰後，才依據貝佛里奇（Beveridge）1942年提出的報告書，在1946年頒布《國民保險災害法》（National Insurance Injuries Act），將雇主職災補償責任社會保險化。

二次世界大戰之後至1970年代中期，是西方資本主義國家社會福利制度迅速擴張的黃金期，許多國家在此時期立法並確定職災保險制度，包括法國1946年頒布的《勞動傷害保險法》（Employment Injuries Act），日本在1947年制定的《勞動者災害補償保險法》，美國的職災補償制度也在1949年擴及全國各州（Fishback & Kantor, 1998）。

從各國社會福利體系的發展歷程來看，德國的職災保險

（1884）與醫療保險（1885）幾乎同步施行。相反地，英國雖在 1911 年即頒布《全民（健康）保險法》（National Insurance Act）建立強制性醫療保險，儘管經歷 1930 年代的大蕭條和通貨膨脹，強制性的職災保險卻直到二次世界大戰後期才進入政策議程。

英國的工業化和職業傷病問題出現較早，職災訴訟早在 19 世紀就已層出不窮，為何是德國領先建立社會保險形式的職災補償制度？在 1944 年出版的《鉅變》（The Great Transformation）一書中，博蘭尼（Karl Polanyi）解釋歐陸「社會自我保護機制」何以先於英國發展（Polanyi, 2001）。這當然是眾多歷史詮釋觀點之一，但觀點可供我們參考，對英國與德國的職災補償制度發展軌跡，指認下列幾項關鍵差異。

首先，有關勞工階級的地位流動。英國自 15 世紀以來的「圈地運動」使手工業者和農民失去土地，被迫離鄉入城，淪落為底層工人；反之在歐陸，封建莊園中的農民則大都是受城市生活與工作機會吸引，自願移居城市成為產業勞工，屬「向上流動」。

其次是勞工階級與中產階級的盟友關係。在英國，新興的中產階級受到貴族階級的拉攏，較少與勞工階層並肩捍衛共同利益；歐陸的貴族階級則拒絕和中產階級聯盟，驅使中產階級與勞工合流，共同反抗貴族和教廷等特權階級的壓迫。

再者，有關勞工階級的政治化程度。歐陸勞工在反封建和建國運動中占有一席之地，在此過程中滋長政治經驗和階級意

識，並取得左右立法方向的籌碼。對比歐陸工人藉由勞工政黨領導工會組織，英國工人較傾向依附工會，而工會欠缺全國性政治治理能力，因而對重大政策缺乏實質影響力。

職災補償制度受到各種政治與社會脈絡因素的牽引，而在各國有著不同的歷史發展軌跡。借鑑各國經驗，可發現職災者要從漫無天日的訴訟中脫身，同時又要確保所受損害得以獲合理填補，絕非天上掉下來的禮物。「無過失補償」的職災保險制度得以實現，勞工在各方角力中積極發揮集體影響力，絕對是不可忽視的重要因素。

4.3 國際勞工組織的職災補償公約

（1）ILO 公約的發展歷史

ILO 在 1919 年成立，隨即針對職業災害補償議題頒布若干國際公約，確立了職災補償制度精神，這些公約依公布年代整理於表 4.1，是各國制定職災補償制度的重要依據。

1921 年通過《工作者補償（農業）公約》（第 12 號），明定農業工人適用職災補償。該公約的第一條，將職災補償的範圍界定為「起因於工作或執行工作過程中發生災害而導致的身體傷害」。

表 4.1　國際勞工組織頒布的職災補償相關公約

頒布年	公約號	公約標題
1921	C12	工作者補償（農業）公約 Workmen's Compensation (Agriculture) Convention
1925	C17	工作者（災害）補償公約 Workmen's Compensation (Accidents) Convention
1925	C18	工作者（職業病）補償公約 Workmen's Compensation (Occupational Diseases) Convention
1925	C19	平等待遇（職災補償）公約 Equality of Treatment (Accident Compensation) Convention
1952	C102	社會安全（最低標準）公約 Social Security (Minimum Standards) Convention
1964	C121 R121	就業災害給付公約 Employment Injury Benefits Convention 就業災害給付建議書 Employment Injury Benefits Recommendation

本表由作者整理製作。

　　1925 年通過的第 17、18、19 號公約，明定所有災害補償
法令皆應適用於公私經營之企業所僱用之工人、職員及學徒；
職災者應有權領取醫藥輔助金、永久失能或死亡補償，且各國
法令須規定適當之方法，以確保職災者或其家屬在雇主或保險
者無償債能力時，仍能取得職災補償。ILO 公約也規定罹患職
業病的勞工，也應與工業意外事故一樣受有補償保障，在各國

境內遭遇職災的外籍勞工或家屬，其職災補償費須與本國工人同一待遇。

1925 年頒布的第 18 號公約對於職業病的認定與補償，尤其具重要意義。早期職業災害補償的認定基礎係採「災害主義」，職災指的是因工作產生的災害事故導致的立即性身體健康受損或死亡。因長期職業危害暴露導致的慢性疾病，如反覆性作業引起的肌肉骨骼疾病，或因長期暴露於有害粉塵引起的肺部疾病，則因其因果關係較不明確，在 1920 年代仍未被許多國家的職災補償納入涵蓋範圍。第 18 號公約納入「疾病種類表」（list of prescribed diseases），列舉職業病與其對應的職業危害、產業與作業流程，勞工若罹患表列疾病且從事表列特定工作，即可直接認定為職業病。首先被列舉的職業病為鉛中毒、水銀及其化合物中毒，以及炭疽熱感染；後續隨著醫學的發展，ILO 的表定疾病也持續擴充（ILO, 2013b）。

在二次世界大戰之後，社會安全成為國際人權保障的重點。ILO 在 1952 年公布《社會安全（最低標準）公約》（第 102 號公約），針對勞動者應享有的社會安全保障，訂定最低標準。此公約提出九項保障項目，包括醫療給付、疾病給付、失業給付、老年給付、家庭給付、生育給付、失能給付、遺屬給付，與職業災害給付。此一公約將職災者的保障視為是維繫社會安全制度的一環，強調職災補償並非僅屬個人層次的救助，而是社會全體應共同保障每一個工作者基本社會權的社會安全制度。

　　ILO 於 1964 年再公布第 121 號《就業災害給付公約》及《就業災害給付建議書》，成為世界各國職災補償制度的主要依據，對職災補償制度的發展具里程碑意義。

（2）ILO 第 121 號公約揭示的制度精神

　　第 121 號公約強調的制度精神，整理如下（ILO, 2013b；林依瑩等，2009）：

- 全面納保：包括公私部門在內的所有受僱者均應強制投保；
- 雇主責任：基於雇主對職災預防與補償的法律責任，職災保險保費原則上由雇主全額負擔；
- 無過失原則：不須追究過失責任，只須確認傷病事故是由工作引起，藉以免除過失責任法理中的過失舉證；
- 職災界定：限縮於業務有關的傷病，但應包含「職業事故災害」、「職業疾病」以及「通勤災害」三大類；
- 職災認定機制：為了提高效率、避免曠日廢時的認定程序，須設置簡化的職災認定機制；對於因果關係較不易確認的職業疾病，須以「疾病種類表」簡化認定程序，未列於種類表的疾病亦得經舉證其因果關係來作認定。
- 「預防－補償－復健」（prevention-compensation-rehabilitation, PCR）的結合：職災補償必須結合災前預防及災後復健復工。

在職災預防上，可採職災保費的調整或提供保險基金鼓勵雇主投入職災預防工作；在災後重建上，應提供災後身心復健與社會重建服務。

（3）ILO 國際公約規範的職災給付內容

ILO 第 121 號公約規範最基本的職災補償內容與標準，包含「醫療給付」、「暫時失能給付」、「永久失能給付」以及「遺屬給付與喪葬津貼」四類。以下扼要介紹其目的與內容：

・醫療給付（compensation for medical expenses）

職災醫療給付的範圍應包括門診、住院、牙齒治療、藥品醫材、義肢假體、輔具、特別看護、居家照護、復健治療等項目。部分先進國家的職災醫療給付也包括就醫所需的交通。醫療給付的期間由醫療專業者判定，基本上並無期間限制。

・暫時失能給付（temporary disability benefits）

暫時失能給付的目的是在填補職災者公傷病假（治療期間）無法工作的薪資損失。第 121 號公約容許設前 3 天等待期，以減少程度較輕微的職災個案之行政處理負荷。

· **永久失能給付**（permanent disability benefits）

完全喪失所得能力或喪失部分所得能力達一定程度的職災者，應定期發給給付；失能程度較輕微者，可採一次發給。但無論以何種方式發給，皆應保障職災者經濟安全、避免陷入生活困境。所謂「永久失能」，指的是職災者經治療後傷病症狀固定，再持續治療仍不能期待其治療效果者。失能程度的評估方式通常有「身體損傷程度」（例如身體部位受損、器官切除等）與「工作能力喪失程度」（影響勞動力與收入程度）等類型。永久失能給付的額度依據職災者的失能程度而訂，但不受其工作年資或投保年資影響。

· **遺屬給付與喪葬補助**（survivor benefits and funeral grant）

對於死亡的職災者，職災補償制度除了應提供補償金以協助職災死亡勞工之家屬辦理喪葬事宜，亦應提供遺屬給付，以照顧受勞工所撫養的遺屬。給付額度依據職災死亡者原有薪資以及其配偶與子女狀況而訂，大多採年金制。

4.4 全球職災保險制度的當代樣貌

回顧工業先進國家百年來職災補償制度的發展，大體上由傳統民法訴訟，演進為強制性保險制度。各國因社會歷史脈絡

的不同，發展出不同制度設計，本節檢視其類型、涵蓋率與制度定位。

（1）制度類型

根據 ILO 報告書，全球 196 個國家中，有 165 個國家（84%）設有職災補償制度。ILO 並指出，世界各國的職災補償保險制度，大致可分為「社會保險」（social insurance）與「雇主責任保險」（employer liability insurance）兩大類型（ILO, 2013b, 2017）。

採社會保險的職災補償制度，大都由國家或法定的公法人機構治理，負責保費訂定、徵收、職災認定、給付等事務，並由國家、雇主、勞工三方共同監管。職災保險基金的財源主要來自雇主，但也有部分來自受僱者或由國家以稅收挹注。大多數國家的職災補償制度屬此類，包括德國、法國、加拿大、日本、南韓；台灣亦可歸於此類型。

雇主責任保險制度則奠基於勞雇契約中雇主職災損害過失責任法理，政府強制雇主必須為受僱者購買保險，用以確保並分攤個別雇主的補償責任，但雇主可從市場選取符合最低規範的商業型保險。屬此類的國家包含英美系國家，如美國、澳洲、紐西蘭、新加坡、沙烏地阿拉伯等國。

ILO 報告書指出，採雇主責任保險的職災補償制度，因保

險契約往往僅涵蓋個別勞工於受僱期間發生的職業傷病事故，因此較為市場化與個別化取向。反之，以社會保險為基礎的職災補償制度，因為透過政府制定法律來確保職災者的補償權益，較能促進跨階級與跨世代的社會連帶，也較容易處理因過去暴露但多年之後才發病（潛伏期長）的職業病，也因此較能促進「社會團結」與「社會正義」（ILO, 2013b）。

（2）涵蓋率

　　根據 ILO 的調查，截至 2017 年，全世界勞動人口中只有33.9% 被納入強制性社會保險涵蓋範圍，另有 5.5% 的勞動人口涵蓋於雇主責任保險或自願性社會保險。就全球尺度，強制性社會保險確實是職災補償制度的主流，但仍有六成的全球勞動人口，未受到任何補償法規的保障。若再考慮到許多國家徒有法規但並未落實執行，實際的保護就更薄弱了。而職災補償的法律保障破碎，或根本尚未建立法制的國家，又往往是職業傷病風險高、勞動者勞動權與人身安全未受重視的中低收入國家。從 ILO 統計的數據可發現，北美與歐洲國家的職災保險涵蓋達70% 以上，其次中東國家約為 50%、南美國家為 60%、北非國家為 45%，而撒哈拉以南的非洲國家為 30%，亞太地區最低，僅有 25%（ILO, 2017）。

　　亞太地區的勞動保護機制相對薄弱，卻是全球生產鏈製造

端勞動人口最密集的區域之一。ILO 推估，全球因職災事故或職業病死亡的案例，有超過六成發生在包括中國、印度在內的亞洲國家（ILO, 2017）。以 2013 年發生在孟加拉的熱那大樓（Rana Plaza）倒塌事故為例，該大樓內設有近十家成衣服飾工廠、僱用約 5 千名勞工，從事國際廠牌廠商外包的低階工作，大樓倒塌事故導致 1,133 名勞工當場死亡、超過兩千名勞工重傷，是近代工業發展史上死傷最慘重的職災事件。此事件引發各界對全球生產鍊下游廠商勞動保護問題的關切，國際大廠承諾強化外包規範，而孟加拉政府也在國際壓力之下承諾改善職災補償制度。然而，在僱主責任保險覆蓋率僅有 12.5% 的孟加拉，此事件是否對全球生產鏈的勞動與健康不平等帶來改革契機，仍是持續發展的國際政策議題。

（3）作為社會安全網的職災保險制度

工業先進國家於上個世紀確立的職災補償制度，主要係規範單一且穩定的勞雇關係。然而在勞動彈性化與就業日趨不穩定的趨勢之下，當代出現越來越多非傳統工作模式，諸如承攬者、自營者、平台經濟工作者、身兼多職的斜槓工作者等等，各種踰越傳統定義的新分類，都可能造成工作者在既有制度下被制度性排除。在新興科技可能取代大量工作的未來趨勢下，仍以「工作者」與「工作相關」作為界定職災補償權益的制度，

若可能使「正式工作」的有無，成為取得公民權保障的要件，而造成社會保護資源的制度性區隔與不平等。

如何強化職災保險制度作為社會安全網的功能，是當代職災補償政策應思考的面向（ILO, 2013b；Mansfield et al., 2012）。例如，對於失能者的經濟保護與復健復工服務，是否應區分職災者身分或身心障礙身分，給予分流化的服務？還是應以失能者的需求，而不分其失能原因，一律由普及性的失能保護政策涵蓋？

有關失能者的社會安全制度，加拿大學者 Lippel 等人檢視 9 個先進國家的制度設計，指出有兩大類型，其一，針對特定事故身分作設計（cause-based systems），職災補償即為其中最典型的制度，其二，以失能本身作為保護對象的制度（disability-based systems），僅區分失能程度與失能者需求，而不區分失能原因（Lippel & Lötters, 2013）。

Lippel 指出，以特定事故身分作設計的失能保護制度，主要為美國、加拿大、英國、澳洲等英語系國家，在這些國家，普及性的社會保護相對薄弱。第二類制度屬普及性失能政策，不區分失能原因，對失能者提供一樣的給付或服務，北歐國家、荷蘭、法國等國的失能政策大都屬此類型。以荷蘭的失能政策為例，在保險財務機制與服務及給付的內容上，完全不區分職災身分。在法國及瑞典，失能服務仍須區辨失能是否職災所致，雇主仍須承擔保險財務責任，但除了社會保險不給付的等待期

薪資補償之外，雇主不須負擔其他責任，因此財務負擔並不大；對於職災失能者而言，可獲得的給付額度雖略高於非職災失能者，但差異並不大（Lippel & Lötters, 2013）。換言之，在普及性的社會安全制度中，職災身分與否，對於受益者、雇主與整體社會保險制度影響不大，因此較少有因職業傷病認定而產生的爭議。

從 ILO 的報告書，可觀察到職災保險制度在社會安全制度上的定位與時俱進（ILO, 2013b, 2017）。「社會安全」思維下的職災保險制度，擴大勞動者的社會安全保護網，取代或淡化傳統職災補償制度強調追究「雇主責任」的思維，避免勞動彈性化趨勢下，因工作身分差異而造成的制度性排除，同時降低目前耗費在職業傷病的認定與職災者身分區辨上的龐大社會成本。台灣的職災保險制度是否跟得上社會安全思維的國際潮流，在第 5 章，我們將耙梳台灣職災補償制度的沿革與變遷，檢視台灣職業傷病補償社會保險化的路徑。

台灣職災補償制度的奇特發展軌跡

陳宗延

5

先進國家職災補償制度的發展，從「過失主義」法理的民事賠償，轉變為「無過失主義」的強制性社會保險制度。相較之下，台灣的制度變革非常特殊。台灣於 1958 年頒布《勞工保險條例》，1964 年開始明文規範「職業傷病」給付，屬「無過失主義」精神的社會保險。然而因勞保給付額度微薄，至 1984 年頒布《勞動基準法》時新增第 59 條，課予個別雇主「無過失補償責任」。當時立法理由明文表示：「職業災害而受害之勞工，如僅以勞保之些微給付，實不足以達到照顧之目的，而應由雇主負起完全補償責任」。至 1999 年《民法》「債編」修訂時，又新增僱用人「無過失賠償責任」。可發現國際趨勢採保險制度將雇主責任公共化，台灣職災補償制度的發展軌跡卻有個別雇主補償責任不斷加重的反轉現象，有如岔路與逆流，也引發法律解釋及適用的爭議。

本章回顧台灣職災補償制度設計與相關法令的歷史發展軌跡，以了解為何台灣職災補償制度的發展迥異於國際經驗，演變為今日龐雜混亂的面貌，且產生「走回頭路」問題。從台灣職災補償制度的發展歷程可發現，昔日的政策決定，對今日的決策者仍有相當程度的制約作用。回首來時路，使我們對自己現在所處的位置看得更清楚，也為前路該往哪個方向走提供線索。

5.1 《勞保條例》的初創與發展

在《勞保條例》頒布施行以前，職災勞工僅能依據《民法》中的侵權行為與損害賠償責任（第 184-198 條），取得相應於雇主過失的賠償；然而，有能力舉證和提起訴訟的勞工為數甚少。

台灣在戰後初期仍屬農業社會，但甫失去大陸江山的國民政府在遷台之後立即著手建構社會保險制度，包含勞保和公保。籌備小組最初以台灣省政府社會處為核心，但實務工作之後移交台灣人壽保險公司（勞工委員會勞工保險局，2010）。1950 年，國民政府以行政命令頒布《台灣省勞工保險辦法及其施行細則》，納保範圍及於廠礦和交通事業勞工，尤以公營廠礦勞工為重點，之後又新增其他法規，擴及其他職類勞工，但在 1958 年《勞工保險條例》正式頒布後，前述法規整合於《勞保條例》。台灣省勞工保險局亦於 1960 年掛牌成立，屬於「省營事業」，從總經理到基層工作人員都移轉自台灣人壽公司。勞保局直至 1995 年始改隸中央，並在 2014 年隨勞委會升格為勞動部，由國營事業改制為行政機關（勞動部勞工保險局，2015）。勞保的強制納保範圍、人數及事業單位數，半個多世紀以來不斷擴大（參見圖 5.1），但仍未涵蓋所有工作者。

勞保體系的快速建立，部分學者認為是國民政府從落敗於中共的經驗中學習，並為了與對岸政權競爭勞工階級的民望支持（林國明，2003）。1952 年，才剛開辦的勞保便已指定矽

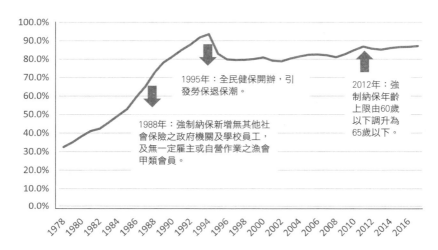

圖 5.1　勞保歷年涵蓋率變化：1978-2017 年

* 勞保涵蓋率定義為：勞保納保人口 / 勞動力人口。

** 勞動力人口定義為：15 歲以上可以工作之民間人口，包括就業者及失業者。

本圖由作者整理製作。資料來源：（勞動部勞工保險局、行政院主計總處）

肺症等十種疾病為職業病，可請領較高額的傷病及殘廢給付；
1961 年更首度將職業病健檢（矽肺症）納入給付（勞工委員會
勞工保險局，2010）。勞保醫療住院給付和門診給付，分別於
1956 年和 1970 年開辦，勞保費率也由 3% 逐步提昇至 4% 和
8%。此時職業傷病的醫療給付，並未成為獨立的給付項目，而
是與普通傷病一起給付 [1]。基於抑制醫療浪費的考量，勞保局在

---

[1]　開辦之初，勞保給付項目包含「生育」、「傷害」、「疾病」（未特別區

當時即已規定以勞保被保險人就醫時，須向投保單位（如雇主或職業工會）索取住院單或門診單（勞工委員會勞工保險局，2010），並將之視同「有價證券」般嚴格管控其發放數量（羅五湖、李松林，2017）。醫療書單措施，在職災保險財務分立之後仍沿用至今。勞保局並於 1977 年正式設立「診療費用審查委員會」，聘請多位醫師和藥師審查醫療院所申報之醫療費用。

《勞保條例》條文內容歷經多次增修訂，與職災相關的修訂包含：擴增殘廢給付項目（1968）、修增訂職業病種類（1968、1996）、職災醫療給付改由健保代辦（1995）、給付年金化（2008）等。勞保局並陸續公布相關子法，包含：1981 公布《勞工保險被保險人因執行職務而致傷病審查準則》全文 19 條；1991、1997、2003 年修訂並增列職業病認定要件及種類表；1995 年公布《勞工保險職業災害保險實績費率實施辦法》等。

1979 年，勞保正式區分為「普通事故保險」與「職業災害保險」兩類，職災保險費率獨立計算並由雇主全額負擔[2]，正式進入職災保險財務分立階段。此重大制度改革如何出現，必須放在具體的歷史脈絡來看。

分職業傷病，且初期僅有住院醫療給付）、「殘廢」、「老年」及「死亡」等六類目；而保險費率則採綜合保險費率，並未區分職災保險與一般事故保險的財務。

[2]　1979 年之「普通事故保險」費率訂為 7%；「職業災害保險」費率則依各行業危險性，採經驗費率及實績費率，訂於 0.3% 至 3% 之間。

　　台灣在 1960 年代末期至 1970 年代初期，隨著勞力密集工業的蓬勃發展，重大職業災病事件頻傳。早在 1968 年，高雄加工出口區、內政部、台北市衛生局等單位，就開始積極倡議，認為政府應加強職業傷病的預防和查核（經濟日報，1968；聯合報，1968）。同年一月至四月，立法院舉行多次內政、財政、司法委員會聯席會議，審查《勞保條例》修正草案，獲輿論支持，但討論的內容著重於雇主負擔保費比例的提高、被保險人範圍的擴大，至於職災給付相關內容則未受深入檢討（李子繼，1968）。同年五月底，日本厚生省資深官僚，同時也是世界衛生組織工業衛生專家的山口正義醫師，在來台考察工廠半年後提出十點改善建議[3]，其中特別提及「改進目前的保險制度，建立獨立性的勞工賠償體系，保險費完全委由雇主負擔，如此雇主勢將更能顧及職業性的傷害、疾病與殘疾的預防」（中央社，1968）。然而，立法院在二、三讀《勞保條例》修正草案的過程中，對此建議毫無回應。

　　同一時期，礦災頻傳，政府忙不迭地要求勞保局和礦工福利會挪出經費給予撫卹和津貼，婦工會和教會團體並發起募捐

---

[3]　十點建議分別為：(1) 工廠內應設置工業衛生醫療服務單位；(2) 訓練工廠內的衛生人員；(3) 建立工廠醫院；(4) 政府應有工業衛生行政機構的組織；(5) 訂定各種危害健康物質的標準；(6) 建立工業衛生檢驗室設備；(7) 組織技術顧問小組；(8) 對工廠提供財力支援以作為推動工業衛生工作的經費；(9) 建立獨立性的勞工賠償體系；(10) 建立工業衛生顧問委員會。

響應，內政部工業安全衛生會報和台灣省衛生處等官方機構亦對災害頻傳問題提出檢討並建議設立「勞工部」。但政府部門除了提供罹災者救助金與提出防災措施之外，對於山口正義先生建議的獨立職災補償機制仍未有任何作為。

在 1972 至 1973 年間，淡水飛歌電子廠與高雄加工出口區電子廠陸續發生勞工因有機溶劑暴露而導致職業性肝炎事件，其中多人暴斃死亡，經媒體揭露後引發輿論強烈抨擊，並出現女工辭職潮（聯合報，1972）。此時正是政府大力推動電子產業的時期，豈容騷亂紛擾？為平民心，政府除了藉由醫學及流行病學方法追究員工死因，並提供死者家屬撫卹津貼之外，也開始積極推動職業安全衛生法制，快速頒布《勞工安全衛生法》（1974）、《有機溶劑中毒預防規則》（1974）與《勞工作業環境空氣中有害物質容許濃度標準》（1975）。

飛歌事件發生後，當時的台灣省總工會理事長吳必恩發表評論直指弊端：「飛歌公司通風設備不佳，產業工會曾建議改善，卻未受理睬」；他並指出，「公司均以普通死亡及傷害申請勞工保險給付，致勞工遭受損失，依法不合，建議政府應按照職業死亡及傷害發給遺屬津貼及傷害補償費」（聯合報，1972）。對此，行政院在 1973 年三月首度對職災保險改革提出方案，擬修訂《勞保條例》，建立費率分立、保費雇主全額負擔的職業災害事故保險（聯合報，1973）。當時任行政院長的蔣經國先生隨即在行政院會中發表看法，要求勞保局限期研擬

劃分勞保與職災保險的方法；台灣省政府也立即發表宣示，呼應行政院指示（經濟日報，1973）。然而《勞保條例》修正草案未獲討論，反而是同一次院會上行政院長要求制定的《職業安全衛生法》，翌日即由內政部提出草案，兩週內通過行政院院會審議並送入立法院，隔年四月改以《勞工安全衛生法》之名三讀通過。職業災害保險的分立，再度渺無聲息。

1975年，政府以「涉及問題甚多，並為精簡法規」為由，將原先預期制定的《勞工災害保險條例》合併於《勞保條例》中，但內政部在接受質詢時明確表示，將「實施職業災害賠償保險與普通事故保險差別費率」（聯合報，1975）。此時，職業災害保險被定調為「合而不同」，仍舊附屬於勞保之下，同樣由勞保局管理，僅以不同費率加以分割。

在「合而不同」的基調之下，行政院勞保專案小組、內政部及其他未在報章上具名的政府人士不斷對職災保險費率與給付內容提出建言，行政院對此議題也開了數十次會議，但各界對於如何不加重雇主保費負擔，同時又要提高勞工保障，無法達成共識。《勞保條例》修正草案一波三折後送入立法院，終於在1979年元月16、17日分別通過二讀、三讀，建立財源分立的職災保險制度。

台灣在1984年一年間，土城海山煤礦、三峽海山煤礦、瑞芳煤山煤礦接連發生重大礦災，造成數百位礦工死亡，勞保局核發職災保險死亡給付逾1.2億元，足稱是勞保開辦以來最大的

職災事故，也讓台灣礦業走入尾聲（勞工保險局，2010）。災
難事件引發國內外媒體關注，勞保局對罹災者家屬的保險給付
採彈性措施，在未取得死亡證明書的狀況下，按礦工名單先行
發給家屬 20 萬支票，之後給予 45 個月的職災保險死亡給付。

1999 年前後出現的塵肺症礦工集體求償，也是台灣職災保
險發展史上的重大事件（詳見第 10 章）。此事件的出現，是由
天主教敬仁勞工中心、中華民國工作傷害受害人協會（簡稱工
傷協會），及塵肺症患者權益促進會等民間團體推動，促使勞
保局於 1995 年放寬塵肺症補償標準，並在 1998 年公布《勞保
被保險人離職退保後經診斷確定罹有職業病請領職業災害保險
給付作業處理原則》，開放讓退保勞工發現罹患職業病得請領
職災殘廢（失能）給付（林宜平，2004；劉翠溶，2010）。

5.2　《勞基法》的誕生

日本的《勞動基準法》和職災保險幾乎同時誕生，而台灣
《勞動基準法》頒布於重大礦災發生的 1984 年，遠晚於職災保
險。

《勞基法》規範勞動條件的最低標準，包括工資、工時、
休假、退休、解僱等勞動保護事項，其內容乃以國民政府於中
國大陸時期的《工廠法》和日本的《勞基法》作為藍本（鄭津

津，2010）。1929 年制定的《工廠法》第 45 條即規定，「工人因執行職務而致傷病或死亡者，工廠應給其醫藥補助費及撫恤費」，該法並依職災者平均工資訂定發給標準。1958 年《勞保條例》施行後，《工廠法》該條文名存實亡；1975 年《工廠法》修正，即規範工廠對於非強制納保的職災者，應參照勞保職災給付給予補助和撫卹。1984 年《勞基法》頒布，其中第七章「職業災害補償」（第 59-63 條）確立了個別雇主對職災勞工的「無過失補償責任」。然而《勞基法》加諸於雇主的直接補償責任，高於原有職災保險的給付，此立法造成的非預期後果持續至今（詳見第 7 章）。

　　值得一提的是，《勞基法》也是當時政經環境的產物。在內部，政治民主化運動和自主工運風起雲湧，當年接連發生的重大礦災更重創執政者威信；在外部，出口擴張時期的台灣勞動成本低廉，對美國享有高額貿易順差，成為美國失業勞工和工會怪罪的對象，美國政府遂以貿易法案，施壓台灣提昇勞動條件，營造了有利《勞基法》通過的氛圍。在此過程，勞工主管機關亦扮演重要角色。早在 1950 年代，政府內部即有訂定《勞工法》的意見，草案內容包含有關個體勞動的勞動條件基準、有關集體勞動的工會組織和勞資關係，乃至於勞工保險、勞工福利、勞工教育、就業安全和勞工檢查等，然而草案並未通過。1974 年《勞工安全衛生法》通過時，曾附帶決議儘速制定《勞基法》，1982 年立法院亦曾審查《勞基法》草案，惟受經濟部

門官員的反對而作罷（中華民國工業安全衛生協會，2010；葉崇揚，2016）。

　　《勞基法》草案在政治風向轉向有利時突圍而出，然而「徒法不足以自行」，在當時缺乏充分勞動檢查人力、預算和配套措施的狀況下，《勞基法》的象徵性質或許多於實質意義。新增雇主補償責任對於台灣職災補償制度帶來的深遠影響，在當時並未受到關注。《勞基法》頒布至今已超過三十年，隨著勞資拉鋸，勞動條件最低標準屢有變化，適用範圍也逐漸擴大，但至今仍未涵蓋所有勞工。

5.3　《民法》修法

　　歷史發展至此，勞保和《勞基法》雙軌無過失補償責任與《民法》損害賠償責任併存，此一複雜狀況在《民法》債編1999年修正案通過後再次產生微妙的變化。此次修法的內容，包含修正第184條第2項「違反保護他人之法律」（包含職業安全衛生法規）之侵權責任、新增第483之1條「受僱人服勞務，其生命、身體、健康有受危害之虞者，僱用人應按其情形為必要之預防」的保護照顧義務，以及新增第487之1條「受僱人服勞務，因非可歸責於自己之事由，致受損害者，得向僱用人請求賠償」。

其中，《民法》第 487 之 1 條增訂條文建立了雇主「無過失賠償責任」，亦即：縱使雇主無過失，只要勞工能證明自身無過失，基於勞雇契約的從屬性，仍可要求雇主負擔賠償責任。按照法律學者徐婉寧說法，無過失賠償責任理論上對受僱人求償相對較有利，但實務上則少見職災勞工以此為請求權基礎，原因包含：勞工無法證明工作與傷病因果關係、勞工無法自證沒有過失等。在學說和實務上，《民法》無過失賠償責任的定位與適用，仍存在諸多爭議（徐婉寧，2014）。

《民法》新增無過失賠償責任看似有利於職災者，但卻與歐美「以保險取代訴訟」的歷史路徑大相逕庭。尤其因台灣職災保險本身給付不足，訴訟過程往往曠日費時，而使勞工取得補償給付太少、賠償給付太遲。

5.4 《職業災害勞工保護法》殘補破洞

台灣過去有關職災補償的法律規範皆由政府行政部門主導。不過 2001 年三讀通過、2002 年頒布施行的《職業災害勞工保護法》則是由「工傷協會」與「工人立法行動委員會」等勞團共同推動。此法自 1997 年開始由工傷團體草擬法案至三讀通過，歷經兩屆立法委員、九個會期。根據高惠敏的分析，工傷團體同時進行內部遊說和外部輿論施壓，是該法終於立法通

過的關鍵，其運動策略包括「擴大議題」、「簡化議題」和「重新界定議題」，具體而言包含工傷者遊行、「工傷顯影—血染的經濟奇蹟」街頭攝影展、出版《工殤：職災者口述故事集》、將 2000 年發生的「八掌溪事件」[4]定位為職災、協助罹患潛水伕症的台北捷運勞工、組織 RCA 罹癌勞工抗爭並成立自救會等（高惠敏，2008a, 2008b）。

工傷團體原始的立法動機，是希望將《勞基法》與《勞保條例》中有關職業災害補償的條文全部抽離，整合至單一法律，以建立完整獨立的職業災害補償體系，但最後通過的版本僅採納勞工團體的部分意見。在職災者的補償與救助上，《職業災害勞工保護法》的主要突破包括：對未加入勞保而雇主又未依據《勞基法》給予補償的職災勞工給予失能和死亡補助、提供職災失能者各種生活津貼、看護補助、輔具補助等（詳見第 7 章）。《職業災害勞工保護法》提供的各項補助與津貼並未增加雇主保費成本或直接補償責任，因此未引起勞資雙方間的對抗，將之定位為勞團與國家取得妥協共識或許較為恰當（高惠敏，2008a, 2008b）。

檢視《職業災害勞工保護法》條文，可發現其內容繁雜，除了上述各項補助與津貼之外，也包括其他規範：要求政府自

4　八掌溪事件發生於 2000 年 7 月 22 日，4 名工作者於嘉義縣八掌溪河床工作時突遭洪水圍困，輿論普遍認為救援系統協調遲滯，導致 2 名工作者受困 2 小時後死亡。首次執政的民主進步黨政府因此事件飽受社會批評。

勞保職災保險收支結餘提撥專款，設立職災保護專款，作為職災預防與職災勞工補助之用、因職災而離職者可繼續投保勞保普通事故保險、明訂事業單位等相關團體可向勞保局申請補助辦理職災預防與重建工作、規定職業疾病認定與鑑定程序、協助職災勞工就業、確保其勞雇契約延續、保障職災者工傷請假權益、確定承攬人之職災補償責任、明訂職災者訴訟救助等等。對於整體職災補償制度而言，《職業災害勞工保護法》的確對職災者提供額外保障，但屬補充救濟性質，並未改變《勞保條例》與《勞基法》共構的雙軌體制，反造成法律制度更加繁複（詳見第7章）。

　　值得注意的是，《職業災害勞工保護法》第7條規定：「勞工因職業災害所致之損害，雇主應負賠償責任。但雇主能證明無過失者，不在此限」。此條文將侵權行為的舉證責任由勞工轉置由雇主負擔。換句話說，若雇主能自證無過失，可不須負擔賠償責任。然而《職業災害勞工保護法》的過失賠償責任與《民法》第487之1條的無過失賠償責任，兩者關係為何？有學者認為《職業災害勞工保護法》為特別法和新法，在適用上優先於普通法及舊法，但亦有學者就《職業災害勞工保護法》的體系架構，認為職災賠償規範置於此處並不相容，只會徒增與《民法》衝突的困擾；實務見解則採體系性解釋，認為兩者規範目的不同：《職業災害勞工保護法》著重舉證責任倒置的「過失推定原則」，《民法》則強調不可歸責勞工事由的雇主無過

失賠償，台灣高等法院 97 年度上字 619 號判決認兩者屬「請求權規範競合」，且《民法》對受僱者較有利而應優先適用。另外，也有學者主張，侵權責任優先適用《職業災害勞工保護法》，而雇主契約責任則僅有《民法》第 487 之 1 條之適用（徐婉寧，2014）。然而如前所述，《民法》第 487 之 1 條適用範圍較窄，僅及於勞工沒有過失的事由；另一方面，學者也認為舉證責任轉置固然降低求償勞工的舉證門檻，但僅有在雇主確無「違反保護他人之法律」，而無法依《民法》第 184 條第 2 項求償時，方能顯現有利勞工的效果（徐婉寧，2014）。

從上述討論可見，《職業災害勞工保護法》不僅增加無過失補償制度的複雜性，對於過失責任的損害賠償制度也帶來諸多爭議。

5.5 職災補償制度的展望

從歷史發展脈絡看來，台灣的職災補償制度發展歷程，正是社會保險制度拼裝上路的鮮明例證。戰前，職災保險尚未建制，過失主義的《民法》以及《工廠法》的撫卹規定，大致反映了政府對於雇主過失主義賠償責任的消極態度。戰後，台灣社會保護政策逐步由自由放任轉向福利國家。依據學者林宗弘對軍公教勞退休金制度及整體社會保險制度的分析，戰後台灣

的社會福利政策呈現三種政策邏輯：（1）施恩邏輯，給予軍公教恩庇和超額的利益，換取忠心侍從，如軍公保；（2）安撫邏輯，以財源大致自給自足的社會保險，降低勞工怨懟造反的機會，如勞保；（3）公民權利邏輯，將醫療為首的社會保險昇華為全民共享的普世價值，如全民健保（林宗弘，2015）。

職災保險的制度發展，也可放在此框架加以檢視。在威權統治下，國家的強制力往往是新制度形式得以創立的主導因素。然而，由於1970年代後期黨外參選造成挑戰，統治基礎開始鬆動，政府以「政策示惠」爭取民眾支持的習性更加根深蒂固（林國明，2003）。儘管直到1980年代末期，工會或社會團體都未能形成足夠的政治壓力，無法有效挑戰政府的社會保險政策，然而一連串發生的礦災與電子業職業病，成為不可迴避的焦點，為職災保險單獨立法擘造契機。

只是為要達到示惠的目的，就必須儘量既不得罪資方，也不得罪勞方。或許勞雇雙方未必有「大聲說話」的空間，執政者還是有自己「體察民情」的觸角。1973-1979年間，冗長且大轉向的《勞保條例》修法過程，便是這樣「磨」出來的。這也預示了往後幾十年，國家往往傾向以權宜性的手段，被動回應職災事件及伴隨的民怨，同時展現「政策示惠」的姿態，以爭取民眾支持。

未經整體考量的舉措，不但造成制度的破碎、不同制度邏輯間的內部張力以及被保障對象的排除，後續更進一步藉由路

徑依賴的機制，造成制度維持的自我增強與制度變革的頑強阻力：一旦職災保險放在勞保之下，再獨立出來的阻力就很大了。

儘管多年來，勞保的確持續擴增納保人口，但仍有其限度。在財務考量之下，無論是重新納入被排除者，或者增加給付額度，都是非常困難的。阻力最小的方式，就是藉由其他的法律規範和財源，一層層地殘補疊加，這也使得通盤考量、制度整合的成本大為上升。從《勞保條例》、《勞基法》、《民法》修正到《職業災害勞工保護法》，有些實務工作者和學者的詮釋是由無過失責任向過失主義退縮，且由於職災保險給付不足、個別雇主責任加重，而實質弱化了無過失主義強制社會保險的功能；也有人主張現況仍是以無過失責任為主，而在《勞保條例》和《勞基法》未涵蓋的補償範圍始以過失責任加以補充。無論如何，不可否認的是不斷縫補修整的多軌制度，造成了勞資雙方無數的爭議和困擾。

從「政策窗」（policy window）（Kingdon, 2010）理論的觀點分析，政策進入政治議程往往是多重成因的，且時機微妙而重要，在「問題流」（problem streams）、「政治流」（political streams）與「政策流」（policy streams）的匯流之下，才可到位。以職災保險制度而言，「問題流」是職業傷病問題隨產業發展日漸嚴重，也越來越受到勞工的認識，而成為政府不得不正視的問題；「政治流」包含兩岸對峙情勢與後續政治民主化的進程，迫使政府必須回應民怨和選票需求，以及勞資雙方對政府影響

力的拉鋸；而「政策流」則是勞政官僚先後提出獨立立法與財政分立兩種版本的職災保險方案。

又以《勞基法》來說，「問題流」是越趨低劣而影響勞工生存的勞動條件，以及 1970-80 年代指標性的職災事件；「政治流」是社會運動的內部壓力與美國政府的外部壓力；「政策流」則是勞政官僚早已提出的草案條文。由於三流俱足，《勞基法》始有突破「政策窗」的機會，進入政治議程並獲通過。

如此的分析並不只是後見之明罷了，因為它對未來的職災補償體系改革，或許也有啟示。「政治流」的天時，並非全然能夠操之在我，乃需隨時審時度勢，保持對政治環境的敏感度；「問題流」有賴於大量的推廣、宣傳、說服和溝通，以迥異於主流價值的構框（framing）過程，重新界定和認識問題；而「政策流」更取決於我們對問題的深入探討，提出切合問題且具體可行的替代解決方案。

職災補償的倫理基礎

6

葉明叡

　　前兩篇勾勒了職災議題的背景與補償制度發展歷史，在進入台灣當前制度問題以及國際經驗分析之前，我們要邀請讀者將思緒重整、拉到抽象層次，回顧一個巨觀問題：「為什麼關心職災補償制度？」

　　有興趣拾起本書閱讀的讀者，或許帶著不同的問題意識而對職災議題產生興趣。就像讀者一般，本書的共同作者們除了是研究者之外，也有其他不同角色，可能是政策倡議者、是助人工作者、可能是潛在職災受害者或其親友，也可能只是有著樸素的正義感、對於不公平之事想要關切的公民。關心職災補償制度，不論是基於什麼理由，這些理由均蘊含了一些規範性價值判斷在其中，因為這些判斷，讓我們動筆寫了這本書。正翻看這本書的讀者或許也會好奇，何以需要投入職災補償制度的改革行動？何以應嘗試將職災補償制度變得更好或更正義？回答「為什麼要關心職災補償制度」這個問題，就是在回答，理想中，職災補償制度「應該」基於什麼理由而以什麼形式存在，也就是在思考，職災制度的倫理基礎究竟為何。

　　在本書各章節，作者們提到一些原則和概念，例如不平等、勞動權、健康權、雇主責任、無過失主義、社會團結、社會正義等等。這些都是「規範的」（normative）原則和概念，規範社會成員「應該」具有某種道德或政治義務，「應該」透過集體行動，「應該」建立一個公平、普及、正義的職災補償制度。但這是相當抽象的陳述，必須更進一步釐清為何「應該」。

　　本章的目的，就是要向讀者說明，何謂制度的倫理基礎？為何倫理基礎與倫理思辨是重要的？職災補償制度有哪些倫理基礎？不同的倫理理論如何為不同型態職災補償制度設計進行辯護？我們希望讀者在進入職災補償政策細節之前，能藉由本章呈現的倫理思辨過程，稍微釐清自身的價值立場與政策取向，再與實際執行中的政策或改革方案相對照，檢視哪些部分與自己的信念較為相符。當然，我們也透過本章提出本書立場，希望能夠說服讀者，職災補償責任的全面社會保險化，在倫理上較具正當性。

6.1　倫理基礎與倫理思辨的重要性

　　倫理，指的是「一群人互動的一組規則、原則、價值或理念」（Bayer et al., 2007）。換言之，「我們」作為一個行動的主體，應該依循何種價值來互動、來規範彼此的責任義務關係，這就是倫理的基本定義。

　　探討倫理的方法有很多，Bayer 等人歸納出三種（Bayer et al., 2007）。第一種是純粹哲學式的，透過假定好的前提與定理推導，得出一個完備的倫理理論，這是哲學家或倫理學家的工作。常見的倫理理論可大致分為：結果論（consequentialist theories）、義務論（deontological theories）以及社群主義

（communitarianism）三類（Roberts & Reich, 2002）。第二種方法，是為特定專業者建立的專業倫理守則，通常是專業團體在專業化過程的必備要素。專業倫理守則規範了特定專業從業人員應如何與其同儕或其他非專業者互動，同時也界定了該專業團體的自我定位和對自身價值的期許，例如醫師、律師的倫理守則。第三種，則是倫理學的應用，透過引用前兩種方法建構的倫理理論，來對現實生活中的議題進行倫理思辨，以解決人們遭遇到的「倫理困境」（ethical dilemma）。

本章採取第三種方法，分析本書關注的職災補償制度改革議題。作者的目的是實用導向的，亦即，希望透過倫理思辨，找到最合理的倫理基礎，以強化政策主張的正當性，並為改革方案提出辯護。為了強化政策主張的倫理正當性，分析政策的倫理基礎，並為改革方案提出倫理辯護，就很重要。

在職災補償發展的歷史中，我們看到人們基於不同理念和原因，建立了不同形式的補償方法。從事後論的觀點來看，許多人可能會認為，制度的演化是各種歷史偶然因素和不同階級間政治鬥爭的結果，至於這些結果的規範性依據卻較少被探究，時常被理所當然地視為「事實就是如此」。例如，在各國職災補償制度的建立過程，「雇主責任原則」是一個普遍存在的原則，基於此原則，國家建立強制性的保險制度，要求雇主負擔職災保費，用以填補職災者的損害。從現在的觀點而言，為什麼「雇主責任原則」被確立，可能會有不同的解釋，例如來自

工會的壓力、來自法院的見解、政府基於行政成本的考量、雇主為了確保充足勞動力等等。但單由這些解釋因素，仍未能說明，為什麼這原則在規範上具有倫理正當性。

在民主國家，公共政策若缺乏規範性的倫理基礎，將有以下兩個壞處。其一，就工具性價值而言，將不利於民主溝通。民主溝通，是不同利害關係人彼此說服各自主張的過程，透過公開討論、輿論宣傳或選舉，在此過程中不斷求同存異，最後形成政治共識，形成具體政策。不論是代議民主或審議民主，公共溝通都是核心的要素。若缺乏規範性的倫理基礎，就難以進行民主溝通。例如常見的「職災補償就是應採用某某原則，若不喜歡，就憑實力去發動政治抗爭」這類的論述，雖然策略上或許有效，但如此不附理由、直接訴諸政治實力的論點，會使不同利害關係人難以理性討論、互相說服，並從討論中發現共同利益，進而產生合作。較為理想的民主制度，應該容許人們基於理念的鬥爭，而非實力或暴力的鬥爭（Stone, 2002），也因此，規範性的倫理基礎，是有效民主溝通的核心要素。

公共政策缺乏規範性的倫理基礎的第二個壞處是，政策的內在價值將缺乏「公共論理」（public reason）的檢驗（Sen, 2009）。人們只知道政策安排「是這樣」（is），但不知道為什麼「應該是這樣」（should be）。政策若缺乏公共論理的過程，將難以在社會價值層次上說服民眾並獲得民眾支持，甚至決策者或倡議者也可能不確定自身的價值。在缺乏明確的內在價值

之下，政策論述將缺乏依據，遑論第一點提及的理性討論、彼此說服、形成共識的民主溝通過程。

　　職災補償制度應如何改革？要好好回答此問題，乃至於對所有規範性原則和概念的追問，需透過倫理思辨來深化討論。透過倫理思辨，我們將更有信心地說：「基於某些價值信念，我們支持某些規範性原則，而職災補償制度的改革將來有助於這些價值信念的具體實踐」。

　　在職災補償制度上，人們主要想解決的倫理困境，在於決定勞工因職業傷病造成的健康與財產權的損害，該由誰來負責承擔。從群體的角度而言，沒有「沒有人負責」這個選項，因為沒人負責，實際上就是職災者自己承擔後果，結果是職災者被迫離開職場、陷入貧窮、家庭經濟失去支柱。在沒有政府介入之前，這是勞動者的普遍處境。在大多數現代國家，這已是不被接受的選項。在可歸咎於雇主過失的狀況下，民法對雇主課以損害賠償責任，然而私法上的損害求償有其不足之處，因而有職災補償責任保險化制度的出現。此制度自十九世紀發展至今，已是大多數中高收入國家的重要公共政策。

　　誠如第 4 章所述，職災補償責任的保險化，雖均為政府以公權力強制介入，但在制度設計上大致可區分為「社會保險」（social insurance）與「雇主責任保險」（employer liability）兩種模式（ILO, 2013b）。這兩類保險模式的制度設計，各自可由不同的倫理基礎來證成，如下文所述，然而在各國職災保

險的制度設計中，這些倫理論述均可能交疊出現。

6.2　社會保險模式的倫理基礎

基於「社會團結」（social solidarity）

　　談起社會保險，社會學者或健康政策學者大多會強調，這是一群人基於某種共同的歸屬感、凝聚力、情感或價值依附，對某個重要議題上具有共同分攤風險與成本的共識，也就是基於「社會團結」意識而形成的制度安排（Maarse & Paulus, 2003；Prainsack & Buyx, 2015；古允文，2001；呂建德，2010；林志遠等，2016）。以職災保險來說，就是人們願意共同分攤因職災造成的健康與財產損害的成本，而形成的制度安排。然而社會學分析雖使用「社會團結」概念來描述此制度現象，卻未進一步分析人們究竟基於什麼倫理基礎而支持「大家願意透過制度來分攤風險」這樣的規範概念，不同社會可能受到不同因素影響，有不同形成過程的解釋，例如，可能是基於某種社群傳統價值的新詮釋，或是隨著反威權抗爭和民主化擴散而來的新概念，又或是面對到現代化的衝擊而建構出的風險社會概念。要為此「社會團結」找尋倫理基礎，或可從「社群主義」和「效益主義」兩個面向切入。

（1）社群主義（communitarianism）

社群主義者的規範信念，強調社會整體應該追求「共同良善」（common good）和社會成員「德行」（virtue）的提升，然而何謂共同良善和德行，並沒有一個橫亙人類社會的普遍標準，而要視不同社會的價值和社會規範而定（Bayer et al., 2007; Etzioni, 2011）。雖然看似沒有嚴格或實質原則，但其實，社群主義是證成特定社會的特定制度之重要依據。例如，因為大多數人相信，「人不應該為了工作犧牲健康、不應因為職災而失去健康或生計」，基於此信念，我們願意互助互惠，支持橫跨所有職業、甚至所有世代的職災補償保險制度，來共同分攤這個成本，這就是所謂「共同良善」的內涵。

讀者可能覺得，若可如此恣意解釋「共同良善」，那社群主義似乎也沒有論證任何事情。其實不然，社群主義強調「共同良善」的內涵，並非哪個英明領袖或菁英團體所建構出來，而是透過社會整體長期的實踐，所產生的規範；這個實踐過程，其實就似於前一節提到的倫理思辨過程，透過人們不斷測試、修正彼此價值偏好，進而不斷修正共識的政策過程（Etzioni, 2011）。以「社會團結」為基礎的職災補償社會保險模式，「社群主義」或許是最直觀的證成方式，但不見得是最合理或最容易完成的，因為社會「共同良善」難以確切得知，而且若有明顯的反例，就可以否證此倫理理論在特定社會的適用性。

（2）效益主義（utilitarianism）

論證「社會團結」的另一倫理基礎是屬結果論的「效益主義」，這是更常被引用的倫理依據。效益主義主張，政策的制訂應以最多數人的最大幸福為依歸。雖然幸福很難測量，但若將其量化為「效益」（utility），並將之納入整體效益考量，就能用來證成社會團結。理路是這樣的：如果我們透過一種制度，能夠最大化整體經濟產能、確保最大量健康勞動力、將非必要成本（如民法訴訟、勞資爭議、政治衝突、行政成本）降至最低，那麼這種制度就是倫理上最正當的制度安排。如第 4 章介紹，從制度的歷史發展觀點而言，減少勞雇與政治衝突，同時確保充足而健康的勞動力，正是俾斯麥在普魯士創建社會保險的目的；中華民國政府遷移至台灣隨即開辦勞工保險，主要的目的，無非也是為了確保政權的統治正當性和社會穩定，其次則為確保充足勞動力，其餘各部門社會保險，如公保、軍保、農保等邏輯亦同。

效益主義論者主張，職災補償社會保險制度若能在職災相關的成本分配上，最大化最多數人的最大幸福，它就是具倫理正當性的制度。不過，效益主義最弔詭之處，在於「效益」本身的定義與測量。不同層面的效益如何轉化為單一效益指標，以便進行總效益的加總計算？例如，降低政治衝突的效益，與限制人民集會自由的效益，在一來一往之間，總效益是上升抑

或下降？此外，效益計算的邊界在哪？是否包含非屬國民的外籍移工？如何含括未來世代？這些議題，都是效益主義論者需要面對的難題。

基於「平等主義」（egalitarianism）

社會保險模式也可能被屬於義務論的「平等主義」所證成。這是個廣大的理論類別，要言之，平等主義主張人們具有「平等的道德地位」（equal moral status）。據此，又有兩種論證方式，第一，是強調人們具有應被確保的「權利」（rights），第二，是主張不只確保基本權利，還要根據康德主義式倫理的要求，確保所有人在道德上都被平等對待。

（1）權利保障（protection of rights）

第一種論證方式，是宣稱人們具有某種可向他人主張的權利，而這個主張通常有一個範圍。就最廣泛的範圍而言，人權論者認為，這個權利主張主體和主張對象範圍是全人類，例如 ILO 的所有宣言，均強調「所有人的基本保障」（the basic protection of all）（ILO, 2013b）。除了人權論者，有關權利的保障，憲政主義論者會主張以憲法為範圍，民族主義論者會認為是民族國家的範圍。範圍問題，除了現實中的國境與族群範

圍，還需要考量時間的範圍，也就是，對於過去世代所受到的傷害，以及對於未來世代可能受到的傷害，是否也要納入保障。不論依據什麼來做界定，權利論者必須提供一分權利清單，說明什麼是作為一個人應擁有的基本權利，什麼是居民、公民或其他身分者應被保護的權利。

在職災補償制度的倫理論述中，職災者應獲得的補償權可被歸類為「經濟安全」（the right to economic security）、「勞動權」（labor rights）或「生存權」（the right to life）（Gravel et al., 2010；Hilgert, 2012），而職災補償的保險，則被視為是確保這些權利「起碼水準」（sufficient threshold）的制度（Gravel et al., 2010）。這裡所謂的「起碼水準」，意味著基本權利是一個由零上升到某程度的保障，它是一個絕對值水準，在到達這個值以前，政府有義務透過立法強制，確保人民基本權利。

直覺上，人權論很容易被接受，畢竟在民主或自認文明的國家，缺少基本經濟安全與勞動權保障的工作環境，顯然是無法被人民接受的。訴諸人權保護的論點，具有高度的道德高度與動員力，是所有具民主課責義務的政府必然得回應的訴求。然而此倫理論述的困難處在於，倡議者如何去辨識出一個「特定水準」，並且主張那個水準就是政府應該確保的「起碼水準」？具體而言，職災補償的給付額度為何？要包括哪些給付類別？如何才能夠確定，職災者的經濟安全、勞動權或生存權

已獲得基本保障？其次，即使已滿足「起碼水準」，也僅只是滿足了齊頭式的最低要求，並不等同於已消弭了不平等或污名等問題，職災補償制度蘊含的資源重分配，可能尚需更進一步的理論來證成。實際上，中高收入國家實施中的社會保險制度，通常也不只是基於「起碼水準」的權利保障而已，尚有更多重分配的意涵存在。

（2）康德主義倫理學（Kantian ethics）

「平等主義」的第二種論證方式，主張基於平等的道德地位，不僅是確保基本權利，要求社會應該平等地認可所有人的道德尊嚴（moral dignity）和自主性（autonomy），將人視為目的（ends）而非手段（means）來對待（Beauchamp & Childress, 2013）。也就是說，運用公權力介入來實施強制的社會保險模式職災保險，其目的並不應是為了如效益主義論證般，確保充足勞動力或降低整體成本而已；也不是為了如社群主義論證般，去追求某種集體的共同良善，這些都是除了人本身以外的目的。

對康德主義論者而言，僅只是基於人具有平等道德尊嚴的信念，我們就不應容許人們因為不同職業的身分，就在職業災害風險上承擔不同的責任（例如，認為高污染行業從業者就須承擔較高危害物質暴露風險）；我們也不應接受，某些職業因

為其工作特性、作業場所等限制，使勞工遭受到污名化的對待（例如，認為就是因為勞工怠惰、貪圖便利，而疏於採取防護措施導致職災）。這些說法都將勞工當作生產的工具，而沒有首先將勞工視為一個完整、具有尊嚴和自主的個人來對待。基此，社會整體就有道德義務去建立一種共同的制度安排，來將職業災害造成的可能損害，平等地分配在所有人之上，而社會保險模式是實務操作上的一種好方法。

效益、權利、社會團結、平等道德地位等概念，是人們論證社會保險模式的職災補償制度時，可能訴諸的概念，本節概要說明其理路。但其更為具體的內涵是什麼？如何透過制度設計、在不同國家的脈絡中來落實？需要更細緻地討論。接下來一節，我們繼續討論另一類型的職災補償保險化制度設計，也就是「雇主責任保險」的倫理基礎。

6.3 雇主責任保險模式的倫理依據

（1）個別雇主責任

同樣以強制性保險當作政策介入工具，雇主責任保險與社會保險有一根本的不同：雇主責任保險不需要社會團結，或是平等主義的任何前提假設。此模式的邏輯是，受僱者因執行工

作導致健康與財產損害，其雇主應負損害填補責任，這是源自
《民法》過失損害賠償責任的法理。又因勞雇關係的不對等、
舉證困難等種種原因，而改以無過失主義作為補償法理，並由
國家透過政策強制，要求所有雇主必須為所屬員工購買職災保
險。因此，在此模式下，保險只是當作分攤經營成本的財務工
具，基本上不具有特別的倫理意涵。真正具有倫理意涵的，是
存在於個別雇主與其員工之間的責任關係。

「個別雇主責任」（employer's individualistic liability）可
視為由早期《民法》侵權概念的「損害—賠償」所演變而來的
責任關係，通常視為自由放任（laissez-faire）之原則，也就是
若非必要，國家應盡量減少介入人民之間的私人關係。然因現
實中，若由法院每次個案一一認定個別雇主過失行為與個別職
災者的損害事實的效率太低；而若改採用開放的私人職災保險
市場，可能又因為職災本身的某些特性（如負的外部性、寡佔
市場、商業機密造成的風險資訊不對等），使得市場機制無法
有效率地滿足需求，造成市場失靈；於是，由國家直接介入，
強制要求所有雇主必須為所屬員工購買私人職災保險，就可能
具有正當性。

在保險財務上，社會保險模式的保險費率由國家訂定，設
有上下限，並透過交叉補貼，達一定程度的所得重分配與社會
互助效果；反之，私人保險公司通常依據投保者的風險程度訂
定保費，國家雖然立法強制雇主為其受僱者購買職災保險，並

訂有保險給付的最低水準，但保險契約依附於勞雇契約，仍屬個別雇主與其受僱者之間契約關係。根據 ILO 的分析，社會保險模式較常是「非完全準備制」（not fully-funded），也就是說，職災保險基金除了保費之外，政府通常也會以稅收加以挹注；反之，雇主責任保險模式較常是「完全準備制」（fully-funded），也就是說，保險基金完全來自保費，由於職災被視為個別雇主與員工之間的責任關係，國家通常不會另外提供財源（ILO, 2013b）。兩類保險模式的保費設計有顯著差異，背後正因基於不同的倫理基礎。

以個別雇主責任為基礎的雇主責任保險模式，或許也能夠用效益主義來證成。此模式一方面提升了群體層次的經濟效率，另方面，仍然將「損害—賠（補）償」關係限定在個別雇主和其員工之間（但不再是個別員工，而是全體員工，故改稱補償，不再是具有個案究責性的賠償），仍是強調個別雇主對於職災風險的責任。我們可論證，國家強制要求所有雇主為員工購買私人職災保險，在整體經濟效益上，最小化司法訴訟成本、修正了市場的失靈、確保受損勞動力的回復、最大化生產效率。如前所述，效益主義屬於結果論的論證，必須依照不同社會的實際情形來進行實證檢驗，是否該政策方法真的最具成本效益，而這效益又是如何計算，這些都是效益主義論者需要進一步提出的辯護。

（2）文化相對論

文化相對論者主張的是，制度安排反應的是該社會的文化信念。例如，ILO 報告指出，「盎格魯薩克遜或美系」（Anglo-Saxon or US background）國家，大多採「雇主責任保險模式」，而歐陸國家大都採社會保險模式（ILO, 2013b）。此現象或可以「文化相對論」來解釋，因為各國基於文化信念或發展模式的相似性，而有類似的制度發展。文化信念指的是，社會長期實踐所產生的規範，這似乎與社群主義的主張不謀而合。確實，「社群主義」理論也很適合用來為文化相對論辯護。例如，若一個社會的「共同良善」是由該社會中個人的自主性來定義，那麼對於正義的追求，可能會被排在個人自主性的後面，如此，制度對於經濟安全、勞動權或生存權權利的保障，可能會被縮限於一個相對較低的「起碼水準」，例如《民法》上對於身體財產權的平等保障。

甚至在極端狀況下，所有政府介入都必須經由個人同意才能合理證成，那麼就連雇主責任保險模式都無法進行，因為國家不能逕行強制要求所有雇主購買私人保險。在此，我們見到了社群主義可能的保守面向。不過，即使是保守版本的社群主義，還是必須要認可社群成員的平等身分（membership），因此個人自主不會無限擴張而合理化所有現存的權力關係，則雇主責任保險模式還是有機會可被證成。

　　文化相對論本身並不是個完備的倫理理論。社群主義或許能夠為某些文化信念提供倫理辯護，但社群主義畢竟是從對於自由主義和平等主義的批判所產生的，仍有穩固的平等主義基本假設。

6.4　台灣職災補償制度的倫理困境與出路

　　如上述，「社會保險」與「雇主責任保險」各有其倫理基礎，然而需留意的是，即使屬於同一類型，各國職災補償制度的設計仍有許多差異。上述倫理辯證並不是要拿來套用於所有制度，而是要幫助我們去釐清制度改革方案的倫理基礎，比較何者較為合理。本節將分析台灣現行職災補償制度的倫理困境。

　　首先是法源紛亂問題。台灣現行的職災補償制度，是由不同且互相衝突的法律制度所構成，包括《勞保條例》、《勞基法》、《民法》以及《職業災害勞工保護法》。最主要的法源基礎為《勞保條例》，屬典型的社會保險模式。不論是基於「社群主義」或「效益主義」，此制度應是基於「社會團結」，要求所有雇主以「無過失」原則，共同來分攤職災補償成本。然而，勞保的職災保險雖具有「普及涵蓋」（universal coverage）的社會保險模式外觀，但實際上，仍有相當高比例的受僱者未被強制納保，最主要的遺漏者，為四人以下公司受僱者、實習生、

臨時僱用者、無固定雇主的受僱者、自僱自營者、已退休正在領取勞保老年給付但仍繼續工作者。此外，以「職業工會」身分投保勞保者，保費由勞工自身與政府分攤，但許多職業工會會員，即使是無固定雇主的工作者，其實仍有雇主，但實際的雇主卻完全沒有繳納職災保費的義務。

如果我們基於「社會團結」觀點，認為「人不應該為了工作犧牲健康、不應因為職災而失去健康或生計」，那麼這些被遺漏在外的勞動者，就須被強制納入職災保險之中。如果我們基於「平等主義」為職災保險辯護，那麼這些勞工群體更無理由被遺漏在外。若以「效益主義」為由，則必須說明，為什麼將這些人遺漏能夠最大化整體效益，否則亦難以為這種差別納保辯護。2001 年通過的《職業災害勞工保護法》，雖未改變職災補償體系，不過其主要貢獻在於，補償未加入勞保而雇主又未依照《勞基法》提供補償的勞工，如此擴張了職災補償的涵蓋範圍，稍微朝向「普及涵蓋」逼近。

其次，在採用社會保險模式的同時，台灣的職災補償又同時採用《勞基法》中的個別雇主「無過失補償責任」，以及《民法》債編中的雇主「無過失賠償責任」。這兩者，可視為對個別雇主不同程度的究責。《勞基法》第 59 條規定，不問過失，雇主須對職災者提供補償，雖可與勞保職災給付抵充，但仍對個別勞雇關係中的雇主加諸補償責任。《民法》的損害賠償責任，採過失主義，更是典型奠基於勞雇契約法訂債務關係的雇

主責任。簡言之,《民法》與《勞基法》雖基於不同法理,但均以個別雇主作為責任對象,與社會保險著重的「社會團結」的倫理基礎背道而馳。

面對台灣職災補償制度的制度定位與政策取向的諸多爭議,我們認為,職災補償制度的改革,應朝向全面普及的社會保險模式,持續採取雇主責任原則,以回應社會不平等、去污名,促進社會團結及平等。

(1) 社群主義式的社會團結

我們主張不分職業、受僱型態、將所有受僱者都納入的「普及涵蓋」,乃是因為我們基於社群主義式的社會團結,認為「人不應該為了工作犧牲健康、不應因為職災而失去健康或生計」,也認為「安全、健康、公平且永續的勞動環境」,應成為我們追求的「共同良善」。因此透過「普及涵蓋」的職災保險,我們期待一方面實現「共同良善」的追求,另一方面也期待透過實際參與,使一般社會大眾及產業經營者培養公民德行,將「共同良善」內化為自身價值理念與行動準則,並將互惠互助的社會價值制度化,進一步促進社會團結。如此,可使職災補償保險跳脫過往社會保險制度的安撫、維持社會穩定邏輯,使職災補償作為「公民權利之一部分」,獲得堅實的社會團結基礎,確保真正普及、適當水準的給付。

（2）平等主義

　　而為什麼我們認為「人不應該為了工作犧牲健康、不應因為職災而失去健康或生計」是共同良善的內涵呢？首先，因為我們主張人們具有平等的道德地位，這個地位賦予所有受僱者基本權利，而儘管基本權利的內容與「起碼水準」或「適當水準」可能仍有爭議，但我們相信，保障職災者基本的健康回復權、經濟安全與工作權，是社會大多數人的共識。

　　其次，我們進一步主張，職災補償的範圍，並不僅只是限於本國公民才能享有的「公民權利」而已，而是身為受僱者就具有的普遍人權。因此，在人權保障上，我們認為勞動者的財產權、健康權與工作權應受到保障，此保障不應區分產業、職業、受僱型態、契約長短、國籍、工作合法身分。只要從事從屬性勞動，就應納入職災保險保障的範圍，亦即應落實所有受僱者均「普及涵蓋」的政策目標。

　　第三，基於康德主義，我們不接受將受僱者視為工具的政策安排，特別是在產業發展獲取經濟利益之時，卻讓底層勞動者不平等地承擔職業傷病風險與所導致的損害，顯然違反康德主義倫理之要求。依此，我們認為職災補償制度最主要目的，應在落實包括經濟生活在內的平等對待，有效落實雇主責任，透過職災保險的制度性重分配方式，課予雇主較多貢獻責任，以公平並合理地填補勞工因工作所致之損害。

（3）效益主義

　　最後，基於「效益主義」，我們認為有效的職災保險制度，應能降低勞雇衝突，減少行政爭議與司法訴訟，更重要的是，應能大幅降低職業傷病對職災者個人、家庭與整體社會的衝擊。故在制度設計上，應簡化職業傷病認定程序，尤其應跳脫追究個別因果關係的科學主義糾結，以避免繁重的個案審查作業。法源的單一化，亦是基於效益主義，以避免現行制度下職災者疲於奔命於不同行政機關與行政程序、行政機關間重複作業的現行問題。

　　針對職災者的損害填補機制，我們認為，應避免現行《勞基法》課予個別雇主的無過失補償責任，以及《民法》追究過失的損害賠償責任。雇主的職災補償責任，應該透過強制性且有效率的社會保險制度加以落實，具體的機制包括，全面納保、依法投保、依實際人事成本計算職災保費、依職業安全健康保護的績效調整保費、誠實通報職業傷病事件等。雇主在職災補償上的財務責任，則應透過全面投保，以社會保險的形式確保並加以公共化。

　　面對當代勞雇關係快速流動、彈性僱用模式日益盛行的全球經濟體制下，打造一個奠基於社會團結與平等主義的職災保險制度，將能回應勞動與健康不平等問題，在「效益主義」的倫理基礎上，亦能扮演社會安全網的角色。

　　本章概要說明職災補償制度的倫理基礎，一方面是為了釐清為什麼我們要關心職災補償制度？為什麼我們要採取這樣或那樣的改革行動？背後的規範性理由究竟是什麼？另一方面，也是為了促進有效的民主溝通，試圖說服更多人的支持。透過本章的倫理討論，希望能夠幫助讀者在進入本書接下來兩篇的政策實證分析時，時時檢驗各種制度安排背後的規範假設以及其合理性，還有與讀者自身信念的相合程度。當然，也希望讀者在閱畢本書後，有稍微被作者群說服，多少認同本書揭櫫的主張。

　　最後必須補充說明，本章雖採取不同倫理理論進路來為本書主張的改革方向辯護，但尚有實質的分配正義問題需要釐清。例如，在我們主張的普及化職災保險中，實質的保險費率、給付範圍與額度，究竟應該如何訂定？經濟安全的回復，需至何程度才算是公平？在經濟產業發展過程中，社會整體皆有受益，但其負面後果卻由職災者不成比例地承擔，這跨階級、乃至跨世代的經濟不正義，又能如何透過職災補償制度重新分配？或是透過其他社會制度亦可？這些問題相當重要，本章在此拋磚引玉，期待未來能有更多細緻的討論。

第三篇　台灣的職災保險制度

前面幾章對職業傷病樣貌、職災者處境以及職災補償制度的發展，提供輪廓與基礎。本篇續而檢視台灣職災補償制度，整理並分析問題所在。本篇共有四章。第 7 章介紹台灣拼裝式職災補償制度現況，三法共構，卻造成職災者陷入難以獲得基本保障的困境。

第 8 章進一步探討職業傷病認定的困難及當代爭議，梳理台灣現行職業傷病認定的程序，以及認定過程出現的爭議與挑戰。

第 9 章從社會保險制度的競合，檢視職災保險醫療服務與全民健保醫療服務之間的關係，並思考醫事服務機構在職災認定、補償與預防制度上可扮演的角色。

第 10 章從職災者的經驗，挖掘出湮埋在保險「道德危害」理論中的污名問題，分析遭污名的原因以及導致的結果，並試圖提出制度改革建議，以去除職災者在受領補償權益過程中所承受的不當惡名。

台灣職災補償制度的現況與困境

鄭雅文、黃怡翎、鄭筑羚

7

　　台灣的職災救濟制度可分為《民法》「損害賠償責任」與「無過失主義雇主補償責任」兩大體系。《民法》係採過失主義，損害賠償責任以有損害發生、有責任原因之事由，且二者之間有相當因果關係為成立要件。損害賠償請求的內容可包括財產上的損害賠償（如醫療、生活需要之費用、殯葬、扶養義務、喪失或減損勞動力、增加生活上之需要等）以及非財產上之損害賠償（如身體健康、精神耗損等）。損害賠償的判斷得依受害者所受的損害、所失利益做基礎，另再考量「與有過失」程度予以酌減。職災者所受之損害若要循《民法》獲得填補，必須提出訴訟，並舉證雇主有過失。然而過失的舉證是民事訴訟攻防的重點，舉證困難，也常是職災者難以勝訴的原因。此外，提起訴訟有一定門檻，且需要投入相當程度的金錢、時間與人力，往往不是大多數職災者所能承擔。

　　先進國家改採無過失主義法理的職災補償制度，目的即是為了減少訟爭，避免職災者陷於訴訟之苦，同時也讓職災者能儘速得到補償。本章聚焦於無過失主義雇主補償責任制度，至於《民法》有關職災損害賠償之法條規範與實務爭議，雖與雇主防禦性行為有關，但不在本章探討範圍。本章第一節首先呈現一位職災者的經驗，接著檢視台灣職災補償制度現況，指出法律制度本身的紛亂，是造成職災者陷入多重困境的重要因素。

7.1 職災個案的經歷

48 歲的許先生大學肄業後在北部工作。2009 年年底為了照顧父母親而返回南部，在一家砂石廠擔任挖土機司機。該公司規模不大，員工人數不到十人。許先生薪資採月領制，但以時薪 230 元或日薪 1,800 元計算，午休與機器保養時間不算工時，休假日亦沒有薪水。許先生透過公司加保勞健保，勞保月投保薪資 2 萬多元。

2010 年二月，許先生在駕駛挖土機時，運送砂石的輸送帶由上方掉落，砸中駕駛艙並壓垮挖土機車艙。許先生當場昏迷，緊急送醫後發現頸部脊椎受傷。在當地醫院住院六天後，輾轉至北部某醫學中心接受頸椎椎間盤切除及內固定手術，但發現左側肢體出現麻痺，左手無法握拳。

手術後許先生打電話到縣勞工處、勞動部、勞保局等處詢問勞保給付事項，但他發現接電話的人不太清楚規定，反要他詢問法律扶助基金會。許先生搜尋資料並看書研究後，自行送件至勞保局，獲勞保核退職災醫療自費費用，並獲「職災傷病給付」共 412 日（災害發生後至 2011 年三月底），給付金額約 19 萬元；之後許先生再以同一傷病申請「職災傷病給付」共 133 日（2011 年三月底至八月），給付金額約 4.6 萬。

許先生自認身體尚未康復，欲再申請職業傷病給付，但勞保局調閱他就診醫院的病歷資料，經勞保局特約醫師審查書面

資料後，認定他並非「不能工作」，因此不再核付。許先生不服，向勞保局申請爭議審議，但遭駁回；許先生再向勞動部提起訴願，亦遭駁回。他申請訴訟救助，提起行政訴訟。此案 2014 年一月被高等行政法院駁回。

許先生向雇主要求《勞基法》補償，在勞工處介入下調解兩次，獲公司給予六萬元醫療費用補助，但公司不願補償薪資。許先生在地方法院分別提起《勞基法》補償與《民法》損害賠償民事訴訟，然而因無力負擔法院要求的訴訟費，該訴訟案均未被受理。

有關勞保投保薪資高薪低報問題，許先生曾向勞工處反應，但勞工處辦事人員要他自行循法律途徑解決。許先生從職災發生至訪談時已失業近五年，此段期間除了上述勞保給付之外，沒有其他收入。他曾透過當地就業服務站應徵某公司警衛工作，但承辦人員告訴他只是在配合勞工處就業媒合計畫，他也曾到「職災勞工服務窗口」尋求協助，但認為沒有幫助[1]。

從上述個案的經歷可發現，職災者尋求補償救濟的路徑複雜崎嶇。此個案任職的公司規模不大，在發生職災之後，雇主拒絕依據《勞基法》給予補償，但也有可能無力補償。地方勞

---

[1]　參考自鄭雅文、鍾佩樺訪談資料（第 3 章受訪者 A52）及司法院法學資料檢索系統查詢之裁判書。個案已匿名處理。訪談日期 2015/1/21。

工主管單位雖協助個案進行勞資調解，但也僅讓個案獲得六萬元醫療補助。為何雇主違反《勞基法》卻有恃無恐？個案必須提出訴訟，才能爭取法定權益？提出訴訟，需要一定的知識與財力門檻，而且曠日廢時，難以解決職災者迫在眉睫的就業困難與收入短缺問題。

職災保險理應提供基本保障，但給付額度過低，即使在偏鄉地區，仍難以維持生活。職災傷病給付以「不能工作」為前提，但所謂「不能工作」的認定，是指完全缺乏工作能力？還是無法找到合適工作？有關職業傷病的認定程序與爭議於第 8 章探討。本章聚焦於現行職災補償制度的法律結構、主管機構、法律涵蓋狀況、保費與給付內容。

7.2　制度現況

（1）　法源：三法共構的繁複體制

台灣現行職災補償制度係由《勞保條例》與《勞基法》共構為雙軌制，再加上《職業災害勞工保護法》作為補充性質的補助或津貼。

如第 5 章所述，台灣在 1964 年先有《勞保條例》明文規範「職業傷病」給付，但因勞保給付額度微薄，至 1984 年頒布《勞

基法》時新增第 59 條，增加雇主職災補償責任，以補充勞保給付之不足。《勞保條例》與《勞基法》均採「無過失原則」，補償內容均包含醫療補償、暫時失能補償、永久失能補償、死亡補償四類，補償額度的計算方式大致相同，惟《勞基法》以「實際薪資」計算補償金額，而勞保給付乃依「投保薪資」計算（參見表 7.1）。

　　因勞保的投保薪資訂有上限，且實務上常有高薪低報的違法現象，造成勞保給付往往遠低於《勞基法》補償金額，二者雖可相互抵充，但差額仍須由雇主負擔，造成雇主的無過失補償責任未被完全社會保險化，也成為雇主阻撓勞工申請勞保職業傷病認定的主因。

　　此外，尚有 2002 年施行的《職業災害勞工保護法》，其財源由「勞保職災保險結餘」及「公務預算」提撥，分別補助勞保被保險人與未納保勞工（參見圖 7.1）。《職業災害勞工保護法》提供的各項津貼與補助屬社會救助性質，其意義和宗旨與雇主全額負擔保費的職災保險並不相同。

　　三法共構使得職災補償制度散落在各法規，但各法的涵蓋族群不一，補償內容與計算方式也不同，適用關係複雜，職災者需同時知道多部法令規範，向不同政府單位提出申請，不同單位間也缺乏橫向通報機制，使勞工疲於奔命（鄭雅文等，2013）。

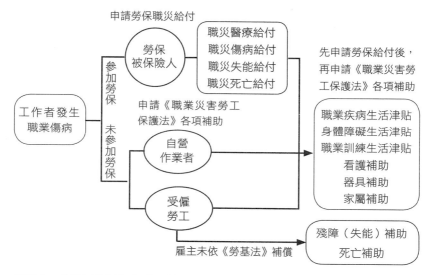

圖 7.1　《勞保條例》與《職業災害勞工保護法》之關係
本圖由作者整理繪製。參考自（新北市政府勞工局，2016）

（2）行政組織：繁複法制，造成職災補償行政紛亂

　　職災保險行政業務的主管機關為勞動部，勞保局為保險人，負責辦理勞工保險業務；職災保險給付業務由勞保局「職業災害給付組」負責。勞保業務以普通事故給付為主，其保險業務量遠大於職災保險[2]，而「職業災害給付組」，業務重點在於給

---

[2]　2017 年，勞保總現金給付（扣除職災醫療給付）為 3,866 億元，其中職災現金給付為 36.7 億元，僅佔 0.95%。

表 7.1　《勞工保險條例》、《勞動基準法》與《職業災害勞工保護法》之比較

法律 （施行年）	屬性	經費來源	計算 單位	給付內容	
				醫療	暫時失能
勞工保險條例 （1958）	無過失、 社會保險	勞保職災保險 基金	投保 薪資	比照健保給予實物給付，並可免部分負擔及住院 30 日內膳食費之半數。	自不能工作之第 4 日起，最長給付兩年，第一年按投保薪資 70% 發給，第二年減為 50%。
勞動基準法 （1984）	無過失、 個別雇主 責任	雇主	實際 薪資	必需之醫療費用，包括交通、看護費等；職業病之種類及其醫療範圍，依勞保條例規定。	勞工在醫療中不能工作時，雇主應按其原領工資數額予以補償。
職業災害勞工保護法 （2002）	社會救助	·勞保被保險人：勞保職災保險基金之收支結餘 ·未納保者：公務預算	定額 補助	·器具補助 ·喪失全部或部分生活自理能力者，得請領看護補助（勞保被保險人最多五年，未納保者最多三年）	無

給付內容		
永久失能	死亡	其他
·一次金：按失能等級給予。 ·失能年金：終身無工作能力者，平均月投保薪資 × 年資 × 1.55%（最低給付下限為 4,000 元），若有符合資格之眷屬，每一人加發年金金額 25%，最多加發至 50%。除年金外，另還有 20 個月職業傷病失能補償一次金。	·喪葬津貼：給付 5 個月投保薪資；若無遺屬或不符合遺屬條件者，則發給 10 個月投保薪資。 ·遺屬年金：留有符合條件之遺屬者，按平均月投保薪資 × 年資 ×1.55%（最低給付下限為 3,000 元），若有符合資格之眷屬，每一人加發年金金額 25%，最多加發至 50%。除年金外，還有發給 10 個月投保薪資之死亡補償一次金。 ·遺屬津貼：曾有 2008 年 1 月 1 日前勞保年資之被保險人，其遺屬可選擇請領上述遺屬年金，或請領一次 40 個月的遺屬津貼。	無
·一次金：雇主應按平均薪資及失能程度補償，標準比照勞保失能給付計算，最高可給付 60 個月。	·喪葬費 5 個月。 ·死亡補償 40 個月。	無
·勞保被保險人：於勞保給付結束後，得依失能程度請領生活津貼（最多五年） ·未納保者：雇主未依《勞基法》補償時，得比照勞保失能給付標準，按最低投保薪資發放失能給付。並可再依失能程度請領生活津貼（最多三年）	·死亡補助 10 萬元。 ·未納保者：雇主未依《勞基法》予以補償時，得比照勞保死亡給付標準，按最低投保薪資計算發放。	職訓生活津貼

付個案的資格審查與發放，至於職業傷病的通報、調查與預防，係由職安署辦理，但這兩個機構之間並未有充分的資料聯繫，未見勞保局對於歷年來職業傷病給付個案的產業分布、人口學屬性、投保類型、發生原因等資訊，進行調查與統計分析。職災個案的災後復健與復工業務，由職安署與勞動力發展署辦理，並未與勞保職災給付資料進行勾稽。在目前勞保屬綜合性保險的行政組織結構下，職災保險業務分散，獨立性未受重視，也難怪職災者感受到政府部門多頭馬車問題。

《勞基法》職災補償的雇主責任相關規範，主管機關為各縣市政府。《勞基法》的落實狀況，與各縣市首長及勞動部門主管的執法態度積極與否很有關係。但不論執法態度如何，縣市政府依法對違法雇主的罰鍰額度僅在二萬元以上一百萬元以下，罰鍰額度可能低於雇主應給予勞工的職災補償金額，對雇主而言缺乏強制力。部分雇主寧願受罰，也不願意給予職災者補償，使職災者必須為此採取司法訴訟途徑。

由於未加保勞保的勞工為數眾多，發生職災之後雇主未依《勞基法》給予職災者補償的情形也相當普遍，政府另於《職業災害勞工保護法》第 6 條規定，未加入勞保而遭遇職災之勞工，雇主未依《勞基法》予以補償時，得比照《勞保條例》之標準，按最低投保薪資申請職災失能、死亡補助。《職業災害勞工保護法》之主管機關為職安署。然而即使職災者或其家屬依《職業災害勞工保護法》規定獲得補助，額度常遠不及《勞

基法》法定的職災補償額度。

（3）涵蓋人口：拼裝式法制造成法律適用上的混亂

　　勞保適用對象分為「強制投保」與「自願投保」兩類，強制納保範圍包括受僱於僱用五人以上之各業公司、工廠、行號、機構員工及無一定雇主的職業工會與漁會會員等。自願投保範圍則包括受僱於四人以下公司之員工、實際從事勞動之雇主、領取老年給付之退休勞工再就業者等。未投保勞工不僅無法獲得職災保險給付，微型事業單位或自然人雇主可能因為財務狀況不佳或其他因素，而未依《勞基法》給予補償。倘若承攬者或工頭自己發生職災，不但無任何保障，甚至可能反被發包者求償。

　　《勞基法》原則適用一切勞雇關係，但例外排除四行業（農田水利會、國際組織及外國機構、未分類其他餐飲業、家事服務業）、十一項行業工作者（包括公務機關或各級公立學校工作者，私校教師、醫師、職業球員等），以及事業單位之雇主、委任經理人、技術生、養成工、見習生、建教合作班之學生。

　　《職業災害勞工保護法》規範的內容十分多重，包括職災失能、死亡補助、職災預防與重建的補助、職業疾病的認定及鑑定、促進就業、公傷病假等等。該法原則上適用所有遭遇職災的工作者，包括勞保被保險人、未納保勞保者、不適用《勞

基法》的醫師、自營作業勞工、實際從事勞動之雇主，也包含農保被保險人。

　　農業工作者為職災的高風險族群，其職業傷病問題近來受到關注。立法院於 2018 年 5 月 18 日通過《農民健康保險條例》修正草案，增列農民職業災害保險，並於 2018 年 11 月 1 日推動試辦計畫。看似照顧農民的德政，卻使目前由《勞保條例》、《勞基法》與《職業災害勞工保護法》共構的繁複職災補償體制更形混亂。

　　依據試辦計畫的規劃，農保被保險人可自願加保農業職災保險，以定額投保方式，不分投保級距。被保險人若能證明因職災不能工作，可請領「職業傷病給付」，第一年為投保薪資的 70%（每月 7,140 元），第二年為投保薪資的 50%（每月 5,100元）；若能證明職災導致失能，則可領取 1.5 至 61 萬元不等的「職災失能給付」；若可證明死亡由職災所致，被保險人遺屬可請領 30.6 萬元職災死亡給付（行政院農業委員會輔導處，2018）。

　　考慮農業工作與日常生活密不可分，在沒有任何職災通報義務與勞動調查機制的狀況下，如何認定農業工作者的職業傷病，勢必引發爭議。考量農保被保險人的年齡結構偏高齡，農保自辦職災保險的保險財務難以穩健，有失跨職業族群互助互惠、交叉補貼的社會互助精神。農民職災保險的主管機關為農委會，若缺乏勞政部門勞動檢查與職業傷病體系的支援，也恐

難達職災補償、災前預防與災後重建三者連結的理想（陳宗延、鄭雅文，2018）。

農業部門工作者只要有勞雇關係即適用《勞基法》。不論有無勞保或農保身分，職災者只要有勞雇關係，不論勞雇契約型態，均可主張以《勞基法》第 59 條要求雇主以實際薪資給予職災補償，也可循《職業災害勞工保護法》，向職安署申請相關補助。我們認為，未來發展方向仍應將農業職災保險納入職災保險，以建立跨產業、跨職域、普及涵蓋所有工作者、能交互補貼並促進社會整合的社會安全制度。

漁業工作者可透過漁會加入勞保，適用勞保職災補償相關保障，同時也受《勞基法》的保障。而近來許多漁業工作聘僱外籍漁工，可分為「境內僱用」與「境外僱用」二類型，凡境內僱用之漁船船員皆受前述保障，但若為境外聘僱者，至今尚未納入《勞基法》適用範圍，由農委會漁業署另依《遠洋漁業條例》之授權，訂定《境外僱用非我國籍船員許可及管理辦法》，而此辦法僅規定應於勞務契約內明訂以下內容：「經營者應為船員投保人身意外、醫療及一般身故保險；其一般身故保險金額不得低於新台幣一百萬元」、「船員因執行職務意外傷害或患病，經營者應即時就近安排治療，並負責醫療費及其他費用」。儘管有此規定，有關其權益保障與法規如何落實等議題，仍有許多爭議。

一般商船的船員同樣適用《勞基法》保障，也為勞保的

適用對象，但由於海上作業性質較陸上工作特殊，相關權益保障較為不易，因此，國際上制訂許多公約加以規範，台灣亦在1999 年制定《船員法》來進行規範。《船員法》雖被視為《勞基法》的特別法，但依據《船員法》第 54 條規定：「依本法給與之資遣費、加班費、殘廢補償、死亡補償、傷病治療期間支給之薪津、喪葬費低於勞動基準法所定資遣費、延長工作時間之工資、職業災害補償之給付金額時，依勞動基準法所定標準支給。」

國內的外籍勞工，可分為產業外勞與社福外勞，產業外勞適用於《勞基法》，並且為勞保的強制納保對象，法律保障上雖與本國籍勞工一致，但實務上因語言、文化差異、經濟等弱勢處境，外籍勞工要依法向雇主提出職災補償，仍有許多障礙。而社福外勞包括養護機構看護工、家庭看護工、家庭幫傭。受僱於養護機構者，適用《勞基法》、亦為勞保的強制納保對象，但受僱於自然人的家庭看護工及家庭幫傭，則僅為勞保的自願加保對象，且排除《勞基法》的適用範圍，使得這類勞工保障非常不足[3]。

值得注意的是，外籍勞工的職災千人率高於全產業勞工，在發生職業傷病之後，外籍工作者比本國勞工更容易遭受不當

---

[3] 勞動部曾在 1997 年公告指定「個人服務業」於 1998 年 4 月 1 日起適用《勞基法》，但公告後因許多雇主認為窒礙難行，勞動部旋即又再公告，個人服務業中家事服務業之工作者自 1999 年 1 月 1 日起，不再適用《勞基法》。

對待。一些外勞在職災後遭雇主違法惡意解僱，無力提出訴訟而遭遣送回國，難以取得完整的職災補償，其中還有許多未具合法工作證的外籍勞工，完全被排除在職災保險制度外。

廣義的工作者除了勞工外，還包括為數眾多的軍公教工作者，相關保障自成體系，不適用《勞基法》及《勞保條例》。然而，雖然軍公教所屬相關保險訂有因公失能或死亡等補償給付，銓敘部並訂有《公務人員因公傷亡慰問金發給辦法》及相關撫卹辦法，但皆以「恩給」代替補償，且僅限於重大因公傷亡事件，並未有全面性的職業傷病補償概念，例如海軍因過去在老舊船艦上接觸石綿粉塵而罹患癌症，或消防員因長期搬運水線、救護病患，導致肌肉骨骼疾病等，皆難以進行職業病的認定與補償。

綜上，職災補償救濟的法令不僅紛亂，涵蓋人口也不一致，造成令人眼花撩亂的法律亂象。長遠而言，職災補償制度應採普及涵蓋的社會保險，建立單一化法律制度以減少多重法律在適用上造成的困擾，並透過跨職域制度設計，同時兼顧雇主責任落實與社會安全保護功能。

（4）納保方式：申報制度的問題

勞保的加保程序係採申報制度，由投保單位（事業單位、職業工會、漁會）在勞工到職、入會或到訓當日填具加保申報

表寄送至勞保局辦理加保，而保險效力之開始，自投保單位將加保申報表送交勞保局或郵寄之當日零時起算。若投保單位未為其所屬勞工辦理投保手續者，勞保局可按應負擔之保險費金額處 4 倍罰鍰，然而目前雇主應為勞工加保而未加保、高薪低報投保、或要求受僱者透過職業工會投保的狀況十分普遍。對於違法雇主，勞保局的稽核能量有限，且罰鍰金額過低，對雇主而言不具實質壓力。

（5）保險財務與保費：保費分攤機制設計不當，造成雇主責任的逃逸

職災保險保費應由雇主全額負擔，這是國際公約明訂的原則。然而在台灣，許多勞工雖明確有受僱身分，卻仍以無固定雇主的職業工會會員身分加保勞保，因而必須自行繳納 60% 的職災保費，另 40% 由政府負擔。有受僱事實，而雇主完全不需負擔職災保費，顯然有失公平。此問題的癥結在於，受僱於自然人雇主或非立案機構的受僱者，須以加入職業工會方式才得以投保勞健保。

此外，四人以下事業單位的受僱者並非法定強制納保對象，而因職災保險仍依附於《勞保條例》，納保與保費收取均一併辦理，許多勞工並不了解兩種保險的保費差異，而一些雇主為減少保費負擔，要求員工自行在外投保職業工會，或以外包、

派遣、承攬等方式取代勞雇契約,造成雇主責任脫逸。勞保統計資料顯示,在 2017 年,透過職業工會加保者佔全體勞保被保險人的 20.9%,其中應有相當高比例的工作者屬受僱,顯示雇主職災保費責任大幅轉嫁由勞工自行承擔。

台灣現行的職災保險費率包含上下班災害費率及行業別災害費率兩種。上下班費率採「定額費率」(flat rate),行業別費率採「經驗費率制」(experience rate),後者依各行業的平均職災風險而訂,僱用員工達 70 人以上的事業單位則以前述的行業別災害費率為基礎,再視該事業單位過去三年的職災發生狀況計算其「實績費率」(merit rate)。勞動部依據各行業職災風險,每三年調整一次職災保險費率。

根據 2016 年至 2018 年適用的「勞工保險職業災害保險適用行業別及費率表」,上下班費率為 0.07%,整體行業別費率的平均值為 0.15%,兩者相加為 0.22%。在所有 55 項行業別中,兩者相加的保險費率以「油及天然氣礦業、砂石及黏土採取業、其他礦業及土石採取業」最高(0.99%),其次分別為「水上運輸業」(0.98%)、「建築工程業」(0.61%)、專門營造業(0.56%);保險費率最低(0.11%)的行業則有「電子零組件、電腦、電子產品及光學製品、電力設備製造業」、「電腦系統設計服務業、資料處理及資訊供應服務業」、「金融中介業、保險業、證券期貨及其他金融業」及「研究發展服務業」(勞動部勞工保險局,2018)。與其他國家相較,台灣的職災保險

費率遠低於日本（2016年，平均0.7%，介於0.25-8.8%）、南韓（2016年，平均1.8%，介於0.7%-34%）也低於大多數歐美工業先進國家，甚至更低於中國（0.75%）（ILO, 2017）。

　　不僅如此，台灣自1978年職災保險財務分立以來，保險費率連年調降（參見圖7.2），勞保局最新核定的2019至2021年整體行業別災害費率平均值為0.14%，與過往相比再降0.01%，職災費率最高者仍舊是「石油及天然氣礦業、砂石及黏土採取業、其他礦業及土石採取業」，但費率卻從0.99%降至0.96%。保費過低，後果是給付不足、認定保守。

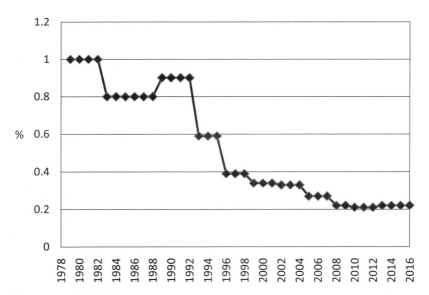

圖 7.2　台灣職災保險費率：1978-2016 年
本圖由作者繪製。資料來源：（勞工保險局）

在職災通報率低落、勞檢涵蓋不足、職業病嚴重低估的台灣，以個別事業單位為計算基礎的「實績費率」設計，是否能有效促進雇主預防職災？或反使事業單位隱匿、拒絕承認職災？也有深入檢討的必要。

另值得注意的是，台灣與許多工業先進國家一樣，存在石綿職業暴露的歷史共業問題（鄭雅文，2017）。日本的勞災保險另徵收 0.002% 的額外保費作為石綿疾病的職業病補償基金，但台灣政府對此毫無作為（Furuya et al., 2013）。

7.3 職災給付的內容

勞保職災給付和《勞基法》雇主應負之職災補償，均包含醫療給付、傷病給付、失能給付與死亡給付。

（1）醫療給付

在醫療方面，職災者須持雇主填發的「職業傷病醫療書單」或經醫師診斷為職業病並開具「職業病門診單」就診，始可減免健保規定的部分負擔，此部分費用再由職災保險償付給健保。勞保職災醫療費用支付標準比照健保，因此健保不給付的項目，勞保也不予給付，包含職災者可能需要的整型外科、義齒、義

眼、眼鏡、運輸、特別看護費等等。

另一方面，《勞基法》規定雇主應補償職災者「必需之醫療費用」，法理上應包含所有職災導致的醫療費用，並不限於勞保職災醫療給付範圍。然而，如何定義《勞基法》所謂的「必需之醫療費用」常出現爭議。對此，勞動部有相關函釋：「勞工職業災害急診費及送醫車資如確係醫療所必需之費用，雇主即應予以補償」[4]、「勞工因職業災害所生之醫療費用，雇主應予補償，但同一事故勞保之醫療給付，雇主得予抵充，如仍有不足，雇主仍應補償。特別護士費、病房費，如屬醫療所必須並由醫療機構出具證明者，即屬《勞基法》第59條第1款所稱之醫療費用，應由雇主補償之，至於伙食費則不包括在內」[5]。雖上述診療所需交通費與看護費用被視為「必需之醫療」，但勞保並未給付，而《職業災害勞工保護法》雖有看護補助，仍須待確認為永久失能等級達終身無工作能力，才發給每月一萬多元的定額補助金，最長也只補助五年，不僅金額不足以負荷龐大的看護費用，對於尚未判定失能在醫療期間生活無法自理的職災者而言，也不符合補助要件。因此，除非雇主依《勞基法》提供「必需之醫療」補償，否則勞工仍須提起訴訟才能確保補償權益。

---

[4]　行政院勞工委員會80年8月31日台（80）勞動3字第22390號函。
[5]　行政院勞工委員會84年5月9日台（84）勞動3字第112977號函。

（2）暫時失能給付

勞保提供的暫時失能給付（法規稱為「傷病給付」），旨在提供職災者於治療期間無法工作的薪資損失補償。暫時失能給付有三天「等待期」，從災後第四天起開始發放，第一年間僅給付投保薪資的七成，第二年起降為五成，最多給付兩年。另一方面，《勞基法》則規定雇主應依原領工資全額補償，且須從不能工作的第一天起開始發給。同上述，補償雙軌制的設計造成雇主無過失補償責任未被完全保險化，雇主補償責任在進入第二年後更為加重，也是勞雇衝突惡化的原因。舉例來說，若一名勞工月薪 5 萬元，因職災傷病治療兩年，依據《勞基法》，雇主應補償兩年原領薪資共 120 萬，但勞保依投保薪資計算，最高僅給付 659,520 元，雇主仍須負擔 50 多萬元的差額。

（3）永久失能給付

在永久性失能方面，勞保失能給付之額度，依照失能程度共分為十五等級，分別一次給付 45 日至 1,800 日不等投保薪資。對未達終生無工作能力者，僅給付一次金，如月薪 3 萬的職災者，若雙耳失聰，為失能等級 5 等，應給付 960 天的日投保薪資，共計 96 萬元；若一眼失明另一眼視力減退 0.1 以下、一隻手喪失機能，或一隻腳喪失機能，皆屬失能等級 6 等，應給付 810

天的日投保薪資，共計 81 萬元的永久失能一次金，不僅額度過低，也未考量職災者因勞動力減損導致謀職困難與薪資減損問題。若失能評估達終生無工作能力者，得請領年金，給付標準按其投保年資每滿一年，發給其平均月投保薪資之 1.55%（不足 4 千元者以 4 千元發給），另加發 20 個月投保薪資的一次金。然而，由於不當將「年資」納入計算公式，造成年資較短的職災者可請領到的年金過低，無法維持生活。

　　不論是勞保或《勞基法》雇主應負擔的永久失能補償，均有給付過低問題。例如，薪資為三萬元的職災者，若年資未超過 8.6 年，失能程度達終身無工作能力，卻僅能領取一次 60 萬元及每月 4 千元的失能年金。年資較短者多半為年輕勞工，未來還有數十年的生活，上述的補償顯然相當不足，不僅無法保障職災者與其家庭的經濟安全，也有失公平正義。另外，《職業災害勞工保護法》提供失能者 3 至 5 年定額看護補助費，對於需要長期照顧者而言，更只是杯水車薪。

（4）死亡給付

　　在死亡給付方面，若有符合《勞保條例》規範資格的遺屬，除了提供 5 個月投保薪資之喪葬津貼外，另發給遺屬年金，投保年資每滿一年發給平均月投保薪資之 1.55%（不足 3 千元者以 3 千元發給），並加發 10 個月一次金。若保險人無遺屬或遺屬資

格不符，則發給 10 個月喪葬津貼。舉例來說，若一名 25 歲未婚未有子女的勞工，每月薪資 3 萬元，不幸遭遇災死亡，其父母尚有工作能力，不符合勞保規範的遺屬資格，僅能領取 30 萬元的死亡給付，人命顯得相當廉價。而依據《勞基法》，雇主須發給職災死亡者遺屬 5 個月原領薪資的喪葬費及 40 個月一次死亡補償，以上述勞工為例，為 135 萬，兩者間差額由雇主承擔。

給付不足的結果，造成勞工與家庭遭遇的損害無法完整填補，勞工為了因應生活所需，除了請領保險給付外，多半會再依《勞基法》向雇主請求差額補償，甚至進一步提出損害賠償金額。但實務上，許多雇主不願或無力負擔龐大的差額負擔，即使勞工向地方勞工局處申訴雇主違法未負擔職災補償，行政機關也只能向雇主處以行政裁罰，無法強制執行要求雇主將補償金直接交付給職災者，致使勞工必須再到法院提起訴訟，但訴訟過程曠日廢時，勞工須等到勝訴判決確定後，才能拿到補償金，訴訟期間的生活往往陷入困境。

即使雇主依法按月給付醫療費用與醫療期間之原領薪資，對於職災者的心理來說，安全感仍舊不足。例如，一名從事瓦斯管線汰換工程的勞工，施作過程中因不慎爆炸導致全身 40% 面積灼傷，雇主雖然按月提供實支實付的醫療費用及薪資，但復健期間漫漫，人工皮等相關耗材或未來仍需多次植皮、美容手術，以及照顧看護費用皆相當龐大，職災者家屬時時擔憂雇主停止給付。該受僱之公司為小規模工程行，負擔能力有限，

一旦辦理歇業或脫產，勞工恐無處求償。此種預期心理，造成勞工轉而要求雇主給予一次金賠償，但一旦提出民事訴訟，勞雇關係常因此破裂。

7.4 災後重建制度

職災保險制度不僅限於發給現金給付，還應連結災後重建機制，包括醫療復健、社會復健、職能重建與職業重建（如圖 7.3 所示）。傷病程度較輕度的職災者，可透過醫療治療與復健重回原工作單位（即復工），傷病程度較為嚴重的職災者，則可能需要職業重建服務，以便能轉換至其他職場。

職安署依據《職業災害勞工保護法》第 10 條，於全國北中南東區十大醫學中心設置的「職業傷病防治中心」；職安署並依據《職業災害勞工職業重建補助辦法》，以計畫形式補助醫療院所及相關團體，辦理職能復健服務，包括工作能力評估及強化、心理輔導及社會適應、職業輔導評量、就業服務、職業訓練及職務再設計等業務；目前共補助 27 個職能復健服務單位，提供服務以工作能力評估及強化、心理輔導及社會適應、職業輔導評量與職務再設計為主 [6]。另可透過勞動力發展署所屬就業

---

[6]　完整服務單位資訊請參考職安署網站：https://www.osha.gov.tw/media/8081/ 職

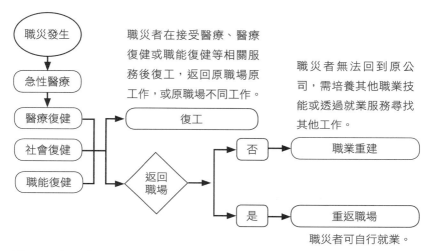

圖 7.3 災後重建制度
本圖由作者整理繪製。參考自（新北市政府勞工局，2016）。

服務據點找工作或接受職業訓練。勞動部亦於 19 個縣市政府推動「職災勞工個案主動服務計畫」，設置個案管理員，提供權益諮詢，並轉銜心理輔導、職能復健與職業重建等服務。

　　職災者若失能狀況嚴重，可申請身心障礙者證明。若獲此證明，則可依據《身心障礙者權益保障法》，取得相關服務，包括職業重建個案管理服務、職業輔導評量、職業訓練、各種就業服務、職務再設計以及創業輔導等。然而現行制度有下述問題，值得檢討。

災勞工職業重建提供職能復健服務單位聯絡資訊 .pdf。引用 2018/11/07。

（1）各重建服務資源缺乏整合

目前制度下，職災個案管理人員分屬於不同單位，包括十大「職業傷病防治中心」、27 個職業職能復健服務單位，以及各縣市政府設置的職災勞工個案服務單位。不同屬性的職災服務單位各有其業務重點（醫療復健、社會復健、職能重建、職業重建），而這些服務均涉及專業分工，也需有不同服務之間的整合。服務輸送的各個環節是否銜接，服務資源是否整合，成為影響職災勞工重建功能與重返職場的關鍵。然而現行制度，各服務單位之間缺乏橫向連結，造成職災者面對的是斷裂而不完整的重建服務。也由於缺乏整體性規劃，職災重建服務不僅資源未整合，也有服務據點不足、資源可近性與可及性分配不均之問題。

（2）重建服務機制缺乏穩定性

職安署以職災保護專款設置的單位，不論是十大職業傷病防治中心或是 27 個職能復健服務單位，均以每年招標的方式辦理，使得應屬常設性、固定性的服務業務，成為必須年年招標以年度計畫方式辦理的方式提供，造成服務業務無法穩定，個管人員缺乏就業保障，經驗也難以積累，當然服務品質也就難以確保（簡秀華，2016）。

（3）職災勞工身分與非職災勞工身分之重建制度如何分工，缺乏公共討論

因職災事故導致失能的職災勞工，與因其他非工作相關因素而導致失能的一般身心障礙者，所需的職業重建服務其實是類似的。根據學者張彧等人的文獻回顧，在澳洲新南威爾斯、德國、美國加州與日本的制度設計之下，無法回到原工作、原職場的職災勞工，乃是轉至為一般身心障礙者所設立的重建中心接受服務；對職災者提供的重建服務，仍由職災保險部分或全部支付其費用，以落實雇主責任（張彧等，2007）。

在台灣，因服務接受者的身分所涉及的經費來源不同，職災勞工重建服務來自勞保職災保險結餘提撥款，而一般身心障礙者的服務來自稅收，兩者各自建立不同的職業重建制度，造成制度運作上的混亂。在現行制度下，提供給一般身心障礙者的職業重建服務內容較為完整，而職災勞工職業重建服務不完整且缺乏連續性，不僅讓職災者遺落在職災保護網之外，原本該課予雇主的重建責任也未能落實，這是台灣職災補償制度的沉疴。

台灣近十幾年來社會安全網快速擴大，有關身心障礙者之權益保障也有相當程度的進展。對於身心障礙者的經濟保護與復健復工服務，是否應區分職災勞工身分與非職災勞工身分？是否應給予分流化的服務？還是應以失能者的需求，而不分其

失能原因，一律由普及性的失能保護政策涵蓋？如何透過財務的分攤機制落實雇主責任？對於上述問題，許多國家已有討論與配套設計。國內雖也有專家學者呼籲應以單一窗口服務職災勞工，並應整合目前各自分立的職業重建體制，但制度如何設計，如何善用有限資源，協助職災者重建身心、重建社會功能並重返職場，仍需更多討論。

職業傷病的認定

鄭雅文、黃怡翎

8

職業傷病的認定，是界定勞雇雙方補償權利義務及責任歸屬的重要基礎，也因此，如何界定傷病事故的「工作相關性」（work-relatedness），可說是職災補償制度最核心也是爭議最大的議題。職業傷病的認定既牽涉科學，也牽涉政治。本章首先介紹台灣目前的職業傷病認定程序，接著指出現行制度出現的爭議，並對此提出作者看法。

8.1　現行認定機制

有關職業傷病的認定程序，分別規範於《勞保條例》與《職業災害勞工保護法》。兩個認定體系分屬兩個不同法令，認定目的並不相同。《勞保條例》的職業傷病認定，係為核付職災給付之依據，而《職業災害勞工保護法》僅就是否為職業病進行認定，目的可能是為了確認雇主責任，也可能是為了申請《職業災害勞工保護法》相關補助。兩法之關係，參見前章圖 7.1。以下分述此兩個認定流程（參見圖 8.1）。

《勞保條例》認定程序

勞保被保險人發生職業傷病，可申請職災保險各項給付（詳見前章表 7.1）。申請時所需要的文件，依照給付類型與傷病類型，有：「勞工保險傷病給付申請書」、「傷病診斷書正本」、

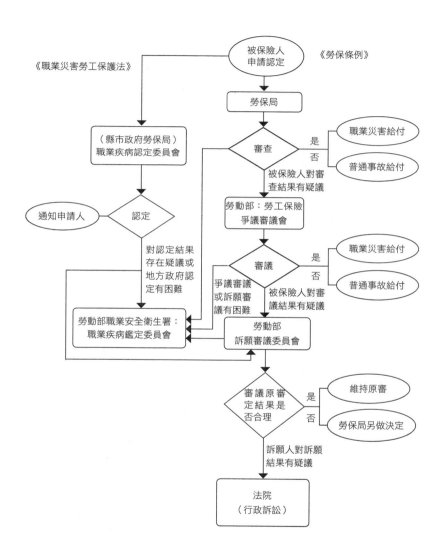

圖 8.1　現行職業傷病之認定及爭議審議流程

本圖由作者繪製。

「上下班、公出途中發生事故而致傷害證明書」、「勞工保險失能給付申請書」、「勞工保險失能診斷書」等。上述文件，需由投保單位（具監督管理責任之雇主）蓋章證明；被保險人若無法取得投保單位的證明，或投保單位為不具監督管理雇主責任的單位如職業工會或漁會，則必須另提傷病係屬職災之事證資料。

勞保被保險人若疑似罹患職業病，在申請職災保險給付時，亦需檢附明確事證，例如由「職業傷病防治中心」開具之職業病診斷證明或評估報告。若被保險人無法提出明確事證，勞保局可發函或實地訪查勞方、資方、同事、產業工會等相關人士進行取證，並洽被保險人就醫之醫療院所，調閱其醫學檢驗與病歷資料，再將全案事證送交勞保局特約職業醫學科專科醫師進行審查。

勞保局進行審查後，做出核付職業災害給付與否之決定。若被保險人對審查結果有疑義，可向勞保局申請爭議審議，由「勞工保險爭議審議會」進行審議。倘若被保險人對審議結果仍有疑義，則可向勞動部「訴願審議委員會」提起訴願。若再不服訴願結果，則向法院提起行政訴訟。

《職業災害勞工保護法》認定程序

依據《職業災害勞工保護法》規定，直轄市及縣市政府得設立「職業疾病認定委員會」，委員由各地方政府遴聘。若「職業疾病認定委員會」認定屬於職業病，勞工可依此結果向勞保

局申請職災相關給付。若直轄市及縣市政府未設立「職業疾病認定委員會」者，則由地方主管機關檢附資料函轉職安署之「職業疾病鑑定委員會」鑑定。「職業疾病認定委員會」的認定爭議，亦可循勞動部之訴願及訴訟機制尋求解決。此外，依據《職業災害勞工保護法》第 13 條規定，勞保機構於審定職業疾病認為有必要時，得申請鑑定。

職安署依據《職業災害勞工保護法》設置「職業疾病鑑定委員會」，委員 13-17 人，包含勞動部代表 2 人、衛生福利部代表 1 人、職業疾病專門醫師 8-12 人、職業安全衛生專家 1 人、法律專家 1 人。當勞保局「爭議審議委員會」、勞動部「訴願審議委員會」或地方政府「職業疾病認定委員會」認為難以認定時，可將案件送到「職業疾病鑑定委員會」進行鑑定。

在實務上，職災者若有勞保被保險人身分，大多循《勞保條例》認定程序。若職災者未投保勞保，或對勞保認定結果有疑義，則會依《職業災害勞工保護法》向地方政府申請認定。

8.2　認定機制的程序問題

（1）　雙軌制問題

職業傷病的認定，理應有單一行政路徑。台灣目前由《勞

保條例》與《職業災害勞工保護法》建構雙軌認定機制，不僅路徑複雜，且不同環節有不同行政窗口，無論勞資雙方往往都難以掌握制度細節。上述兩種程序並無申請之優先順序，職災者可同時送件，職業醫學科專科醫師也可能在不同案件上分別參與兩個機制，有行政資源重疊浪費問題。

對於未加入勞保的受僱者，2001 年訂定的《職業災害勞工保護法》提供勞保之外的職業傷病認定管道，確實有其階段性的必要，但未來職災保險的制度改革應全面涵蓋所有受僱者，而職業傷病的認定機制應循單一法規體系和行政管道，以簡化程序。

（2）「工作相關性」的舉證責任問題

傷病事件是否與工作有關、如何進行調查，是職災保險制度的核心問題。職業傷病的審查與爭議審議過程，必須輔以有良好的調查與專業鑑定機制，並連結勞動檢查與職場監測系統。

在目前制度下，卻無配套設計。被保險人向勞保局提出職災給付申請時，必須檢附職業傷病之事證資料。職業病診斷書或工作暴露資料若不完整，在此階段就可能被承辦人員駁回。即便進入審查，勞保局承辦人員的訪視與調查資源有限，也缺乏直接委託勞檢單位或職業傷病防治中心協助的機制。勞保局特約的審查醫師限於人力與物力不足，大多僅以書面資料作為

判斷依據，鮮少偕同主管機關進行調查。職安署雖委託醫學中心設置「職業傷病防治中心」及網絡醫院，但職業醫學專科醫師缺乏入廠蒐證或強制雇主提供資料的調查權，僅能仰賴工作者或家屬的口述進行判斷。在實務上，即便被保險人取得醫師開具的職業病診斷書，勞保局也並非完全採信，勞工被要求再至另一家醫學中心取第二分職業病診斷書的案例，其實並非罕見。

　　職災導致的傷害，因果關係較明確，然而實務上仍有許多爭議。例如，勞工主張滑倒導致的背痛為職災，但滑倒事件若未被目擊而沒有證據，或缺乏滑倒導致背痛的確切因果關係，可能就會在職災認定上出現爭議。

　　慢性或多因性的職業病，認定爭議更是層出不窮。潛伏期漫長的職業病由於職業暴露的年代久遠，早期暴露以及環測資料難以取得，暴露環境也往往不復存在，或者因罹病者曾多次轉換工作，而讓工作暴露與疾病之間的因果關係變得難以釐清。職業暴露的舉證，在台灣實務上須由勞工自行提出，但日本、德國、法國等許多國家，則是規定由雇主負舉證義務；而政府機關也扮演積極介入調查的角色，除了事發時會調取環境測量紀錄或實地訪查，平時也藉由頻次較高的勞動檢查，將工作暴露情形留下紀錄，作為日後職業病認定的基礎資料參考。

（3） 勞保局職業病認定程序的專家決策問題

　　勞保局的審查，是職業病認定機制的第一關，也是最關鍵的一關。勞保局長期以來委託極少數特約醫師，負責審查為數相當龐大的職業病認定申請案件，成為現行制度的關鍵把關者。然而勞保局聘用特約醫師的方式，並未有法律明文規範；申請案件不論其傷病性質或爭議性，大都交由一、兩位特約醫師就勞保局提供的事證資料進行書面審查，其審查品質與公信力，並無外部監督機制（鄭峰齊，2013a）。

（4）勞動部鑑定機制定位不明

　　不論是勞保局或地方政府的認定爭議，或是這兩個管道認定結果不一致而導致的爭議，最後都交由勞動部職安署設置的「職業疾病鑑定委員會」進行鑑定。然而，此鑑定機制究竟純然提供專業鑑定，抑或是勞雇權利義務之爭議審議裁定機制，定位並不明確。現行的鑑定委員會，對職業病認定案件提供專業鑑定，但也是裁定職業病與否的關鍵角色。

　　我們認為，在專業鑑定與爭議審議方面，二者的定位應明確區分，應由專家證人以專業鑑定方式進行，而官方代表則回歸行政幕僚和行使公權力的角色。鑑定結果提交至爭議審議委員會作為行政處分的參考依據；但鑑定本身作為專業證據，不

應有行政處分之效果。另一方面，職災保險爭議審議委員會的組成，應強化勞雇雙方的平等參與，委員之選任應有充分的代表性，由勞雇雙方代表與民間社會團體參與，使爭議審議委員具社會代表性，將社會價值與倫理考量融入審議過程之中，在對話中凝聚共識。

（5）弱勢職災者缺乏社會資源

職災保險牽涉複雜的法律條文與認定機制，不僅具大學知識程度的民眾難以徹底瞭解，對於不熟悉文書與電腦作業的基層工作者而言更是困難重重。勞保局雖不斷透過各種管道宣導，例如製作並發放大量「職災權益快易通」宣導手冊，告訴民眾如何「5 分鐘搞懂勞工保險相關保障」、強調「申請給付與補助真的很簡單」、強調要杜絕「勞保黃牛」，但無論如何改善，對於知識能力相對較弱勢的職災者，職災認定與補償程序仍可能充滿障礙。

從過去研究者針對石綿疾病罹病者的訪談可發現，罹病者本身或其子女的知識教育程度與社會資源，是影響罹病者是否能搜尋到有用資訊、獲得有效社會協助，最後得以取得職災補償的重要因素（鄭雅文等，2017）。現行制度與申請流程中的障礙，間接導致了職災補償權益的社會不平等現象。

由於職業傷病認定與給付申請流程繁複、政府行政部門提

供的協助資源有限，對於良莠不齊的勞保代辦業者又僅止於消
極抵制，造成陷入困境的弱勢職災者容易成為不法代辦業者覬
覦的肥羊。過度牟利取向的勞保代辦，使得職災者原已不足的
給付額度再被剝削；不法代辦的存在也造成醫師的疑慮，不時
被媒體揭露的詐領弊案更使職災者成為被質疑的身分，使法定
補償權益壟罩在詐騙陰影之下，無異於助長制度污名。

何以不法代辦業者長期存在？其實是制度設計不當與行政
部門的消極不作為所致。首先是法律制度的混亂，其次是職災
個案管理追蹤機制的缺漏，再者是勞保局對職災者的真實需求
並無有效的對應作為。

如何保障弱勢職災者的補償權益？我們認為政府主管機關
應參考國際經驗，一方面強化職業傷病通報機制、簡化認定程
序，另一方面應強化個案管理服務，以確保職災者的補償權益。

8.3 職業傷病本身的定義與界定爭議

（1） 法規定義的分歧

有關「職業災害」或「職業傷病」，不同法令使用不同名
詞與定義，亦造成適用上的困惑。以下說明台灣現有法規對職
業傷病的定義。

- 《職業安全衛生法》第 2 條第 5 款將「職業災害」定義為「指因勞動場所之建築物、機械、設備、原料、材料、化學品、氣體、蒸氣、粉塵等或作業活動及其他職業上原因引起之工作者疾病、傷害、失能或死亡」；施行細則第 6 條規定,「本法第 2 條第 5 款所稱職業上原因,指隨作業活動所衍生,於勞動上一切必要行為及其附隨行為而具有相當因果關係者」。

- 《勞基法》對於職業災害並無定義,第 59 條僅明訂雇主補償責任範圍:「勞工因遭遇職業災害而致死亡、失能、傷害或疾病時,雇主應……」。

- 《勞保條例》母法對職業傷病並無定義,而依《勞保條例》第 34 條訂定的《勞工保險被保險人因執行職務而致傷病審查準則》規定,勞工「因執行職務而致傷病」的類型包含「職業傷害」、「職業病」、「視為職業傷害」、「視為職業病」等。

- 《職業災害勞工保護法》:分別使用「職業災害」與「職業疾病」兩個名詞。針對「職業疾病」,勞動部於 2014 年 10 月 16 日修訂公布《勞動部辦理職業疾病鑑定作業程序處理要點》,將「職業疾病」區分為兩類:「職業疾病(職業病)」:職業造成此疾病之貢獻程度大於 50% 者;「執行職務所致疾病」:依流行病學資料或職業疾病案例顯示該項工作可能造成或加重此疾病,個案暴露資料雖不完全,尚無法確認為「職業疾病(職業病)」,其工作暴露屬高危險群,無法排除疾病與工作之因果關係。

　　勞動主管機關為了切割勞保給付、雇主補償或民事賠償責任而訂定不同名詞，卻造成適用上的困擾。例如，儘管勞保職災給付額度並不會因為是否加上「視為」的名目而有所差異，但職災者若罹患的是「視為職業傷害」或「視為職業病」，在法庭上要求雇主負擔《勞基法》補償責任或主張民事賠償時，通常會比較困難。職業醫學專科醫師在進行認定時也可能考量牽涉的雇主責任而傾向保守。

　　就國際經驗來看，除了日韓將爭議較大的過勞相關疾病歸為「工作相關疾病」外，各國職災補償制度似乎未見如此多重的分類方式。2015 年 4 月，台北地方法院一審宣判 RCA 罹病員工勝訴，勞動部隨即在同年 10 月發布新聞稿，以專案方式認定 139 位罹癌者為「執行職務所致疾病」（而非「職業病」）並發給勞保職災給付。勞動部一方面放寬勞保職業病認定門檻，另一方面又擔心法院誤判而加重雇主責任，採取如此作法，消極迴避職業病認定爭議。

（2）　「不能工作」的界定不清

　　《勞基法》第 59 條規定：「勞工在醫療中不能工作時，雇主應按其原領工資數額予以補償」，《勞保條例》第 34 條亦規定「被保險人因執行職務而致傷害或職業病不能工作，以致未能取得原有薪資，正在治療中者，自不能工作之第四日起，發

給職業傷害補償費或職業病補償費」。然而所謂「不能工作」究竟是要達完全無法工作，或是無法從事原有之工作，在實務上有頗多爭議，勞動部歷年來有不一致的解釋，甚至採越來越不利於職災者的解釋（林良榮，2018）。

根據勞委會（現已改制為勞動部）1996 年公布的函釋[1]：「查勞動基準法第 59 條第 2 款所稱勞工在醫療中不能工作，係指勞工於職災醫療期間不能從事勞動契約中所約定之工作。至於雇主如欲使勞工從事其他非勞動契約所約定之工作，應與勞工協商。」該函釋明確指出，所謂「不能工作」，是指「不能從事原有之工作」，亦即是勞工在醫療期間，就算可從事較為輕便之工作者，雇主仍然有補償的義務。

然而，2000 年勞委會提出新的函釋[2]：「依據勞工保險條例第 34 條規定，……。所謂不能工作係指勞工於傷病醫療間不能從事工作，經醫師診斷審定者。是以勞工罹患傷病正在治療中，凡有工作之事實者，無論工作時間長短，依上開規定自不得請領是項給付。」2011 年勞委會再提出新函釋指出：「勞工是否不能工作，應依醫師就醫學專業診斷勞工所患傷病之『合理治療期間（含復健）』及該期間內有無『工作事實』綜合審查，而非僅以不能從事原有工作判定」[3]，這兩號函釋皆推翻了 1995

---

[1]　行政院勞工委員會 1996 年 1 月 25 日（85）台勞動 3 字第 100018 號函。

[2]　行政院勞工委員會 2000 年 6 月 9 日台（89）勞保 3 字第 0022720 號函。

[3]　行政院勞工委員會 2011 年 4 月 6 日勞保 3 字第 1000008646 號函。

年勞委會所作的解釋，也就是說只要勞工在醫療期間，若未暫時喪失全部之工作能力，仍可從事其他輕便工作者，便不符合補償之要件。這樣的解釋方向，對於職災者的保障更趨不利。

（3）「雇主可控制性」爭議

有關「雇主可控制性」，也就是雇主是否能透過事前的預防措施避免災害發生，是職業傷病認定上頗受討論的爭議。台灣高等法院在判決中以一個有趣的例子類比[4]：即使是「天外飛來隕石砸中燃燒中之鍋爐，發生鍋爐爆破，致傷及工作中之勞工」，法官認為雇主仍負有補償責任，原因大致如下：（1）雇主因勞工的職務而受益；（2）即使在這個最極端的案例，風險也非100%不可掌控和避免；（3）雇主可透過保險或提高產品售價等方式，分散和轉嫁風險。也有人主張，從社會不平等的觀點，若不是勞工有經濟上的需求而必須出門上班，或許就不會遭受飛來橫禍。

職災補償制度以「無過失」法理為基礎，強調只要與工作有關傷病造成損害，均須悉數補償，但此制度常有雇主責任是否「無限上綱」的爭論。部分民事法院判決認為，若不需考慮「雇主可控制性」，會加重雇主責任，有礙經濟發展，因此即便是「無

---

[4]　台灣高等法院95年度勞上更（一）字第14號民事判決。

過失」原則的《勞基法》第 59 條補償責任，仍有許多法院判決認為應考慮「雇主可控制性」，以避免過度課責雇主（陳介然，2017）。如上下班途中發生的通勤災害，風險並非雇主所能控制。根據陳介然的分析，便有不少法院判例認定通勤災害非屬《勞基法》第 59 條所定義之職災（陳介然，2017）。

對於上述爭議，源自於現行《勞保條例》與《勞基法》共構的制度設計，造成個別雇主須承擔直接補償責任所致，其實以「社會保險」取代個別雇主補償責任，應可化解大部分衝突。就國際經驗而言，世界各國大多以社會保險取代雇主直接補償，在補償責任社會保險化的制度設計下，基於無過失法理、社會保護與社會保險分攤風險的制度精神，職業傷病的範圍原本就不需考慮「雇主可控制性」因素，上述爭議當可迎刃而解。

（4）工作相關性的證據要求

工作暴露和工作者傷病之間的因果關係，應從嚴把關，避免社會保險資源被濫用？還是應寬鬆認定，以保障工作者的健康權、工作權與經濟安全為核心關懷？

回顧職災補償制度的歷史緣起，從雇主責任的課責，轉化為社會安全網，同時具止訟定爭的歷史背景，使勞雇雙方都不再受到冗長訴訟過程的折磨，也具有社會保護功能，以讓工作者免於陷入傷病後失業或斷炊的困境。此外，如第 1 章所述，

從「社會致病論」觀點來看，工作者的罹病風險，不論是源自工作、生活環境或個人行為，其實都彼此連動，與社會弱勢地位息息相關。因此，職業傷病的認定，若嚴格限縮於「工作因素」並排除「非工作因素」，其實忽略了職業危害與其他生活風險的連動性。就此思維，完善的職災補償制度不應僅聚焦於因果關係是否能確立，而更應思考此制度被賦予的社會保護角色。

8.4　課責與社會參與機制的問題

（1）社會參與的不足

如前文所述，職業傷病的認定爭議，牽涉勞雇雙方權利義務與工作者社會權保障問題，並非全然是科學問題。然而現行的爭議審議機制，缺乏勞雇雙方公平的參與，理應屬「專家證人」的專家成為職災認定爭議審議的主角，牽涉勞雇雙方權益的爭議審議則由政府部門主導。如何建立勞雇雙方實質參與的民主化審議機制，並將社會價值或倫理考量納入其中，值得進行國際比較分析並深入思考如何改進。

（2）資訊與統計的匱乏

目前關於職業病認定，勞保局僅公開申請案件數及通過職災認定案件數，其餘統計資料殘缺不全，重要資訊包含職業傷病者之工作屬性、人口學特質、疾病狀況等，未提供或作進一步分析，使主管機關擬定職災防治政策時無所依據。爭議審議和鑑定委員會的報告，也不像司法案件一樣將裁判內容公開，以致無法系統性地評估和監督委員會的運作狀況。資訊不透明的行政作風，讓外界難以得知決策依據，降低其運作的公信力。

我們認為職業傷病的認定資訊及數據，包含認定和鑑定報告書、申請者的傷病類型、發生地點、產職業類型、投保單位屬性、調查得知的傷病發生原因、認定通過與不通過的理由、補償狀況等，均應適度公開揭露。公開透明的資訊除了使勞工權利救濟具備可期待性與一致性，也可促進社會信任與公共對話，進而促進專業與政策實務的良性互動。

職災醫療：職災保險與全民健保的競合

9

鄭雅文、陳宗延

　　從社會安全制度的發展歷程來看，先進國家大多先針對具有經濟生產力的勞動者給予社會安全保護，包括醫療照顧與經濟安全，之後再擴大至非經濟人口；大多先針對經濟生產過程造成的職業災害事故提供保護，之後再擴及非職業因素引起的傷害。職災補償是最早出現的社會安全制度，然而隨著社會安全制度的擴展，職災補償制度與其他社會安全制度之間的關係也日趨複雜。

　　以醫療為例，職業傷病造成的醫療成本理應由雇主責任為基礎的職災保險來承擔，然而隨著醫療權的擴張，職災醫療與一般國民醫療的疆界往往不易區分。在台灣，全民健保涵蓋率幾近 100%，民眾就醫便利，許多職災者持健保卡就醫而未使用職災醫療，此現象造成職災醫療費用轉嫁由全民健保承擔，雇主責任由全民買單的不公平現象，也造成職業傷病不易被看見。

　　本章採文獻回顧、專家訪談與政府統計資料分析等方法。我們首先檢視國際間職災醫療制度的類型，接著聚焦於台灣職災醫療制度，回顧制度變革、運作現況與職災醫療給付近年趨勢，我們並對某醫療院所的職災醫療申報制度作個案分析，最後對台灣職災醫療制度的定位與改進方向提出反思。

9.1 職災醫療制度的類型

　　早在二十世紀初期職災保險制度成形之時，職災給付內容即已包含醫藥補助。國際勞工組織 1964 年頒布的第 121 號《就業災害給付公約》，再次確認職災補償應涵蓋醫療，並對職災醫療給付的內容做明確規範（見第 4 章）。

　　有關職災醫療與一般醫療，不同國家有不同的發展歷程與制度設計。以職災保險的發源國德國為例，由政府主導的職災保險與醫療保險制度幾乎同步發展，前者以職災者為保護對象，後者以一般國民為保護對象。其他工業先進國家在進入二十世紀之後，也針對特定工作者進而一般國民，陸續開辦醫療照顧制度。參考美國學者 Roemer 早期的分類方式，世界各國職災醫療制度大致可分為「分立制」、「半整合制」與「完全整合制」等類型（Roemer, 1965；林依瑩等，2009）。

（1）分立制

　　職災醫療獨立於一般醫療體系之外，服務團隊與營運經費，均由職災保險規範。此類型之下，各國有不同樣貌，例如德國、日本採完全分立制，加拿大則於一般醫療體系中設置職災醫療制度。

　　德國全國共有 9 間職災醫院、2 間職業病診所、2 間職業災

害治療中心，職災醫療體系在創傷治療、手部外科、燒燙傷、脊髓損傷、創傷性腦損傷等方面的醫療水準享譽國際。德國並有 3,500 名受過事故災害治療專門訓練的醫師，經災害保險機構指定為「災害保險諮詢醫師」[1]。職災者發生災害事件後先就近就醫，排除生命危險之後轉至諮詢醫師處就診，諮詢醫師依法必須向災害保險機構通報職災案件，保險機構人員會進行事件調查，並和諮詢醫師一起決定職災者的醫療照顧計畫。職災者在職災醫療體系可獲免費醫療服務，包含門急診、牙科治療、藥物、輔助器材、物理治療、復健、居家照護以及就醫所需交通，費用由職災保險基金直接支付給醫療服務提供者（DGUV, 2016；EC, 2011a；姚玲珍，2011）。

　　日本的職災保險制度繼受德國。自 1953 年以來，日本政府於全國各地設立「勞災保險指定病院」，目前共有 32 家，主要業務為診斷與治療職業傷病勞工，並提供復健復工與職業健康管理服務。勞災醫院在開辦之初的服務對象主要為脊髓損傷、骨折、外傷、重金屬中毒與塵肺症勞工。1960 年代之後隨著產業轉型，腕隧道症候群、下背痛、脊椎疾病、職業性癌症、石綿肺症以及因過勞導致心腦血管疾病的職業傷病患者增加，勞災醫院轉以服務此類慢性職業病患者。1995 年之後，日本政府

---

[1] 英文翻譯為 accident insurance consultants，或稱「過渡醫師」transition doctor, Durchgangsarzt。

要求勞災醫院自負盈虧，經費日益拮据的勞災醫院為了增加收入而增設一般醫療業務，後者反而成為勞災醫院的主要業務[2]。職災者在勞災醫療體系就醫完全免費，職災醫療含括門診、住院、手術、藥品、照護、牙醫、復健服務、輔具、就醫交通費等，涵蓋的項目比健保廣。職災醫療期間的長短由醫療專業者判定，並無時間限制（陳宗延等，2018）。在日本，一旦確認是職業傷病患者，醫療費用必須由勞災保險支付，病患與醫師不得使用一般國民醫療[3]。

加拿大雖有涵蓋全民的健保，職災者與一般民眾依循同樣就醫程序，但依據《加拿大健康法》（Canada Health Act）規定，任何符合職災保險給付要件的職業傷病都應由職災保險支付，不得使用健保醫療。醫師或病患若明知傷病屬職業傷病卻仍向健保申請給付，會被視為是詐領健保的犯罪行為（Thompson, 2007）。

分立制職災醫療的優點是，醫護團隊專責於職業傷病服務，整合度較高，較能結合不同階段的「職業健康服務」，包括預防、職業傷病的診斷、調查、職業健康管理、復健復工服務等項目。

---

[2] 資料來源：Takumi Kishimoto, Function and role of physicians at Rosai Hospital in Japan; Nasu Yoshiro, Function and role of physicians at San-in Rosai Hospital in Japan.「職業傷病防治服務國際研討會」會議資料（第8-16頁）。台北：台大公衛學院，2011/11/3。

[3] 本文作者於2017年8月訪談大阪大學小笠原理惠博士。

然而另立職災醫療體系成本較高，可能不符成本效益，且難以回應日益複雜且幾乎涵蓋所有醫學專科的各種職業傷病問題，職災者可能也會有就醫較不方便的限制。此外，區辨職災者身分本身即伴隨一定程度的行政成本。

（2）半整合制

職災醫療整合於一般醫療體系之中，職災者就醫程序與一般民眾相同，照顧團隊也相同，但職災醫療的給付額度或項目優於一般醫療給付，職災醫療費用由職災保險機構給付給醫院或診治醫師。法國、挪威屬此類，但各國的制度不同，「分立制」與「半整合制」之間界線時常不易劃分。

（3）完全整合制

將職災醫療完全整合於一般國民醫療照顧體系之中，不論傷病是否與工作有關，患者獲得的醫療服務完全相同。職災者身分的區辨，僅為了傷病不能工作期間的薪資補償，對於醫療服務則無任何影響。採公醫制的英國、丹麥、芬蘭、紐西蘭，均屬此類。以英國為例，National Health Service （NHS）對所有病患提供同樣的醫療服務，不分傷病成因；NHS雖對工作者提供復健復工服務，但並不區分工作者的傷病是否由工作所致

（Roemer, 1965）。丹麥亦是公醫制國家，醫療服務由公部門直接提供，不論傷病是否為職災，病患接受的醫療服務一樣。醫師若認為病患的傷病與工作有關，可通報勞動檢查機構、要求勞檢員前往調查[4]。

　　整合制職災醫療的優點是，職災患者就醫方便、醫療院所不需額外花時間人力區辨職災者身分，對政府部門而言則可簡化行政程序、降低行政成本。但此類制度的缺點是，職業傷病的醫療成本由國民醫療體系承擔，雇主理應補償職災者醫療費用的責任較難被追究。然而芬蘭、丹麥等北歐國家的職業健康服務體系發展健全，職業健康研究具國際領先地位，並不因缺乏分立的職災醫療體系而降低職業傷病問題的能見度。

9.2　台灣的職災醫療制度

　　台灣的職災醫療制度應屬「半整合制」，但有關職災醫療制度應如何設計或未來應如何發展，目前尚無深入討論。本節首先回顧台灣職災醫療制度的發展軌跡、檢視制度現況，並從勞保職災醫療給付近年趨勢，檢視職災醫療的低估問題。

---

[4]　本文作者鄭雅文於 2012 年 10 月拜訪哥本哈根「比斯佩耶格醫院」（Bispebjerg Hospital），訪談職業醫學部門醫師 Dr. Martin Nielsen。

（1） 制度變革

勞保在 1956 年開始辦理住院醫療給付，1970 年開始辦理
門診醫療給付。1979 年，職災保險財務正式分出。根據林依瑩
的研究，勞保局在自辦醫療時期，職災醫療給付的規模可觀。
以 1991 年至 1994 年健保開辦之前職災給付資料為例，住院醫
療給付每年平均有 9.6 億元，門診醫療給付每年則在 13-55 億元
之間（林依瑩等，2009）。

1995 年全民健保開辦，原來分別由公保、勞保、農保主管
的醫療費用給付業務，全部移轉由中央健康保險局（以下簡稱
健保局，現改制為中央健康保險署）辦理，但基於職災保險的
獨立性，勞保的職災醫療給付仍由勞保局續辦。不過為了便民
與行政精簡，職災醫療服務由勞保局委託健保局代辦，再由勞
保職災基金償付。有關職業傷病資格審查等行政事項，仍由勞
保局依相關法令辦理。

健保 1995 年開辦後至 2000 年 6 月間，職災住院醫療係採
醫療院所實際申報的費用，而職災門診給付則以職災住院費用
的 1.06 倍做推算。在 1997 年至 2000 年四年期間，職災住院醫
療給付平均每年 11.7 億，與勞保自辦時期相當，但職災門診費
用降為平均每年 11.8 億元，與全民健保開辦之前相較減少為原
本額度的 40%（林依瑩等，2009）。

行政院衛生署（現改制為衛生福利部）於 1999 年修訂《全

民健康保險法施行細則》，增訂職災醫療給付償付相關規定；2002 年 4 月 29 日，公布《中央健康保險局受託辦理職業災害保險醫療給付費用償付辦法》（以下簡稱《職災醫療償付辦法》）。根據該辦法，職災醫療給付採全面核實認定制，不論住院或門診，醫療院所申報職災醫療費用，均須依病患所持的「勞工保險職業傷病住院申請書」或「勞工保險職業傷病門診單」（以下簡稱「職業傷病醫療書單」或「書單」），或職業醫學專科醫師開具的「職業病門診單」，經勞保局審查核定、比對承保檔成功後，再依據健保核付費用作計算。

　　從統計資料可發現，在 2002 年改採全面核實認定制之後，職災住院醫療給付的變動不大，每年平均 10 至 12 億，但職災門診醫療給付大幅萎縮，在 2001 年至 2006 年間每年平均為 4.8 億（林依瑩等，2009）。《職災醫療償付辦法》分別於 2009 年及 2012 年再度修正[5]。

　　2018 年 6 月 13 日，《農民健康保險條例》修正公布，新增「農民職災保險」，農委會隨即訂定公布《農民職業災害保險試辦辦法》。農委會於 2018 年 11 月開始試辦農保職災保險，給付內容亦包含「門診津貼」及「住院津貼」，然而農委會對於未來將如何償付職災醫療費用給健保署，目前尚無具體規範（行政院農業委員會，2018）。

---

[5] 全名修訂為《全民健康保險保險人受託辦理職業災害保險醫療給付費用償付辦法》。

（2） 制度現況

　　《全民健康保險法》第 94 條規定[6]，被保險人參加職災保險，其職災醫療費用，應由職災保險給付。另根據《職災醫療償付辦法》，職災醫療給付包含住院、門診、預防職業病健康檢查費用，以及住院膳食費。職災住院與門診醫療費用由健保核付給醫療院所，再由勞保局償付給健保署，其償付關係如圖 9.1 所示。

　　職災住院與門診醫療費用的計算方式，規定於《職災醫療償付辦法》。該辦法第 3 條規定住院醫療費用之計算方式；第 4 條規定門診醫療費用計算方式。門診費用有兩種申報方式：（1）醫事服務機構依據病患所持的「職業傷病門診單」，向勞保局申報的門診醫療費用；（2）醫事服務機構逕依就醫者主訴診斷，並申報職業傷害門診醫療費用之案件，經勞保局成功比對承保檔資料後，依健保署核付的醫療費用計算；後者稱為「無單申報」。屬無單申報的病患無法免部分負擔，因此對病患而言並無經濟誘因，但對醫院而言則可申報職災醫療，獲得點值較高的醫療費用核付。

---

[6]　《全民健康保險法》第 94 條規定，「被保險人參加職業災害保險者，其因職業災害事故所發生之醫療費用，由職業災害保險給付。保險人得接受勞工保險保險人之委託，辦理職業災害保險之醫療給付事宜。前項職業災害保險醫療給付委託之範圍、費用償付及其他相關事項之辦法，由主管機關會同中央勞工保險主管機關定之」。

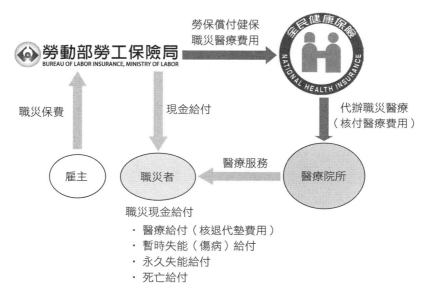

圖 9.1　台灣職災醫療的財務給付與償付機制
本圖由作者整理繪製。

（3）勞保被保險人使用職災醫療的資格與程序

　　勞保被保險人在保期間或保險效力停止後 1 年內，若發生《勞工保險被保險人因執行職務而致傷病審查準則》所定義之職業傷病事故，至健保特約醫事機構門診或住院者，可免繳交全民健保規定之部分負擔醫療費用，並可享住院期間 30 日內膳食費減半的優惠（勞動部勞工保險局，2018）。職災者若欲使用職災醫療，有兩種路徑。如圖 9.2 所示。

路徑一：持「書單」就醫

聲明為職災勞工，並提具「職業傷病醫療書單」，得免繳交健保規定之部分負擔費用。

職業傷病

路徑二：緊急就醫，無「書單」

1. 用健保卡辦理門診或住院。
2. 聲明「職災勞工」身分。
3. 向醫院索取收據。
4. 十天內或出院前補送「職災醫療書單」，再向醫院領回代墊費用。

超過 10 天，至 6 個月內（有特殊原因者為 5 年）

向勞保局申請核退代墊費用

圖 9.2　職災者就醫程序

本圖由作者整理繪製。

　　路徑一，持「職業傷病醫療書單」就醫。路徑二，若職災者遇緊急醫療狀況，未及時使用書單，可先以健保身分就醫，按照健保規定繳交部分負擔等費用，並於就醫之日起 10 天內或出院前向醫院補件，請醫院退回費用。若來不及補件，可在就醫或出院日起 6 個月內（特殊原因者 5 年內），檢附單據向勞保局申請核退費用，此時須備妥「勞工保險職業災害自墊醫療費用核退申請書」、「勞工保險職業傷病門診單或住院申請書」、「醫療費用收據正本及費用明細」，與診斷書等證明文件。

（4） 作為把關用途的職業傷病醫療「書單」

　　勞保局近年來持續對民眾宣導職災醫療，對勞保職災勞工而言，好處是可免繳健保規定的部分負擔，另可享住院期間的膳食費優惠。

　　勞保局為了確定職災事故經勞雇雙方認定，且為了防止勞工濫用職業傷病保險資源，而設有「職業傷病醫療書單」制度。取得書單的管道包含如下：

1. 直接向雇主索取，須雇主蓋章證明；
2. 自勞保局各地辦事處索取或自勞保局網站下載，仍須雇主蓋章證明；
3. 由職業醫學專科醫師或地區教學醫院以上層級專科醫師開立，但須先經醫師確診為職業傷病。
4. 勞保被保險人若是透過不具監督管理雇主責任的單位如職業工會或漁會加保，則另須提出傷病係屬職災之事證資料。

　　「職業傷病醫療書單」過去限定由投保人（雇主或職業工會）發給，但職災者索取書單時，雇主常因擔心衍生後續《勞基法》補償責任及《民法》損害賠償責任，而不願發給。現今勞保局已放寬，讓被保險人可從勞保局各地辦事處索取或從勞保局網站自行下載印出，但「職業傷病醫療書單」在實務上仍

須帶回公司讓雇主蓋章，而雇主往往不願意蓋章，因為一旦蓋
章，就等同默認職災。許多受僱者也會擔心向雇主索取書單而
會受到公司關注，更有受僱者要求職災醫療書單遭雇主拒絕，
而在之後遭非預期資遣（見第 3 章受訪個案 B38）。

　　台灣的全民健保涵蓋率幾近 100%，民眾就醫便利，許多職
災者持健保卡就醫而未使用職災醫療。可想見的是，有相當比
例的職業傷病醫療成本轉嫁由全民健保承擔。

（5）　職業醫學醫師的困境

　　除了職業醫學專科醫師之外，少有醫師會花費龐大的時間
精力來診斷並開具「職業病診斷證明書」及「職業病門診單」。
此外，台灣設有職業病門診的醫院僅約 70 家（衛生福利部國
民健康署，2018），且多位於都會區的大型醫院，目前也只有
三百多位醫師具有職業醫學專科資格，其中也並非全數醫師都
能投入職業病診治工作。對個別醫師而言，除了面臨來自雇主
的壓力，也可能產生捲入法律訴訟爭議的困擾。

9.3 職災醫療的規模

（1） 勞保職災醫療給付

　　根據勞保局公布的職災醫療給付資料，可發現近年來職災醫療給付的件數（含預防職業病健檢），大致在每年 150 萬至 187 萬件之間；職災醫療給付總額度，大致在 27 億至 34 億，其中住院醫療費用佔 47-58% 左右，門診醫療佔 32-44% 左右，預防職業病健檢費用比例則大約在 8-10%。職災住院給付件數每年大約 3 萬多件，給付總金額呈現下降趨勢，每件給付金額平均在 4.5 萬到 5 萬之間；職災門診給付件數與額度變動較大，每年大約在 100 萬到 150 萬件左右，平均每件給付金額大約 950 元，如表 9.1 所示。

（2）職災醫療的推估規模

　　台灣職災醫療的真實規模可能多大？先從健保署的醫療費用統計數據來看，2012 年至 2017 年六年期間，健保總申報點數從 5,655 億點上升至 7,008 億點，顯示醫療費用快速增長（衛生福利部中央健康保險署，2018）。然而同一時間，雖勞保投保人口從 971 萬上升至 1,017 萬人，職災醫療給付的總金額卻呈下降趨勢（見表 9.1）。何以如此？是職業傷病變少，還是職業傷病

表 9.1　職災醫療給付件數與金額（千元）：2012-2017 年

年度		2012	2013	2014	2015	2016	2017
總計	總件數	1,867,495	1,195,529	1,455,456	1,500,756	1,534,815	1,625,085
	總金額（千）	3,364,794	2,686,981	2,910,364	3,012,596	2,775,927	2,946,260
住院給付	件數	34,613	32,584	31,447	31,145	30,457	32,119
	金額（千）	1,630,960	1,546,645	1,553,683	1,590,094	1,323,009	1,399,708
門診給付	件數	1,556,996	882,156	1,166,560	1,214,226	1,281,907	1,339,275
	金額（千）	1,457,748	851,513	1,108,361	1,158,925	1,225,660	1,277,891
預防職業病健檢給付	件數	275,886	280,789	257,449	255,385	222,451	253,691
	金額（千）	276,086	288,823	248,321	263,576	227,257	268,661

本表由作者整理製作。資料來源：（勞動部勞工保險局，2017）

未被發現的問題更加嚴重？我們認為，後者的可能性頗高。

　　世界各國均有職業傷病低估問題，如何估算職災醫療費用、合理分配醫療財務負荷，也是各國均須面對的政策難題。台灣的職業傷病，一向被認為有嚴重低估問題，應有相當程度的醫療費用可歸因於職業傷病。台大公衛學院鄭雅文等人分析 2015 年全民健保資料，以 20 歲至 64 歲非屬眷屬人口，排除公部門、低收入戶、榮民與農保身分者之健保就醫者為分析對象，發現

在 1 千萬餘就醫者中（10,284,484），有 20.8 萬名就醫者以勞保職災身分就醫。在這些就醫者中，傷病類型主要為「事故傷害」（60%），其次為「肌肉骨骼疾病」（近 40%），其他傷病類型所佔比例則均在 0.5% 以下，僅有皮膚疾病（1,077 人）、心腦血管疾病（366 人）與呼吸道疾病（154 人）三類，能見度稍高。換句話說，除了事故傷害與肌肉骨骼疾病，其他職業傷病患者極少使用職災醫療，可推測有相當高比例的職災醫療耗費，轉由全民健保吸收。罹患職業性癌症、職業性呼吸道疾病、職業性石綿相關疾病的職災者，因疾病潛伏期較長，勞工往往在轉職或離職退保之後才出現病症，此時因果證據已不復存在或不易蒐證，使得職災者申請職業病認定及使用職災醫療時面臨重重阻礙。

9.4　醫事服務機構的角色

對於醫事服務機構而言，申報職災醫療的好處，與全民健保總額預算制度下的「健保點值」有關。將職災醫療服務切出，可從健保署獲得全額核付，其他非職災醫療部分可因職災醫療的切出，而獲得較高的核付點值，對醫療院所經營者而言形成財務誘因；但申報職災醫療費用時須檢具相關佐證，則是額外的行政成本。

我們訪談南部某積極推動職災醫療的私立醫學中心主事者[7]，發現管理部門與主導者的投入、急診部門的配合，以及資訊系統的建立，是醫院能否推動職災醫療業務的關鍵。該醫院在 2002 年前後開始推動，2005 年於醫療事務室下設置職災專責人員，專責辦理院內病患的職災醫療業務。根據醫院內部統計，每年職災醫療規模約 7 千至 8 千萬，雖佔醫院整體營業額比例很小，但卻是健保總額之外的實質收入，對私人醫院而言仍具財務誘因。該醫學中心推動職災醫療的作法扼要介紹如下：

1. 在急診設置檢傷分流。急診檢傷人員詢問病患以下資訊：（a）是否有勞保，（b）是否在工作中或上下班途中發生傷害，若是，則註記「可能為職業傷病」，將資料輸入電腦「職災電訪系統」。

2. 主動揀選五大科住院病患。針對骨科、整形外科、神經外科、眼科與復健科住院病人，排除 71 歲以上或 14 歲以下病患，選取主診斷為「外傷」者（S00-T34、T66-T79、Z89、L03），匯入「職災電訪系統」。

3. 進行電話訪問。醫療事務室專責人員對進入「職災電訪系統」的個案，進行電話訪問。若為住院病患，醫務室專員打電話

---

[7]　本文作者鄭雅文於 2018 年 2 月面訪該醫學中心主責醫師，並電話訪問醫務室專員。

到病房詢問病患是否遭遇職災，若病患為職災者卻尚未取得書單，則以書面通知方式告知病患使用職災醫療書單的好處，鼓勵病患申請。職災病患在住院期間若未取得書單，醫務室專員會在病患出院後繼續以簡訊通知，告知職災醫療費用核退方式。病患辦理出院時，批價人員也會提供「職災勞工保險須知」。

4. 進行門診追蹤。被註記為「可能職業傷病」的病患，在未來十個月再次來院就醫時，門診診間電腦資訊系統會自動跳出「是否和上次事件有關」，由醫師詢問病患並作判定後進行點選，若認為該次就診與職業傷病有關，則申報為職災醫療。

　　根據受訪者的說明，該醫學中心申報的職業傷病類型以骨科、整形外科、外傷科、眼科等外傷事故為大宗，職業病案例很少；職災醫療申報費用以住院居多，門診較少。何以職業病申報案件很少？主因是職業病的認定困難度較高，若非職業醫學科專科醫師，很少醫師願意額外時間精力投入，且常因送審資料或數據不全而被勞保特約審查醫師質疑或要求補件。

9.5 反思職災醫療制度的定位與改進方向

台灣的職業病認定率低落（見第 2 章），可想見除了外顯的職業傷病之外，可能有相當比例的職災醫療費用轉嫁由全民健保負擔，此問題不僅侵蝕健保總額，也造成雇主責任轉由全民承擔的不公平現象。

就台灣醫療體系的生態來看，要建立如德國與日本般的分立制職災醫療體系，可行性低，也未必具有成本效益。在既有的醫療照顧體系中建立半整合制的職業傷病服務制度應是較可行的方向。一方面應確認職災者身分，以落實職災醫療應由職災保險承擔的制度精神，另一方面將職災者納入一般醫療照顧體系，可避免分立制度可能造成的資源浪費問題。在此方向下，我們對職災醫療制度改革提出以下建議：

（1）於醫院建立「職災個案管理系統」，並由職災保險基金提供經費補助

對於較不熟悉文書作業的職災者而言，職業傷病的認定與給付流程具有高度門檻。尤其現行制度不僅申請流程複雜，牽涉不同法規，制度設計造成的障礙使勞保代辦（勞保黃牛）有利可圖。勞保代辦的介入，造成職災者必須額外負擔成本，也造成醫師對職災者提供的資訊產生懷疑，無異於助長制度污名。

　　職安署已運用職災保護專款，委託十家醫院設置「職業傷病防治中心」，各中心聘有職業傷病管理師協助職災者諮詢與服務。然而如第 7 章所述，職業傷病防治中心與其網絡醫院的資源仍相當有限，職安署甚至以每年招標方式委託交辦業務，造成防治中心個案管理人員成為定期契約工作者，缺乏就業保障。此外，大多數職災者依據傷病類型至各醫學分科就診，除非醫師主動轉介或病患主動尋求職災保險給付，否則少有職業傷病患者會進入職業醫學科就診。

　　對此問題，我們建議衛福部應參照上節所述醫院之作法，要求一定規模以上的醫療機構設置「職災個案管理系統」，並由勞動部自職災保險基金提撥經費予以補助，也應規定醫療機構應配置專責於職業傷病業務的個案管理人員。

　　「職災個案管理系統」應包含急診或住院患者的職業傷病檢傷流程、職業傷病個案訪問、出院病患追蹤管理、社會心理輔導、法律諮詢與其他轉介服務。個管人員應紀錄傷病發生過程，初步判斷傷病是否與工作相關，若高度懷疑與工作有關，則由個案管理人員轉介至職業醫學科，由職業醫學專科醫師進行專業認定。職災個管人員應具備一定程度的職業醫學與職業傷病補償相關教育訓練，且職災個管服務不應僅限於職業醫學科門診，而應以全院病患為對象。於醫院設置的「職災個案管理系統」，除了可扮演職災認定初步把關者角色，降低醫師工作負荷，也可讓職災者獲得必要協助與轉介服務，避免勞保代

辦者藉此圖利。

（2）以「職災個案管理系統」取代「職業傷病醫療書單」

職災的調查與認定，是勞動主管機關的法定權責；職災發生之後，勞保被保險人相關補償權益的認定與核發，是保險人（勞保局）的法定權責。然而在現行制度下，勞保局卻以「職業傷病醫療書單」的有無與雇主蓋章同意與否，作為確認為職災與否以及給予職災給付與否的依據。如此制度設計，無異於將政府權責轉交由雇主來把關。

勞保局主張，「勞工發生職災，雇主應負職災補償及相關刑事、民事責任。廢除書單，雇主有責而無從確認職災事實，易滋生勞資爭議」；勞保局並強調，「基於雇主對受僱勞工職務之監督與管理責任，勞保局受理審查職災給付申請案件，應就被保險人主張事故發生經過及雇主確認職災事由綜合判斷認定」，「由醫療院所逕依就醫者主訴診斷申報門診費用，亦衍生申報不實之道德風險」[8]。

從勞保局的回應可發現，理應以「無過失法理」為制度精神的職災保險，在台灣現行制度之下，與雇主的過失責任損害

---

[8] 勞動部回復中華民國醫師公會全國聯合會有關「勞工職業災害耗用健保資源之現況與未來改善方向」政策建議（2018/8/20 發文；發文字號：勞動保3 字第 1070140407 號）。

賠償責任連動，而對勞保局職災保險給付的認定產生牽制效應。勞保局一方面認為交由雇主來認定職災事實是恰當的，另一方面主張由醫療院所就病患的主訴進行的判斷會造成申報不實的道德危害，顯示勞保局較信任雇主，而較不信任醫師與勞工。

如第 3 章所述，一些職災者欲使用職災醫療但遭雇主拒絕，理由可想而知，即勞保局主張的雇主連帶補償與賠償責任問題。此問題，如第 7 章所述，源自於《勞保條例》與《勞基法》的連動，造成雇主無過失補償責任未完全社會保險化所致。

參考德國與日本的制度（見第 12、13 章），在雇主補償責任已被職災保險完全吸收的狀況下，雇主並無阻止勞工請領社會保險的動機，保險人亦未要求病患必須提供「書單」或其他職災事證，有關職災保險給付的認定，乃交由職災保險建立的職業傷病認定機制來處理。我們建議應建立上述「職災醫療個案管理機制」，由具備一定職業醫學與職業傷病補償知識的個管人員進行主動篩檢，並全面廢除職災醫療書單。

（3）針對因果關係明確的職業病，簡化職災認定與職災醫療申報程序

針對因果關係明確的職業傷病，或明顯可歸因於職業因素的疾病如塵肺症、矽肺症、石綿引起的間皮瘤，應建立主動通報或轉介機制，並簡化職災醫療申報程序。

（4）對醫療院所進行宣導

　　許多醫事人員與醫事服務機構管理者不太了解職災醫療制度，不清楚職災醫療核付不打折扣（亦即 1 點 =1 元），且職災醫療費用不會被納入健保總額做計算。我們認為，醫事服務機構，積極認定職業傷病勞工不但具政策正當性，亦具財務誘因，因此健保署應積極宣導職災醫療，以確保健保資源的有效利用。

職災補償制度中的污名

鄭雅文

「都是裝的啦…」，「有手有腳的，為什麼不出來做…」，
「頭殼痛的病，送逍人病院好啦…」；「要錢ㄟ，就去告好
了…」（工廠老闆娘）
「之前同事發生職災，也覺得他們家屬就是一直要討錢，
直到自己遇上了，才知道…」（職災者）。
「如果要追究的話，我們這邊年資久的大都有職業病。要
是有人主張有職業病，一定會引起模仿效應。人都有貪念，
只要有好處，每個人都會想撈一點…。」（工廠安全衛生
管理人員）。

在保險學領域中，「道德危害」（moral hazard）是常被
討論的議題。所謂道德危害指的是，在第三者付費的保險制度
設計下，被保險人或受益人基於自利而出現的動機與行為。在
職災保險制度中，道德危害問題通常針對勞工，常被質疑的問
題包括，職災是否真實發生？傷病是否真的和工作有關？工作
者的傷病與失能是否真實？工作者是否真的不能工作？申請職
業傷病的動機是什麼？因為擔心勞工假造職災事故、謊報傷病
的工作相關性或誇大傷病的嚴重程度，職災保險制度設置各種
審查與稽核機制。

然而看似中性的道德危害論述，隱含著對職災者的不信任，
造就了處處防弊的設計。國際已有許多文獻，指出職災者身分
污名，是許多職災者不願進入補償體系，或在進入之後飽受身

心壓力的主因。即便在職災保險制度運作相對完善、勞工力量相對較強的國家，對於職災者的質疑仍是普遍存在的，可推想的是，在台灣或其他勞動保護機制較薄弱的國度，此問題可能更為嚴重。

本章首先檢視國際文獻有關職災補償制度污名與道德危害問題的相關研究，接著回顧台灣 1999 年前後出現的塵肺症礦工職業病給付弊案，並檢視在當前制度下，職災者在求償過程遭遇的污名經驗。

10.1 污名的類型與作用

（1）多層次的污名

社會學者高夫曼（Erving Goffman）在 1963 年出版的經典著作《污名：管理受損身分的筆記》一書中，將「污名」定義為「被明顯貶抑的身分屬性」，被污名者因特定的身體特徵、人格特質、行為、文化習俗、宗教信仰或族群屬性，而遭受負面的差別待遇（高夫曼，2010）。污名的類型多元，在公衛與醫學領域，精神疾病患者、酒精或毒品等物質成癮者、HIV（人類免疫缺乏病毒）感染者、身心障礙者、肥胖者、同性戀者，是常被研究的疾病污名。

社會學者 Bruce Link 與 Jo Phelan 進一步對「污名化」（stigmatization）過程作分析，指出此過程包含五個相互連動的要件：辨識與標籤他者、賦予負面印象、以有形或無形機制加以區隔、造成被區隔者身分地位的下降，最後導致被污名者遭受歧視性的差別待遇（Link & Phelan, 2001）。他們並強調，污名化過程是權力的展現，優勢地位者透過此過程強化自身優勢地位，因此污名也是造就健康不平等的社會性致病因素（Link & Phelan, 2014）。

從「多層次分析」（Multi-level analysis）觀點來看，污名可能作用在不同層次，包括個人、人際互動與結構層次（如圖10.1 所示）（Hatzenbuehler, 2018）。

在個人層次，污名伴隨著認知、情緒與行為上的改變，例如刻板印象、歧視、厭惡、排斥。被污名者可能感受屈辱與心理壓力，可能因為擔心被標籤而隱匿身分，也可能同意並接受，將污名內化為自身信念，亦即「自我污名」（self-stigma）。

在人際互動層面，被污名者可能被排擠、被剝奪權力與資源。

在結構層次，污名可能透過政策、法律、制度慣行而制度化。強勢者透過有意識或無意識的政治權力運作，制定符合自身利益的法律制度，排斥被污名者，進而鞏固社會不平等結構下的利益分配。結構層次的污名也可能透過文化與社會價值的教化，讓人們相信並合理化污名，將歧視視為理所當然。結

圖 10.1　多層次的污名
本圖由作者整理繪製

構性污名使被污名者落入系統性的脆弱處境，並讓不平等的歧視變得根深柢固（Hatzenbuehler, 2018；Hatzenbuehler et al., 2013；Link & Phelan, 2001）。

（2）　福利污名

福利的受益者可能被污名，但「福利污名」（welfare stigma）是否出現，其實取決於福利政策的設計。福利政策指的是，國家為了確保人民社會安全而制訂的社會政策，包括醫療、

照顧、教育、就業、經濟安全等基本社會需求。學者 Esping-Andersen 將西方資本主義國家的福利政策類型分為三類，分別為：自由主義或殘補模式（liberal/residual）、社會民主模式（social democratic），以及統合主義模式（Corporatism）等三類（Eikemo & Bambra, 2008）。

　　採殘補性社會福利政策的國家，以美國為典型，主要以市場機制作為社會服務的提供機制，並認為國家僅在人民陷入困境時才須要介入，國家提供的社會服務，因此侷限於符合弱勢標準的特定族群。在此類社會政策之下，區辨弱勢族群的過程可能伴隨污名化。採用殘補性社會福利政策的國家，也較容易視社會弱勢為個人不努力的結果，在此思維下，社會服務成為施捨性救助，容易使受益者被貶抑。有些政策制定者視福利污名為必要手段，以避免人們過度依賴社會福利，更造成福利污名的強化（Stuber & Schlesinger, 2006）。

　　反之，採社會民主模式福利政策的國家，例如北歐國家，視基本社會服務為公民權益。在全民普遍覆蓋的原則下，權益受益者較不會有福利污名問題。在台灣，基礎醫療服務被視為是公民權的一環，透過全民健保落實醫療權的全面覆蓋，即便是免繳健保保費的低收入民眾，就醫時所持的健保卡與其他人無異，因此不會被區辨或遭遇歧視。然而，當社會服務僅限於弱勢族群，例如針對低收入家庭設計的兒少生活補助、國中小學童免繳午餐費等社會福利，就很容易對受益者帶來污名。

採統合主義模式社會福利政策的國家，以德國為代表，依據人們原有的職業地位或社會成就來決定社會服務或給付的優渥程度。台灣勞工保險與公務人員保險提供的退休給付亦屬此類。退休金與原有的薪資等級或職等連動，如此設計，使老人經濟安全保障被視為是過去成就的獎賞，除非此政策本身的公平性受到質疑，否則受益身分本身是受肯定的社會地位，不會有被貶抑的問題（Baumberg, 2016；Hansen et al., 2014；Li & Walker, 2016；Link & Phelan, 2001；Moffatt & Noble, 2015）。

福利污名通常是殘補式社會福利政策的產物，對福利受益者而言，福利污名形同結構性的歧視，反之，普及涵蓋並視社會服務為基本權益的社會安全政策，則較少有「福利污名」問題。

由上述分析觀點，我們或可進一步思索，職業傷病勞工在尋求損害填補過程中遭遇的污名，是否也與政策設計有關？政策的作為與不作為，是否影響職災者與社會大眾的社會心理認知，直接或間接導致職災者身分的污名，進而造成職災者社會處境的惡化？

（3） 職災者，被質疑的身分

工作者在遭遇職業傷病之後，不論時間長短，都有一段時間從原本的工作者身分新增病人身分，若失去工作能力則成為失能者，而一旦尋求職業傷病認定與補償，又將背負著職災者

身分。如表 10.1 所示，職災者的多重身分屬性，可能帶來不同類型的污名。

首先是工作者身分。工作者從事的職業與工作內容若是社會較認同或讚許的類型，在發生職災之後，通常也較容易受到社會關注與正面看待。例如，同樣發生過勞疾病，工程師與醫師得到的社會關注與社會支持，往往遠高於工廠作業員或貨運司機。職災者是否具備主流社會認可的特質與社會角色，例如是否孝順、顧家、學業成績優異、名校畢業、工作表現良好、不菸不酒等，也會影響人們對其職災補償權益的態度。

其次是病人身分。傷病類型的不同，可能伴隨著不同的社會心理意涵。一般而言，明確外因引起的傷病，例如外傷、化學品中毒、塵肺症，較不會有污名問題；然而若疾病病因不明確或有多重病因，例如癌症、肌肉骨骼疾病、心腦血管疾病，或是疾病的發生與個人心理狀況或人格特質有關，例如精神疾病、身心壓力疾病、免疫系統疾病，就較可能出現污名問題。即便是科學因果證據明確、與個人行為或心理狀況並無關聯的疾病，若是一般民眾不清楚疾病的發病原因，或以前世報應、犯鬼神、命運不佳等宗教信仰來解釋疾病，也較容易伴隨污名。

再者是失能者身分。不論是短期失能或長期失能，失能者常被質疑的是，是否真的失能？真的無法工作？是否想領取病假給付？是否想逃避工作？外顯的肢體失能較容易被認可，而看不見的失能，例如心理疾病如憂鬱症、創傷後症候群，或主

表 10.1　職災者身分屬性與伴隨的污名問題

身分屬性	污名（負面刻板印象或質疑）
工作者	・從事的職業與工作內容？ ・工作態度、動機、工作能力？ ・教育程度、社會地位、家庭角色、菸酒等個人行為、原本健康狀況、體型外貌、人格特質？
病人（傷病者）	・傷病為何發生？是否與個人體質或人格脆弱有關？ ・工作者是無辜受害，還是主動參與高風險工作？工作者是否「與有過失」？
失能者	・失能的真實性？
職災者	・職業傷病認定過程：求償的動機與主張為何？是否有「道德危害」問題？受益資格與受益額度是否合理？ ・災後復健復工過程：康復狀況？可否重回職場？

本表由作者整理製作。

觀的感受如疼痛，則較容易被質疑。

　　職災者身分的出現，始於尋求職業傷病認定之時。由於職災補償的給付範圍限縮於工作相關傷病造成的損害，因此，必然須要對傷病的工作相關性以及傷病的損害程度進行審查，也因此，容易出現殘補式福利政策下的福利污名。職災者的求償動機、傷病的真實性、與工作的相關性，都是被質疑的議題。在災後的復健復工過程，職災者是否繼續失能？工作能力的減損狀況？是否故意不回職場？也是常被質疑的議題。從保險機

構的立場來看，設置調查機制以避免詐領、鼓勵職災者早日復工以降低傷病期間的給付支出，都是合理的考量。但若是太過強調財務管控，將可能對職災者被質疑，產生福利污名的效果。

對職災者的負面刻板印象與質疑，不僅可能來自責任主體的雇主，也可能來自同事、醫療照護工作者、社政與社服體系的社工人員、政府勞動部門的勞檢人員、社會保險部門的承辦人員以及職業傷病認定人員，甚至可能來自職災者自身或其家人。職災者也可能將來自外部的質疑內化為自我質疑，產生自我污名的結果。

10.2　道德危害論述的污名效果

道德危害是經濟學的研究主題。此名詞其實無關道德，而是指人們在第三者付費的保險制度下，基於理性的自利動機，自然而然產生的行為，可能是無惡意的輕忽行為，例如隨意使用資源，也可能是蓄意的違法行為，例如為了詐領保費而故意製造或虛構保險事故（Pauly, 1968）。

在全民健保制度下，有關道德危害的討論針對的是醫療服務的使用者與提供者兩端，一方面擔心民眾就醫時因不需負擔醫療費用而濫用醫療資源，另一方面擔心醫療服務提供者因無須顧慮病患付費意願而可能增加不必要醫療服務。如何區辨不

必要的醫療服務,亦即所謂的醫療浪費,一直是各國醫療保險制度的政策議題。

同樣是社會保險,根據美國學者 Dembe 等人的回顧,經濟學者自 1970 年代以來對於職災保險道德危害問題的研究,卻大都僅聚焦於勞工端,關注的議題如保險給付的提升是否會導致勞工不重視職災風險、是否會誘發勞工不當的求償行為、是否會造成勞工失能期間延長(Dembe & Boden, 2000)。雇主端也可能因職災保險而產生自利行為,例如可能因為不需負擔過失損害賠償責任而輕忽預防,可能因為擔心保費被提高而隱匿職災通報,可能會基於保費考量而影響投資或遷廠決策,可能較不願意接受曾申請過職災保險給付的求職者等等。然而雇主端的「道德危害」問題,較少被研究,一直到晚近才受到經濟學者的關注(Guo & Burton, 2010;Mansfield et al., 2012)。

道德危害論述看似中立,卻可能帶來職災者身分污名的效果。職災者被視為是「福利依賴者」(welfare dependent)與「潛在圖利者」(potential profiteer),若同時處在較缺乏社會信任的弱勢地位,更容易遭受質疑。職災保險的制度設計因為擔心勞工假造職災事故、謊報傷病的工作相關性或誇大傷病的嚴重程度,而設置各種審查與稽核機制,不僅強化制度性污名,更使職災補償制度的社會正當性受到質疑。

10.3 1990 年代塵肺症礦工職業病給付弊案的陰影

　　台灣許多職業醫學專科醫師，對於發生在 1999 年前後的塵肺症礦工職業病勞保給付弊案，至今餘悸猶存。鄭峰齊在 2009 年針對職業傷病認定問題進行訪談，一位職業醫學專科醫師提到：「看看當初開立塵肺症診斷的時候，就有兩個醫師被告啊，大家嚇都嚇死了⋯⋯」（鄭峰齊，2013a）。蕭汎如在 2017 年針對政府是否應建立石綿粉塵作業工作者的健檢追蹤制度進行訪談，受訪的 15 位職業醫學專科醫師中，有 7 位主動提到當年的塵肺症弊案，認為貿然推動粉塵作業工作者的健檢，將導致民眾虛構疾病症狀與工作暴露史，不僅會造成職業醫學專科醫師的困擾，也可能重蹈當年龐大勞保基金遭詐領的覆轍（蕭汎如等，2018）。可見二十年前的職業病求償事件，至今仍使職業醫學專科醫師籠罩在擔心被騙或陷入法律糾紛的陰影之中。

　　塵肺症是古老的職業病，也是台灣最早被醫學研究報告的職業病。台灣早期礦業興盛，到 1960 年代達到全盛期。在 1980 年代之前，台灣醫學與公衛學界針對礦工的塵肺症問題，已累積數十篇研究論文與調查報告（林宜平，2004）。

　　根據學者林宜平的訪談研究，礦村居民很早就知道俗稱「壓頭病」或「砂肺」的塵肺症與工作有關，但罹病者教育程度不高，

對於自身疾病沒有職業病求償意識。此外，礦村普遍缺乏醫療與社福資源，即使塵肺症被確診並符合職業病標準，患者大多不清楚法規，也沒有能力申請，而且罹病者大多已無法工作多年，根據之前規定，不具勞保在保身分，根本也就失去申請勞保職業病給付的資格（林宜平，2004）。

直到 1990 年代初期，台大醫院派駐平溪鄉衛生所的醫師發現礦村塵肺症問題嚴重。在各種機緣之下，台大醫師與剛成立不久的「敬仁勞工服務中心」工作人員合作，積極走訪患者，希望為他們爭取職業病認定與醫療權益。1995 年 4 月，甫成立不久的「中華民國工作傷害人協會」投入組織工作，協助老礦工成立「塵肺症患者權益促進會」，並透過一連串社會運動向政府施壓，要求勞保局提供職業病給付給罹患塵肺症的老礦工。

1995 年 7 月，勞保局迫於社會壓力，公布《勞工保險塵肺症審定準則》，1998 年 11 月再公布《勞工保險被保險人離職退保後經診斷確定罹有職業病請領職業災害保險給付處理辦法》，開放已無勞保身分的退休礦工亦得申請殘廢給付。此一開放，讓大批退休礦工湧向醫院，要求醫師開立塵肺症診斷書。礦工普遍不識字，而申請所需的醫療檢查與文件繁多，讓俗稱「勞保黃牛」的勞保代辦業者有機可乘（林宜平，2004）。

根據林宜平的研究，請領到勞保給付的老礦工幾乎全由代辦業者代為申請，患者領到數萬到四十萬元不等的職業病給付，代辦業者再從中抽取一到四成的佣金，可見利潤可觀。甚至從

未當過礦工、無塵肺症症狀的民眾也被代辦業者慫恿，繳了代辦費，然後整批搭上遊覽車到醫院做塵肺症鑑定「試試看」。2001 年，台北市調查處接獲檢舉有詐騙問題而展開調查，之後並以詐欺罪將涉案醫師移送檢調機構，一時之間風聲鶴唳，導致許多醫師不願意再提供塵肺症診斷書。從 1998 年至 2001 年短短三年間，有四千多名退休礦工獲職業病給付，勞保基金被提領數十億元，其中有龐大利益進入代辦業者口袋（林宜平，2004）。

姑且不論少數人士的違法行為。從政策面向來看，何以立意良善、照顧罹病礦工的職業病補償政策蒙上詐騙陰影？何以醫護人員對尋求職業病認定的患者產生疑慮？究其原因，與代辦業者介入牟取暴利有密切相關。何以代辦業有利可圖？其實是政府倉促開放，卻對於身居偏鄉的老礦工罹病人數眾多、就醫不便，又沒有能力自行申請職業病認定等諸多問題，完全缺乏妥善規劃所致。弊案發生之後，勞保局改採嚴格認定，要求老礦工重複受檢，讓罹病者感到不便與屈辱。這場詐領保費風暴，其實與政府政策缺乏妥善配套大有關係。

從塵肺症給付弊案可發現，勞保代辦的不當牟利行為，是惡化職災者身分污名的主因之一。至今，醫院診間待診區與病房處，仍不時可見勞保代辦業者的身影，有些以合法方式提供協助，但也有不少不良業者使用不當甚至詐騙手段，協助病患取得職業傷病證明，再從中抽取二到三成甚至更高的佣金。勞

保代辦業目前毫無規範，導致業者素質良莠不齊，而陷入經濟困境且缺乏知識能力與社會資源的職災者，最容易被不良代辦業者招攬。代辦業者的不當牟利，使職災者必須額外付費，也造成職業醫學專科醫師疑慮，更使職災補償制度壟罩在詐騙陰影之下，間接助長社會大眾對職災者身分的污名。

10.4　當代職災者的污名經驗

（1）　國際研究

西方國家已有不少實證研究透過質性訪談，探討職災者在申請職災補償過程中的污名經驗。研究指出，職災者在此過程中感受到他人的不信任，甚至敵意（Beardwood et al., 2005；Grantet al., 2014；Kilgouret al., 2015a, 2015b；Kirshet al., 2012；Lippel, 2007；MacEachen et al., 2010）。

例如，美國與澳洲的研究均指出，大多數職災者在申請職災補償的過程中，感受到來自職災業務承辦人員、醫療照護人員、雇主、同事對職災事件與傷病狀況的質疑；申請職災補償的過程本身，是重要的心理壓力來源（Grant et al., 2014；Strunin & Boden, 2004）。加拿大學者的研究也指出，普及的醫療照顧雖對職災者心理健康帶來助益，但尋求職業傷病

認定與補償的過程，卻對職災者的身心健康造成第二次傷害
（Beardwood et al., 2005；Lippel, 2007）。職災者常被認為工
作能力不佳、不負責任、詐病、貪圖保險給付或社會福利救濟。
污名的影響，反應在雇主、管理者、職災認定人員、醫療照護
工作者的態度與行為，例如要求職災者重複受檢，目的不是為
了治療而是為了確認傷病的真實性，此種制度性的懷疑，使職
災者感到屈辱與挫折（Kirsh et al., 2012）。部分國家為了控制
職災保險的給付成本，而要求職災個案管理人員嚴格監測職災
者的康復狀況，甚至裝設攝影機窺探職災者的身體活動狀況，
以判斷是否真的無法復工（Beardwood et al., 2005；Boden,
2012；Lippel, 2007, 2012）。澳洲學者 Quinlan 等人對相關利
害關係人的訪談研究指出，職災補償申請流程的各種審核機制，
不斷強化「職災者可能是詐騙者」的刻板印象（Quinlan et al.,
2015）。

（2） 台灣研究

　　台灣有關職災保險道德危害問題的論述十分普遍，但對於
職災保險給付濫用問題的實證研究卻相當稀少，更少有研究者
從社會不平等角度，探討職災者在補償過程中的污名經驗，以
及污名經驗如何影響其身心健康與心理認知。作者研究團隊於
2014 年 7 月至 2015 年 4 月間，透過職業醫學專科醫師與職業

傷病防治中心的轉介，邀請 52 位職災者接受訪談[1]，其中 16 人遭遇職業災害事故，36 人罹患職業疾病，後者以肌肉骨骼疾病居多（見第 3 章）。研究團隊並於 2015 年 7 月至 2017 年 3 月期間，訪談 16 位被醫師認定很可能屬職業性石綿疾病的患者，其中有 10 位罹患間皮瘤、4 位肺癌、1 位石綿肺症、1 位罹患多重癌症[2]。這些受訪者中，只有 3 位罹病者向勞保局申請職災保險給付，其中只有兩位通過認定（鄭雅文等，2017）。如前文所述，職災者身分伴隨的污名，可能發生在個人、人際互動與制度結構層次。本節就上述作者之前的訪談研究資料，整理職災者的污名經驗。

・個人層次

職災者身分是否帶來個人層次的污名，牽涉到社會大眾如何看待職災，而職災者又如何思考自身的傷病與職災補償權益。從過去的訪談可發現，許多職災者並沒有申請職業傷病認定的

---

1 鄭雅文主持科技部計畫：「工作相關福利及勞動保護政策對於職場社會心理狀況與職業健康之影響」（MOST102-2410-H-002-071-MY2，2013/08-2015/07），經台灣大學醫學院所屬倫理委員會審查通過（案號：201406016RINC）。

2 鄭雅文主持科技部計畫：「職業性石綿相關疾病的認定與補償政策：國際經驗與台灣現況」（MOST 104-2410-H-002-231-MY2，2015/08-2017/09），經台灣大學醫學院所屬倫理委員會審查通過（案號：201505171RINB）。

動機，究其原因，除了沒有勞保身分、不懂法律制度、不清楚申請流程、無法提出工作相關性證明、覺得傷病不嚴重且申請手續太麻煩、擔心雇主反彈等制度性障礙之外，工作者不認為自己有職業傷病補償權益，或不認為自己傷病與工作有關，亦是重要因素。

以石綿疾病患者為例，即使在科學知識上已能確認職業性石綿暴露與疾病的因果相關，許多罹病者卻不清楚科學知識，仍將罹病原因歸咎於自己的體質、家族遺傳、抽菸喝酒等個人行為，或環境暴露，甚至更歸因於神鬼、厄運、業障。即使醫師清楚告知疾病與工作的相關，許多罹病者仍不認為自己有職業病補償權益，以「就是遇到了」的態度，無奈接受罹病的事實（鄭雅文，2017）。在其他職災者訪談中，我們也觀察到，不同類型的職業傷病會帶來不同的社會心理意涵。例如癌症與心理疾病患者，即使瞭解工作與疾病的因果關係，仍傾向於歸因於自身，而不願意揭露罹病事實，可見疾病本身帶來的污名，也影響職災者的權益意識。在訪談中也可發現，部分職災者對於自己發生職災而失能，在經濟上需要依賴別人而感到自責。

部分職災者主動積極爭取職災補償權益。這些工作者，通常擁有較高的社會資源，例如國營企業勞工、有秘書幫忙跑腿的老闆級勞工、有孝順且知識能力良好子女的勞工、有能力聘僱勞保代辦業者的勞工，或自身知識能力高、曾去社區大學選修勞動法課程、平時注意勞動新聞、詳讀法律書籍的工作者。

社會資源與勞動權益意識，不僅與個人的社會位置與能動性息息相關，也呈現明顯城鄉上的地域差異——偏鄉地區的工作者明顯較為低落。

· 人際互動層次

工作者在發生職災之後，尤其開始尋求職業傷病補償權益時，普遍遭到來自雇主的質疑、責難，甚至敵視。某位工作者因接觸化學品而罹患皮膚炎，雇主公開拿她的疾病來告誡其他員工，「若本來自己身體有狀況就要誠實說出來⋯⋯」；罹患腕隧道症候群的工作者，在申請工傷假時遭人事部門主管公開斥責，「人人都有病痛，這哪算職業傷病⋯⋯」。遭遇重大職災而罹患「創傷後壓力症候群」的營造業勞工，雖然身體上的外傷已康復，但心理上的創傷仍未復原，被老闆娘質疑，「都是裝的啦⋯⋯」，「有手有腳的，為什麼不出來做⋯⋯」，「頭殼痛的病，送逍人病院好啦⋯⋯」。

職災發生之後，若職災者與雇主間出現緊張關係，同事往往擔心得罪雇主或不想介入糾紛，而刻意疏離職災者，造成職災者職場社會關係的破裂。一些職災者也遭遇同事的公開質疑，例如某工作者因工傷轉調至輕便工作，同事卻認為勞務不均。

職災者大都會至醫療院所就診，醫事人員包括醫師、護理人員、社工師、個案管理人員，是職災者最先接觸到的專業人員。從訪談中可發現，職災者的就醫經驗，尤其是診治醫師的

態度，是影響職災者心理認知的重要因素。醫事人員若肯定職災、鼓勵患者尋求職業傷病認定，或積極提供轉介服務，是職災者社會心理支持的重要來源。

然而，不少職災者與政府行政部門打交道的經驗並不好，行政繁複且被刁難的感受普遍，例如，不斷被要求補件、已取得某醫學中心的職業病診斷書卻仍被要求至另一家醫學中心再做認定、被要求出示多年前的工作證明與職業暴露證明。在某公開會議場合，政府勞動部門代表公開強調「道德危害」，認為職災保險的給付額度若訂得太高，會誘使勞工為了領取給付而製造職災。不少職災者不願意進入職災補償體系，除了程序繁瑣、雇主壓力、因經濟壓力下被迫與雇主提早和解等因素之外，行政部門對於職災者的質疑態度應該也扮演一定角色。

· 結構層次

職災保險制度的設計，反應政治權力關係與社會文化價值，而制度設計也可能誘發或強化污名，兩者互為因果。如同其他國家，台灣職業傷病認定與審查流程上的防弊措施，加深污名感受，是導致職災者不願意主動提出職業傷病認定的重要因素。例如在職災者的就醫程序上，長久以來都由雇主負責發放「職業傷病醫療書單」，名義上是為了避免職災醫療資源受到濫用，其實反應著制度設計者對勞工的缺乏信任。醫師開立職業病診斷書或提供的失能評估，勞保局要求勞工再取得另一家醫院的

診斷書，反應行政單位對醫師與勞工兩者均不信任。職業傷病爭議審議機制未納入勞工參與機制，也反應政府政策設計，預設勞工沒有政策參與能力。

10.5 去污名的職災保險，如何可能？

在台灣，許多職災者不願接受職災者身分，不願主張補償權益，是造成職業傷病問題長久以來受到漠視的原因之一。本章指出，道德危害論述強化職災者的身分污名，而缺乏勞工參與及社會信任的職災保險制度，更加助長制度性污名。職災補償制度如何保障職災者的補償權益？如何透過制度設計，在避免可能弊端的考量之下，降低職災者的身分污名？

消弭污名的方式，或可在不同層次做思考。在個人知識態度層次，可加強勞工朋友的知識，提升參與能力。針對專業工作者例如醫師、護理人員、社工人員、政府保險業務承辦人員、事業單位人資與職安衛管理人員，也應提升對於職災保險制度的認識，包括制度精神、職災者補償權益、以及職業傷病與社會不平等問題的認知。

在社會互動層次，應在職災保險運作機制的各個環節，包括醫療場域、職場、政府行政與社會服務等部門，辨識職災污名的存在，並透過教育宣導，讓實際參與職災補償的實務工作

者了解制度運作上潛在的污名問題。對社會大眾的宣導，尤其職災補償制度與勞動權、健康權、社會正義與社會整合等社會價值觀的連結，也是消弭職災者污名的重要機制。

更重要的是法律制度的檢討與修訂。具體而言，職災認定與給付流程應簡化，提高可近性並充實社會資源，在制度設計上也應思考如何納入勞工充權與社會參與機制，使認定程序獲得社會信任。

第四篇　國際經驗

　　了解台灣職災保險制度的缺漏後，讓我們將眼光拉遠，看看別的國家是怎麼做的。第 11 章以各國職災保險給付資料計算的職業傷病補償率為基礎，比較各國職災保險的運作狀況，並分析補償率低落者的制度性因素。藉此，我們亦可一窺台灣職災保險制度與各國相較，仍有大幅改善空間。

　　第 12 章和第 13 章則分別以德國和日本為分析對象，由歷史及現況、給付內容、認定與爭議審議、職業傷病預防及重建等面向，勾勒兩國職災保險的法律規範和實務運作情形。有關德國、日本和台灣職災保險制度的異同及特色可參閱附錄三比較表。

　　為何借鏡德國和日本作為他山之石？一項顯著的原因，是現今台灣勞動法令和社會安全制度的起源，可以前溯至國民黨政權在中國時期，對於當時政治制度、外交軍事與經濟產業施予最大影響力的國家，正是德國和日本；當中亦有不少曾受留德訓練的「知德派」和「親德派」官員及法律學者，對於法規建制的影響不言可喻。此外，日本對台統治五十載的遺緒自也不容忽視（柯偉林，2006; 郭明政，2002a）。我國法律「繼受」德日，而日本法律「繼受」德國之說，雖為概括之論，但已適足引起我們深入關注的興趣。

職災保險制度下的職業傷病統計：國際比較

陳秉暉

　　所有的政策介入都需要仰賴紮實的統計數據，在職業傷病防治政策上，最迫切需要的，無疑是確實掌握職業傷病的發生狀況。精確的職業傷病統計數據，能告訴我們職業傷病在何種職場造成何種危害，從而才能決定有限的資源應被優先用何種方式、投入何種職場、來預防何種職業傷病，並才能在資源投入後，追蹤政策介入的成效。可以說，職業傷病的統計，是職業傷病防治政策最重要的基礎。

11.1　職災保險作為職業傷病統計資料的主要來源

　　世界各國大多設有職災保險去補償職業傷病勞工的損失，而職災保險在決定是否核發給付時，除了確認勞工是否有納保身分與勞工的失能程度外，最重要的即是判斷勞工所罹患的傷病是否與工作相關，由於事關保險給付的核發，相關認定過程都有一定的嚴謹程度；換句話說，獲得職災保險給付的勞工，就會被視為職業傷病的新發生個案。

　　這使得職災保險的給付資料，成為職業傷病統計上絕佳的資料來源，除非職災保險制度有重大限制，例如英國的職災保險只給付長期失能，或是保險制度過於分立，例如美國各州的職災保險給付內容各不相同、新加坡的職災保險由各保險公司

分別處理，否則大多數設有職災保險制度的國家，如德國、法國、澳洲、日本、韓國、台灣等國，都以職災保險給付數據作為職業傷病統計的主要資料來源。

雖然各國也有其他職業傷病通報機制，例如台灣以《職業安全衛生法》為基礎的雇主法定通報職災機制（詳見第 2 章）、職業傷病管理服務中心運作的醫師通報系統、以及職業健康檢查通報機制，但這些機制主要是作為補充性資料；相較之下，在各國的職業傷病統計中，職災保險仍是主要的資料來源。本章檢視英國、德國、法國、澳洲、日本、南韓與台灣的職災保險給付狀況，分析職業傷病低報的可能因素與各國的改善經驗，並對台灣的制度提出改善建議。

11.2 職業傷病補償率的國際比較

從各國的職災保險統計數據來看，可發現職業傷病補償率有顯著的國際差異。以下將分別從職災事故與職業病兩類做國際比較。

在職災事故方面，以 2016 年的職災保險給付狀況來看，若一律不計入通勤職災個案，法國和德國每百萬就業人口中分別有 23,888 和 21,254 人次獲職災事故補償。若將法國的職災事故給付數據限縮於暫時失能達四天以上者，則為 21,609 人次，與

同樣採此標準的德國十分接近。澳洲暫時失能的給付標準較為嚴格，須暫時失能一週以上才得請領，以此標準，該年有 6,531 人次請領職災事故保險給付。韓國和台灣的給付標準則為暫時失能四天以上，該年分別給付 3,155 和 2,996 人次（圖 11.1）。

　　進一步檢視各國職災事故給付人次中的死亡個案比率，可

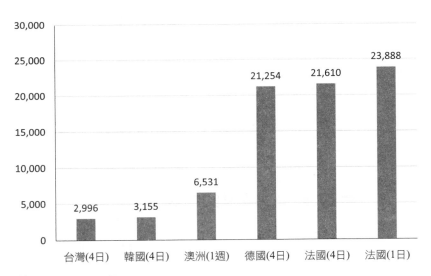

圖 11.1　各國每百萬就業人口之職災事故補償人次：2016 年

本圖由作者繪製。資料來源：台灣資料來自「105 年勞工保險職業傷害現金給付人次—按職業傷害類型及行業分」；韓國資料來自「2016 年產業災害現況分析」；澳洲資料來自「Australian Workers' Compensation Statistics 2015-16」；德國資料來自「DGUV Statistics 2016」；法國資料來自「Télécharger les tableaux de synthèse de la sinistralité 2016」；各國就業人口資料來自「ILOSTAT: Employment by sex and status in employment」

發現法國和德國的職災事故給付人次中，有 0.08% 和 0.05% 是
死亡個案，澳洲稍高，為 0.23%，而台灣和韓國的職災事故給
付件數中有 1.08% 和 1.14% 為死亡職災（圖 11.2）。考量較
輕微的職災事故可能較容易因各種原因而低報，反之，職災事
故死亡的個案較不容易被低報，其遺屬也較不會忽視職災補償
權益，因此可推論，台灣與韓國的死亡職災所佔比例較高，可

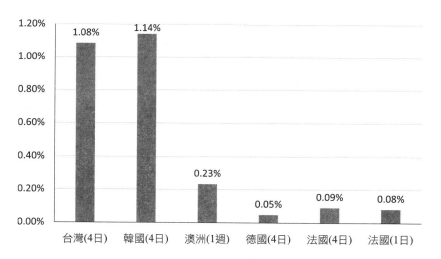

圖 11.2　各國職災事故補償人次中死亡個案所佔比率：2016 年

本圖由作者繪製。資料來源：台灣資料來自「105 年勞工保險職業傷害現金給
付人次—按職業傷害類型及行業分」；韓國資料來自「2016 年產業災害現況分
析」；澳洲資料來自「Australian Workers' Compensation Statistics 2015-16」和
「Work-related Traumatic Injury Fatalities, Australia 2016」；德國資料來自「DGUV
Statistics 2016」；法國資料來自「Télécharger les tableaux de synthèse de la
sinistralité 2016」

能反映了較輕微職業傷害被低報問題較為嚴重（Kim & Kang, 2010）。

　　在職業病方面，以 2015 年的職業病給付狀況來看，澳洲每百萬就業人口中有 2,363 人次因職業病暫時失能一週以上而獲職業病給付，法國每百萬就業人口中則有 1,929 人次因職業病暫時失能一日以上，德國和韓國每百萬就業人口中有 418 人次和 233 人次因職業病暫時失能四日以上而獲職業病給付，相較之下職災保險僅給付較嚴重長期失能的英國，則有 205 人次；而在台灣和日本，暫時失能程度達 4 日以上的每百萬就業人口職業病給付件數僅 87 和 69 人次 （圖 11.3）。

　　總結來說，無論是職災事故或職業病，各國職災保險的補償率差異頗大，職災事故補償率可相差到將近八倍，而職業病補償率甚至可相差到三十倍以上。此巨大落差，顯然難以僅由產業結構或職場環境不同來解釋，更合理的原因可能還是職災保險制度設計與實際運作上的問題，造成低落的職業傷病補償率。

11.3　職業傷病補償率低落的原因

　　美國學者 Webb 與 Azaroff 曾先後分析美國職業傷病統計制度中，造成職業傷病低報的原因，Azaroff 更指出職業傷病勞

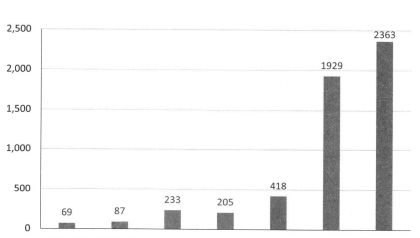

圖 11.3 各國每百萬就業人口職業病補償人次：2015 年

本圖由作者繪製。資料來源：台灣資料來自「104 年勞工保險職業病現金給付人次—按職業病成因及行業分」；韓國資料來自「2015 年產業災害現況分析」；澳洲資料來自「Australian Workers' Compensation Statistics 2014-15」；日本資料來自「平成 27 年度業務上疾病の労労災補償状況調査結果」；英國資料來自「IIDB01-New cases of lung diseases in England, Wales and Scotland by disease Excel spreadsheet」和「IIDB02-New cases of non-lung diseases in England, Wales and Scotland by disease Excel spreadsheet」；德國資料來自「DGUV Statistics 2015」；法國資料來自「Statistiques de sinistralité 2015 tous CTN et par CTN」；各國就業人口資料來自「ILOSTAT: Employment by sex and status in employment」

工不能或不願申請職災給付的可能原因，包括認知不足、失能門檻的限制、給付誘因不足、來自雇主的壓力等因素（Webb et al., 1987；Azaroff et al., 2002）。本章參考其分析架構，並進

一步分析各國職災保險制度與成效比較之文獻，歸納職災補償申請路徑上的五種障礙類型與其改善方法，如下文所述：

（1）勞工與醫師對職業病因果關係的認知不足

在職災保險給付的申請流程中，罹患傷病的勞工要先想到自己的傷病可能與工作相關，並主動申請保險給付，才有機會獲得給付而被納入職業傷病統計中。所以，勞工未意識到自己罹患的傷病可能與工作相關，就是第一個障礙。由於職災事故有「工作或通勤途中發生」的明確定義，多數勞工都有清楚的因果關係認知，比較不會構成障礙。但對於職業病來說，由於職業暴露至發病通常需要一段時間，而疾病症狀的出現可能又需一段時間，所以勞工未必能清楚自身疾病與工作是否相關。為了改善這個問題，德國就曾在 2007 年針對職業性皮膚疾病發起教育宣導活動，使得職業性皮膚疾病的申請件數從 2006 年的 15,543 件快速上升到 2007 年的 18,348 件，顯示勞工是否接受足夠的職業安全衛生訓練，確實在職業傷病的通報上，扮演舉足輕重的角色（Eurogip, 2015）。

除此之外，如果診治醫師對於疾病與工作的相關性愈警覺，也愈有可能讓罹病者在就診時意識到自身疾病的工作相關性。然而，許多診治醫師並不熟悉職業病問題，美國學者的研究即指出，美國臨床醫師的職業醫學相關訓練相當不足（Azaroff et al., 2002），很少主動詢問病患的職業暴露狀況，也不太會將病患轉介給職業醫學科醫師，或協助申請職災保險給付（Milton et al., 1998）。要改善這個問題，國外研究指出，對醫師加強職業醫學教育，能有效提高醫師的職業病通報動機（Smits et al., 2008），同時研究也指出，透過訊息提醒醫師通報職業病的法定義務，能有效提高醫師的職業病通報率（Curti et al., 2016）。德國的職災保險制度即獎勵並要求診治醫師通報疑似職業病個案。

在台灣，職業醫學自 2001 年成為部定專科至今已有 17 年，但仍有許多醫師尚不知道有職業醫學專科的存在。而遲至 2013 年《職業安全衛生法》修法後，許多事業單位也才開始推行職業病預防工作。以如此稚嫩的發展歷史而言，台灣的勞工與醫師對職業傷病因果關係的認知不足，確實有可能是職業傷病低報的原因之一。

（2）職災保險納保人口的缺漏

第二個顯而易見的障礙，是職災保險納保狀況。勞工如果沒有投保職災保險，就無法獲得職災給付，自然也就落在職災保險能掌握的職業傷病統計範疇之外。

本章作者以各國職災保險的納保人數作為分子，以國際勞工組織統計資料庫中的各國就業人口（包含受僱者、自僱者、

雇主、家庭工作者等工作型態）作為分母，計算 2005 年至 2016 年間各國職災保險的人口涵蓋率與其變化趨勢。分析結果發現，各國職災保險的人口涵蓋率有顯著差異。以 2016 年的資料為例，德國的職災保險涵蓋率最高，達 97%，澳洲亦達 94%。反之，法國和韓國的涵蓋率最差，僅約 70%，顯示有相當高比例的就業人口未被納入職災保險涵蓋範圍。台灣和日本的職災保險涵蓋率相當，約為 90%（圖 11.4）。

各國職災保險人口涵蓋率的差異，主要來自職災保險是否納入農業工作者和公務人員等特殊職業，以及自僱者、派遣工作、臨時僱用等非典僱用勞工。在人口涵蓋率低落的國家，這些工作者可能投保於個別的職災保險，或根本沒有任何職災保險的保障。以韓國為例，政府近年來陸續將職災保險涵蓋範圍擴及至特定職業及非典僱用勞工，涵蓋率即顯著提升，可見一斑（Kwon et al., 2014）。消除此障礙的根本解決之道，是建立不分職業、不分事業單位規模、涵蓋非典僱用、只要受僱即應強制納保的普及性職災保險，以避免勞動者因身分與工作內容而被排除在職災保險的保障範圍之外。

值得注意的是，台灣的保險涵蓋率雖然高達 90%，但職業傷病的補償率卻十分低落，這一部分來自於某些非就業人口為取得勞保老年退休給付，遂以職業工會身分加入勞保，尤其在 2007 年《國民年金法》上路時，部分職業工會出現大量加保的異常現象，更顯見勞保的保險涵蓋率可能無法如實反映就業者

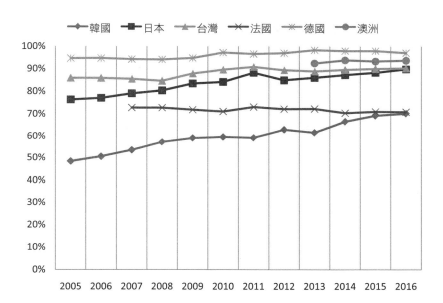

圖 11.4 各國職災保險的人口涵蓋率：2005~2016 年

本圖由作者繪製。資料來源：台灣資料來自「歷年來勞工保險投保單位及人數－按類別分」；韓國資料來自 2005 年至 2016 年「產業災害現況分析」；日本資料來自平成 17 年至平成 28 年「労働者災害補償保険事業年報」；澳洲資料來自 2012-13 年 至 2015-16 年「Australian Workers' Compensation Statistics」；德國資料來自歷年「DGUV Statistics 2016」；法國資料來自 2007 年至 2016 年「Télécharger les tableaux de synthèse de la sinistralité」；各國就業人口資料來自「ILOSTAT: Employment by sex and status in employment」

的保障情況；同時，在職災補償申請路徑上，在保險涵蓋率外的其他四種障礙，也可能是台灣勞工無法順利獲得補償的重要原因。

（3）職業傷病給付的暫時失能門檻過高

　　第三個明顯的障礙，即是請領職災保險給付的暫時失能門檻。雖然職災保險也能補償醫療費用的支出，但這項給付在各國陸續建立健康保險減輕國民就醫負擔後，其實已經不是勞工申請保險給付的主要誘因，而各國職災保險的給付統計資料，大多也不含醫療給付。而對於勞工因為職業傷病無法工作而生的薪資損失，各國職災保險大多規範至少要暫時失能一定日數以上，才符合請領給付的資格，多數國家設計是四天以上，但亦有少數國家有不同設計，例如法國是一天以上，而澳洲是一週以上。無論如何，這個門檻勢必排除了部分暫時失能天數較少的職業傷病。

　　首先，在職業傷害個案，根據法國與英國的職業傷病統計資料可得知，採暫時失能一週以上的門檻大約會排除 35% 的個案，而採暫時失能四天以上的門檻則僅排除約 10% 的個案。依此數據，採四天以上的門檻一方面並未損失太多個案，另一方面也能有效減少行政負擔，被視為一個好的平衡點（Ehnes, 2012）。

　　然而，對於慢性聽力損失或反覆發作的皮膚疾病，罹病勞工通常不會因此無法工作連續四天以上，因此不符合請領職災給付的暫時失能門檻，自然也無法通報到職災保險中。然而，對於罹患這類職業傷病的勞工來說，長期的身體病痛、就醫需

求、工作能力受損造成的不便或職涯發展受挫，都是真實存在的，但他們不只無法獲得職災保險的協助，此類職業傷病問題也無法呈現在統計資料，從而在職業傷病防治政策中消失。

對此，德國的職災保險針對勞工的聽力損失設定了較寬鬆的給付標準，也針對皮膚疾病特別提供包含疾病預防、健康教育、醫療復健在內的職災保險給付（Eurogip, 2015）。從職業病的補償率數據來看，德國的職業性聽力損失與職業性皮膚疾病，也因此有明顯較高的補償率。相較之下，英國的職災保險由於只涵蓋嚴重度較高且失能期間較長的職業傷病，因此聽力損失、皮膚疾病與肌肉骨骼疾病的補償率都明顯較低，而台灣的職災保險，皮膚疾病和聽力損失每百萬就業人口甚至補償不到 1 人次，低報情況十分嚴重 （表 11.1）。

（4）勞工申請職災給付誘因不足且阻礙過多

第四個主要障礙，是勞工申請職災保險給付的動機不足。勞工遭遇職業傷病，通常會立即面臨醫療費用，以及暫時失能無法工作帶來的收入損失。所以，職災保險給付是否充裕，必然影響勞工的申請意願。亦即，補償額度愈全面、愈符合勞工的需求，職業傷病者申請職災保險給付的意願必然愈高，這對經濟弱勢勞工而言，影響更為顯著。以韓國為例，職災保險在 2008 年開始提供復健治療、職業訓練、復工補貼與職業適應費

表 11.1　各國職災保險之每百萬就業人口職業病補償率：2015 年

國家	化學暴露	肌肉骨骼	物理因子	聽力損失	生物因子	呼吸疾病	皮膚疾病	血管疾病	心理疾病
台灣	0.71	50.19	0	0.18	0.36	12.5	0.63	7.41	0.27
日本	1.51	20.75	6.29	4.56	2.92	20.64	0.25	3.94	7.4
韓國	1.97	128.39	7.56	14.34	2.97	43.53	0.69	24.44	2.43
德國	14.9	29.72	1.04	154.58	24.1	134.54	53.49	NA	NA
德國（含補充給付）	15.24	33.45	1.04	154.58	24.1	134.54	547.85	NA	NA
法國	17.6	1672.84	6.55	30.24	6.77	157.74	10.94	NA	NA
澳洲	44.54	1456.57	NA	12.3	24.6	17.81	36.48	8.06	520.02
英國（僅長期失能）	NA	36.87	20.36	3.21	NA	142.34	1.44	NA	NA

本表由作者整理製作。資料來源：台灣資料來自「104 年勞工保險職業病現金給付人次—按職業病成因及行業分」；韓國資料來自「2015 年　業災害現況分析」；澳洲資料來自「Australian Workers' Compensation Statistics 2014-15」；日本資料來自「平成 27 年度業務上疾病の労災補償状況調査結果」；英國資料來自「IIDB01-New cases of lung diseases in England, Wales and Scotland by disease Excel spreadsheet」和「IIDB02-New cases of non-lung diseases in England, Wales and Scotland by disease Excel spreadsheet」；德國資料來自「DGUV Statistics 2015」；法國資料來自「Statistiques de sinistralité 2015 tous CTN et par CTN」；各國就業人口資料來自「ILOSTAT: Employment by sex and status in employment」

用，即顯著提升小於 5 人事業單位勞工的職業傷病補償率（Kim & Duk, 2011）。

此外，國外研究指出，雇主可能因為要面對職災保費的上漲，去阻止勞工尋求職業傷病的認定。同時，比較各國職業傷病補償責任的分攤方式（如表 11.2 所示），可發現多數國家都由職災保險完整分攤雇主責任，但台灣的雇主則因職災保險未完全分攤雇主責任，必須立即負擔傷病勞工至少 30% 到 50% 的薪水，加上投保薪資往往因「高薪低報」與「投保上限」等因素而遠低於實際薪資，造成職災保險實際分攤的雇主責任恐怕更少。這些財務壓力，無疑是雇主施壓勞工、阻止其尋求職業傷病認定的重要因素，這在勞資力量懸殊的職場，無疑是勞工申請職災保險給付上難以輕易跨越的障礙。

此種勞工通過職業傷病認定時，雇主必須立即承擔額外補償責任的設計，其實與職災保險風險分攤的社會保險概念完全背道而馳，在維持既有勞工保障的前提下，建議職災保險應該提高給付，才能完整分攤雇主職業傷病的補償責任，而這也才符合職災保險的設立精神。

再進一步分析發現，保險申請程序的設計是否便利，亦會影響勞工申請的意願。雖然許多國家職災保險的給付申請手續仍只能用紙本作業，但部分國家確實已經開始嘗試電子系統。例如德國從 2002 年開始就已經可以用網路申請給付，而從 2010 年開始，德國甚至要求所有保險給付的申請都必須要用網路完

表 11.2　各國職災保險於暫時失能期間的未分攤雇主補償責任比較

國家	暫時失能期間		法定雇主責任	保險暫時失能給付	未分攤的雇主責任
台灣	首三日		100% 薪資	無	100% 薪資
	第四天～第一年		100% 薪資	70% 薪資	30% 薪資
	第二年		100% 薪資	50% 薪資	50% 薪資
日本	首三日		60% 薪資	無	60% 薪資
	第四天～第一年半		60% 薪資	80% 薪資	0% 薪資
韓國	首三日		60% 薪資	無	60% 薪資
	第四天～第二年		60% 薪資	70% 薪資	0% 薪資
澳洲	首一至二週	半數州政府	100% 薪資	無	100% 薪資
		半數州政府	無	100% 薪資	0% 薪資
	第二至三週～第二年		無	75-80% 薪資	0% 薪資
法國	首 28 天		無	60% 薪資	0% 薪資
	第 29 天～疾病穩定時		無	80% 薪資	0% 薪資
德國	首六週		100% 薪資	80% 薪資	20% 薪資
	第七週～第一年半或疾病穩定時		無	80% 薪資	0% 薪資

本表由作者整理製作。資料來源：勞工保險條例、（Kim, 2002）、（Safety Work Australia, 2016）、（厚生勞動省，2014）、（Eurogip, 2005）

成，紙本作業只保留給不擅網路使用的勞工申請人或丹麥語的國外雇主等特殊狀況，而在 2011 年，有 70% 的保險給付申請都已經由網路完成 （Eurogip, 2015）。網路電子系統可以透過即時回饋確保申請人填寫資料的正確性，其電子格式不只可以免去輸入資料的行政成本與輸入錯誤，也更便於資料的傳輸，相較於紙本作業，更為便利且經濟，也能降低勞工申請保險給

付的行政門檻（Ehnes, 2012）。只要同時保留既有的紙本作業，即可應對申請者不會使用網路電子系統的特殊狀況，相關經驗可供台灣的職災保險作為參考。

（5）職業傷病認定不易

最後一個重大障礙，即是職業傷病的認定程序。如前所述，相較於工作相關性較清楚明確的職業傷害，職業病的認定方式往往更為困難且複雜，勞工在準備相關資料時，不只耗費時間心力，同時也常需要職業醫學專科醫師在職災保險與國家行政部門的挹注及扶持下，透過職災門診提供傷病勞工協助。

在美國，許多職業健康診治中心會提供職業病的診斷和治療，並有診治中心接受職災保險的資金挹注，提供系統性的職業病認定服務（Markowitz, 2011）。在台灣，勞動部透過專案計畫，補助職業傷病管理服務中心的成立與運作（Chu et al., 2013）；根據 2019 年 1 月的統計資料，有超過 80 家醫院設有職業醫學部門，門診診次和初診人次也都逐年上升，是職業傷病勞工尋求職業病認定的重要憑藉。

不過，即使職業醫學科醫師熟稔疾病診斷與工作相關性的文獻證據，在職業傷病的認定過程中，醫師還是很難掌握勞工的實際職業暴露狀況，尤其部分職業病的發生，最長可能與過去數十年的長期暴露有關，如何取得可信的客觀證據，重建勞

工過去的暴露狀況，始終是職業病認定上，缺乏充足證據、難以客觀量化的一環。如果缺少可信的工作環境測定和工作暴露紀錄，或是有代表性的本土流行病學研究，而雇主又不願配合讓醫師進行工作現場訪視，職業醫學科醫師常常就只能仰賴勞工的病史詢問。所以，如何落實工作環境測定，並針對高風險職業進行本土流行病學研究，在事前提供背景資料；又要如何在事後的職業病認定上取得雇主的充分配合，以客觀重建勞工過去的工作暴露，也成為職業病認定上的另一道難題（Eurogip, 2015）。

然而，即使職業醫學專科醫師能順利取得上述資訊，勞工在考量通過認定後所能獲得給付多寡以及認定結果的不確定性，也會評估此認定過程所需的時間心力是否值得。

為了降低勞工的認定成本，並降低認定結果的不確定性，多數國家都會根據過去的研究文獻，列出工作相關性較高的職業病種類表。雖然多數國家仍然容許非表列疾病經過個案認定後，也能獲得職災保險的給付，但相較之下，職業病種類表上的疾病還是比較容易通過認定，認定過程所需的時間心力也較少（Eurogip, 2015），因此一個國家職業病種類表的完整程度，仍會決定勞工尋求職業病認定的難易程度。

德國在 2015 年將工作中紫外線照射導致的職業性皮膚癌症，列入職業病種類表中。在此之前，這類疾病雖可以個案方式尋求職業病認定，但在列入職業病種類表後，職業性皮膚疾

病的補償人次立即增加近三倍，顯示納入職業病種類表與否，確實影響職業病的認定與補償率。

　　一旦疾病被納入職業病種類表，職災保險機構為了協助認定，通常會提供判斷工作相關性的認定標準。明確的認定標準，有助於減少認定過程的不確定性，也可讓勞工在資料準備上更清楚明確。例如，法國針對表列之肌肉骨骼疾病，訂定定義明確的認定標準，職業傷病勞工只要符合該標準，即可略過繁瑣又冗長的審查，自動通過認定（Eurogip, 2015）。澳洲的職災保險也針對表列的肌肉骨骼疾病，免去部分個案審查的嚴格標準。法國和澳洲職災保險的設計，也可解釋為何這兩個國家的職業性肌肉骨骼疾病與整體職業病補償率，比其他國家高出甚多（表 11.1）。韓國在職業性血管疾病認定基準的改革過程中，也在容許個案審查的彈性之餘，設立較明確的工時標準（Kwon et al., 2014）。

　　職業病認定若太過依賴個案審查，對申請者與審查者都將是費時費力的過程，且將徒增認定結果的不確定性。台灣職災保險制度的改革，除了應擴充職業病種類表，更應參考國際經驗與實證證據，持續修訂並更新表列疾病認定標準，建立定義明確且可操作的認定準則，並建立可供外界監督並具有可課責性的審查機制。

　　從前述職災保險補償率的各國比較，可發現台灣無論在職業傷害或職業病上，都存在嚴重的低報問題。職災保險申請路

徑上種種障礙，造成職業傷病問題的隱形化，不僅造成職業傷病勞工無法獲得合理補償，也連帶影響職業傷病防治政策的擬定。

　　未來職業傷病防治政策的擬定、實施、追蹤和檢討，若要有更系統性和更以證據為基礎的運作，各國的珍貴實務經案足供台灣做參考。期許台灣能在落實職災保險單獨立法的同時，務實面對職災保險中的種種問題，從而真正看到那些從數據和政策中隱形的職業傷病勞工。

德國災害保險制度

12

鄭雅文、陳宗延

德國是歐洲最重要的經濟體，在 2018 年人口數達 8 千 2 百萬，是歐盟人口最多的國家。德國具有完整涵蓋的社會保險制度，也是職災保險制度的發源地。本章回顧德國職災保險制度的歷史發展歷程，檢視德國現行制度設計與職業傷病的補償狀況，並從國際比較觀點，指出德國職災補償制度的獨特性。

12.1　制度緣起與發展歷程

在工業革命之前，德國民間社會就已有自發組成的互助團體；由工匠組成的行會組織，素來也有徵收會費、罰款或捐款的傳統，用來賙濟弱勢或突遭變故的會眾，這也成為社會保險制度的原型。

歐洲國家在十九世紀快速工業化。普魯士在 1834 年建立德意志關稅同盟， 1861 年威廉一世成為普魯士國王，透過數次對外戰爭，包括普丹戰爭（1864）、普奧戰爭（1866）、普法戰爭（1871）的進展，於 1871 年建立統一的德意志帝國。鐵血宰相俾斯麥一方面對外興戰，另一方面打壓日益強大的勞工運動與社會主義思潮，建國之後隨即制定法令，試圖拉攏國族意識尚未凝聚的勞工階級。

1881 年 11 月，俾斯麥起草《皇帝詔書》，後世稱為「德國社會保險大憲章」，規定工人因患病、事故、失能和老年而

致經濟困難時應得到救濟。俾斯麥同時公布疾病、災害和退休保險的實施計畫，並分別於 1883 年開辦醫療保險、1889 年開辦老年及失能保險，首創社會保險制度。《意外災害保險法》[1]雖在 1878 年前後即於議會提出，比其他社會保險都早，但因爭議較多而屢遭否決，直到 1884 年 7 月才正式通過，1885 年施行，成為世界最早施行的職災補償保險制度。統一的帝國政權與強大的治理能力，是德國推動社會安全制度的一大後盾。

《意外災害保險法》原先以高風險工業的工人和部分職員為主要保護對象，在 1885 至 1887 年間的多次修正中逐步擴大適用範圍至其他勞動族群。在此時期，保險費已確立由雇主全額負擔，保費費率依據企業規模及其職災風險作計算。給付內容包含職災失能期間的工資補償、醫藥費、職災死亡者的喪葬給付及遺屬撫卹金等（姚玲珍，2011）。

1911 年，德國政府整合災害保險、疾病保險、退休保險的各自法源，全部納入《德意志帝國社會保險法典》，明確規定被保險人範圍、主管機構及救濟程序，成為德國社會保險主要依循的框架規範。1929 年，德國再針對老年與失能開辦年金保險。

1925 年，原先僅限縮於職災事故的補償範圍擴及至職業病，疾病種類表陸續增列對象疾病，包括塵肺症、石綿肺症等

---

[1] 德文為 Unfallversicherungsgesetz，英譯為 industrial accident insurance law。

工業化初期常見的職業病。德國醫學界並在 1943 年指認石綿粉塵為工廠勞工罹患肺癌與罕見「惡性間皮瘤」的致病因素。同年，德國創全球之先，將此類疾病納入職災補償的疾病種類表（Bartrip, 2004）。

在 1930 年代之初，德國經歷經濟蕭條與社會動盪，種下納粹政權崛起與第二次世界大戰的種子。在此時期，社會福利面臨撙節緊縮的衝擊，災害保險通勤職災給付遭刪除，失能給付的請領標準也從工作能力損失達 10% 以上調高為 20% 以上（姚玲珍，2011）。

二戰後，德國的社會保險制度隨著社會與經濟的重振而逐步重建，社會安全和福利國家的理念載於德意志聯邦共和國的《基本法》。1963 年 4 月 30 日，《災害保險法》修正案通過，強調預防與復健機制的重要性，一方面進一步擴大災害保險適用範圍，另一方面加強職災者的復健和諮詢服務，並要求聯邦政府定期向議會報告職災保險的業務狀況（Stolleis, 2014）。

1995 年，德國再針對人口老化趨勢下的長期照顧需求，開辦長期照顧保險，成為第五個社會保險。1997 年，德國職災保險的法源重整，其他職業安全衛生法令整合，一併納入《社會法典》第七篇 [2]（Klosse & Hartlief, 2007；劉立文、許繼峰，2009）。

---

[2]　德文為 Sozialgesetzbuch (SGB) VII，英譯為 Social Code, Volume VII。

現今德國的社會安全網由五大社會保險架構而成，依據其開辦年代，依序為醫療保險（1883）、職災保險（1884）、老年及失能保險（1889）、失業保險（1927），以及長期照顧保險（1995）。上述社會保險，均由依法設置的自治組織經營。在財源方面，除了職災保險乃是由雇主全額支付保費之外，其他社會保險的保費原則上由勞雇雙方共同分擔。德國政府另透過稅收，由公部門提供社會服務，包括對兒童、失能者、退休者提供的家庭照顧服務。

12.2 制度現況

（1）法源與法律適用

如前所述，德國職災保險規範於《社會法典》第七篇。此制度採無過失原則，雇主對受僱者的職災補償責任，全由社會保險承擔，職災者向雇主提出損害賠償的民事訴訟權，原則上是受到限制的，除了通勤職災及其他例外狀況，職災者只能尋求社會保險給付，若發生職災補償或認定爭議之時，也由保險機構介入調查（DGUV, 2016）。

（2）主管機關與保險機構

德國職災保險的主管機關為聯邦政府的「聯邦勞動與社會部」（Federal Ministry of Labor and Social Affairs）與「聯邦社會保險辦公室」（Federal Social Insurance Office），負責全國性的法規制訂、政策規劃、監督管理和業務協調。職災保險業務的運作則屬各邦政府的自治範圍，由為數眾多的職災保險機構自治經營（DGUV, 2016）。

德國的職災保險機構為依據國家法律設置的公法人組織（職業合作社，Berufsgenossenschaften，簡稱 BN），專責於職災保險業務。這些職業合作社，依其產業類型又可分為三大支，分別為工商服務業（Gewerbliche Berufsgenossenschaften，簡稱 BG，亦譯為營業職業合作社）、公部門（Unfallkassen，簡稱 UK）、農業部門（Sozialversicherung für Landwirtschaft, Forsten und Gartenbau，簡稱 SVLFG）。每一家公司行號都要為受僱員工投保職災保險，每一個行會或區域都有各自的社會保險組織，事業單位不得自行選擇。

工商服務業及公部門保險機構的聯合會稱為「德國法定災害保險」（Deutsche Gesetzliche Unfallversicherung，簡稱 DGUV），對外代表上述職災保險機構，與德國聯邦政府、區域政府、歐盟等跨國組織、雇主團體和勞工團體交涉。DGUV 也支援旗下的保險機構進行職災預防和職災者復健復工活動，

並推動職業傷病相關研究（DGUV, 2016）。

　　職災保險機構的經營管理委員會，由受保的受僱者代表與雇主代表共同組成，各佔 1/2 席次。雇主代表與受僱者代表皆透過民主機制選出，且為無給職，亦即不從保險機構中支領薪資（Klosse & Hartlief, 2007；劉立文、許繼峰，2009）。

（3）雙軌的勞動檢查機制

　　德國各邦政府設有勞動檢查體系，但德國的職災保險制度也設有獨立的勞動檢查機制，形成特殊的勞檢雙軌制。

　　各邦政府的勞檢員會與職災保險機構的勞檢員互相協調，並透過記錄與資訊分享，避免重複檢查。一旦重大職災發生，兩種勞檢員也會共同調查。公部門的勞檢員可對違法雇主開罰，而職災保險機構的勞檢員也可對違法雇主處以罰款，亦可提高職災保費。德國的事業單位必須同時面對來自政府與來自職災保險機構的勞動檢查，受檢次數頻繁。對雇主而言，雙重勞動檢查機制形成強大且立即的經濟壓力。職災保險機構聘僱的勞檢員通常專精於該產業勞動與職業安全衛生問題，因此常比政府部門的勞檢員更具專業性（WHO, 2012）。

　　根據 2011 年的資料，德國共有 6,170 名勞動檢查員，平均每 5,910 位受僱者有一位勞動檢查員。其中，任職於職災保險機構的勞檢員有 2,649 名，任職於各邦政府勞動檢查部門的勞檢員

有 3,521 名。勞檢員具有不同專業，包括工業安全、化學化工、人因工程等背景，值得注意的是，所有勞檢員中有 86 位具醫師身分（WHO, 2012）。

德國的職災保險機構依法保存長期的勞檢資料，包括職業暴露、特殊健檢、職災與職業病紀錄，成為監督事業單位的依據，也大幅減少事業單位異動或早期暴露資訊佚失的問題。強大且積極的勞檢機制，可說是連結職災補償與災前預防的重要機制（WHO, 2012）。

（4）保險涵蓋人口

《災害保險法》在 1963 年修訂時，將保障對象從所有工業部門、服務業部門和公部門的受僱者，擴及至農業部門及「涉及公共利益的非受僱者」（如志願服務者、捐血者、義消等）。1971 年的修訂又將幼稚園及各級學校的學童和學生納入（Engelhard, 2007；姚玲珍，2011）。

德國職災保險的強制納保對象，包括所有部門的受僱者，不論其勞動契約的長短和型態。此外，教育機構、職業訓練機構、繼續教育機構的學習者、於庇護工場工作的身心障礙者、農業工作者、漁業工作者、受國內公司派駐海外的受僱者，或外國公司聘用但派駐於德國的工作者，亦屬強制納保對象。耕地面積小於 2,500 平方公尺的小農，被視為以務農為興趣而非

本業的工作者，雖屬強制納保範圍，但可由本人申請例外豁免。自僱自營者、雇主及其配偶則屬自願納保對象。

根據 2016 年的統計，德國職災保險有近 8 千萬名被保險人，涵蓋 388 萬間公司及 14 萬家教育機構，除了全體受僱者，還包含從托兒所至高等教育機構的所有學生（DGUV, 2017）。德國職災保險的覆蓋率高達全人口的 96% 以上，具有全民保障的特質。在三大類職災保險機構中，工商服務業職業合作社的規模最大，涵蓋 332 萬家企業、5,288 萬人。公部門災害保險則除了 1,733 萬名學生外，另還涵蓋 975 萬名、55 萬間機構的公務員、國營企業（鐵路、郵政、電信）職工、志願服務者、法院證人、捐血和器官者、家庭看護人員、家庭主婦、失業者、犯人。農業災害保險則涵蓋 450 萬農民、農場主及其眷屬（DGUV, 2016）。

（5） 納保方式與保險成立之要件

所有事業單位在新創時，必須至當地政府註冊，註冊時會由政府單位人員協助，與所屬產業的職災保險機構聯繫。事業單位必須在一週內完成職災保險線上登錄與註冊，填報內容包括受僱者人數、薪資總額等資料，但職災保險機構並不掌握被保險人名單。

雇主有為所有受僱者繳納全額保費的法定義務，而所有受

僱者有立即享有職災保險保護的法定權益。國內學者指出，德國災害保險的納保設計，較接近法理上所謂的「法定債之關係說」，一旦勞雇關係成立，強制納保的構成要件即成立，社會保險的法律關係也就立即成立。即使雇主未依法申報或漏繳保費，或受僱者沒有合法的工作契約（例如違反移民法），也不影響被保險人的法定權益。換言之，社會保險的正當性來自於國家行為的合法性，而非當事人的合意。反觀台灣，目前勞保的納保方式較類似「行政契約說」，亦即，勞保法律關係之發動，始於投保人向保險人申報的法定事實發生之時，若投保人未申報，被保險人則喪失請求權（張桐銳，2015；郭明政，2003；蔡維音，2002）。

（6）保險財務與保費

對於工商業和農業部門的保險基金，保費由雇主全額支付，是保險財務的主要來源，其他資金則包含交通事故狀況下之第三方賠償費用、行業事故保險聯合會收繳的滯納金和罰金等，政府也會補貼虧空的部分。公部門保險資金來自聯邦政府、地方政府及其他公共部門的稅收或財政收入（姚玲珍，2011）。

職災保險採隨收隨付制（pay-as-you-go），政府根據前一會計年度的保險支出確定該年的保費費率，不留盈餘。個別事業單位應繳交的保費，以員工薪資總額為基礎，乘上保險費率

而得，而保險費率的計算，考量因素包括：（1）依各行業前一年度實際的保險支出，以及個別事業單位支付總工資的比例，計算個別事業單位的「分攤基數」（contribution base）；（2）依各行業的職災風險係數；（3）依個別事業單位投入職災預防的成效以及實際發生職災的狀況增減其保險費率，亦即採「實績費率制」作為獎懲機制（WHO, 2012；姚玲珍，2011）。

德國職災保險的平均費率 2000 年前後至 2012 年維持於 1.30% 上下，其後大致呈遞減趨勢，2016 年為 1.18%（DGUV, 2017）。保費收繳率為 95% 以上，未繳費的企業主要是新建的小企業，保險機構在雇主和醫師通報職災時會發現並要求補繳（姚玲珍，2011）。

12.3 職災給付內容

德國災害保險的保障範圍包含兩類，其一為真正的職災，其二為非屬職災的一般生活事故災害。前者為工作者因執行工作而遭遇的事故災害或疾病，屬雇主責任，因此其財源來自雇主所繳納的保費。後者則是非工作因素導致的事故或疾病，無關勞雇關係，因此財源主要來自政府，性質上屬於一般性社會保險。

（1）職災醫療

工作者因工作受傷或生病，可免費取得醫療服務，經費由職災保險直接支付給醫療服務提供者。服務內容包含門急診醫療、醫師和牙醫師的治療、藥物及其他輔助器材、醫師開立的物理治療等復健服務及所需的交通費、居家照護等。職業傷病的罹病者原則上必須使用職災醫療，不得使用一般醫療保險。職災發生之後勞工可就近就醫，但確定生命危險無虞後，須至保險機構指定的「災害保險諮詢醫師」處接受評估（EC, 2011）。工商服務業及公部門職災保險機構設有獨立於一般醫療體系以外的「職災醫院」（BG Hospitals）等醫療機構，由具備職災創傷醫學、職業醫學、職業復健等專業人員提供服務，著重治療與復健的整合（DGUV, 2016）。

（2）暫時失能給付

受僱者因傷病無法工作期間，若傷病與工作無關，前 6 週由雇主給予病假薪資，額度為原有薪資（傷病發生前一年內的平均薪資）的 100%。若無法工作期間超過 6 週，則從第 7 週起，轉由健康保險給付「病假現金給付」（sick leave benefits; Krankengeld），給付額度為原有薪資的 70%；若傷病期間超過 2 年，則轉由「退休保險」給付（EC, 2011; WHO, 2012）。

　　若傷病與工作有關，包括上下班途中的通勤職災，則由職災保險體系處理。被保險人可從傷病發生的第一天起，請領「暫時失能給付」，額度為平時薪資的 80%，給付上限為 78 週（1.5年），若持續失能，則轉至「長期失能」（EC, 2011；姚玲珍，2011）。

（3）長期失能給付

　　受僱者因傷病永久失能，若傷病與工作無關，可領取永久失能給付。永久失能年金的計算方式，考量個人所得點數和年金因子（pension factor）。個人所得點數是個人終身所得除以全國平均所得；開始領取年金的歲數直至 63 歲 10 個月前，每個月再酌減 0.3%（最多減少 10.8%）。年金因子則是以完全失能為 1.0，部分失能為 0.5。將個人所得點數乘以年金因子，再乘以每年七月依薪資變動調整的年金價值（pension value），即為永久失能給付的數值。永久失能年金在 65 歲時停發，改發老年年金，其額度須至少等於失能年金（WHO, 2012）。

　　職災者若有身心健康永久受損並影響就業的狀況，可依據失能程度、工作能力評估，領取長期失能給付，主要類型如下（DGUV, 2016）：

- 完全失能年金：工作能力完全喪失者（失能程度達 100%），

可領取原有薪資 67% 的永久失能給付，直至領取退休金為
止。

- 部分失能年金：失能程度超過 20% 且失能期間達 26 週以上
  者，得依失能等級領取不同額度的部分失能年金。
- 重度失能補助金：失能程度超過 50% 的重度失能者，若無工
  作亦無領取其他年金，可另外加領失能年金的 10% 之補助
  金，為期最長 2 年。
- 過渡期間給付：失能者在重建和訓練期間的過渡期，亦可依
  失業、就業參與、社會參與等事由，請領不同名目的補助。
- 看護津貼：另可依照需求評估，獲每月額度不等的看護津貼。

（4）死亡給付

　　因工作致死者，遺屬可請領一次金以及遺屬年金。年金額
度為死亡者原有薪資的 30-40%（若配偶遺屬超過 45 歲、失能、
須照顧一個以上孩子者，可領較高額度的年金）。死亡者若有
18 歲以下子女，其子女可獲得 20-30% 的原有薪資（失去雙親
者可領較高額度），若仍在就學或在培訓中，可持續領至 27 歲。
若死亡勞工無配偶或子女，其他遺屬可平均分配前一年年收入
40% 的一次金。

12.4　職災認定與爭議審議程序[3]

　　一旦發生致死性職災，雇主必須立即以電話、傳真、電子郵件等方式向職災保險機構通報；若發生非致死性但導致不能工作三天以上的職災，雇主則須於三天之內通報職災保險機構。通報表單須經公司內部的「員工代表會」（works council）或公立學校及公務機關的「人事代表會」（staff council）簽核，並副知當地勞檢機構。通報之後，雇主和員工代表會均須配合職災保險機構，共同參與職災事故調查（DGUV, 2016）。

　　在職業病方面，聯邦政府衛生部（Federal Ministry of Health）的「醫療諮詢委員會」（German medical advisory committee）依據醫理見解，公告法定的「表列職業病」（German Ordinance on Occupational Diseases, BKV）。任何醫師只要懷疑病患的傷病與工作有關，且屬「表列職業病」，就有法定責任通報至職災保險機構。若醫師懷疑病患的傷病與工作有關，但非屬表列疾病，則必須經被保險人（病患）同意才可通報。若雇主知悉其員工罹患職業病，亦須通報（DGUV, 2016）。

　　一旦保險機構接到職業傷病通報，便會調查和認定是否屬於職業傷病，罹災或罹病勞工，並不需要自行申請職災認定

---

[3]　本段內容參考文獻資料，並由作者於 2014 年訪談 Peter Angerer 教授（Institute of Occupational and Social Medicine, Dusseldorf University）。

（DGUV, 2016）。職災保險機構接獲職業病通報資訊時，通常
會委託一位職業醫學專科醫師，依據疾病診斷的適切性、暴露
證據的明確性、是否屬表列職業病等資訊作判斷，必要時由勞
檢單位確認，再由保險機構決定是否認定為職業病。職業傷病
的認定依據與內容，會以書面資料直接交給勞工，但不會對外
公開，也不會告知雇主。

　　當發生職業傷病認定發生爭議時，亦由職災保險機構進行
調查與仲裁。職災者可透過社會法庭提出訴願，免費尋求第二
分專家意見。若職業病的認定存有爭議，職災保險機構會委託
專業機構或職業醫學專家進一步調查，寫成鑑定報告書，再送
交至勞雇共同組成的爭議審議委員會進行行政裁決。職業醫學
專家可由傷病勞工自行推薦 3 人，再由職災保險機構從中選取
一名，進行鑑定。若傷病勞工不服職災保險機構的裁決，則可
提出行政訴訟。

12.5　災前預防與災後重建

　　德國職災補償制度的最大特色，即預防－補償－重建機制
的緊密扣連，具體實踐以保險機構作為「單一機制提供所有服
務」、「補償前先尋求預防」，以及「給付年金前先尋求復健」
等三項原則（DGUV, 2016）。

（1）災前預防

　　法定的職業傷病預防措施，包含以下（DGUV, 2016; 姚玲珍，2011）：

1. 由受僱者代表、雇主代表與政府相關人員，針對個別職業或行會的風險，共同制訂安全衛生規範，在代表會中審議通過之後，送交勞工與社會部簽署公布，成為具有法律強制力的規範。

2. 勞動檢查員如前所述定期監督事業單位，並以罰款和增收保費雙管齊下嚇阻違法行為。此外，檢查員也提供教育訓練與技術諮詢。

3. 對受僱者舉辦職前及在職安全衛生教育訓練課程，宣導資訊和法規。

4. 針對特殊行業的受僱者，擬定適當的健康檢查項目，提供定期健康檢查並作統計分析，作為職業傷病防治的實證依據。

5. DGUV 每年提撥 7% 左右的經費，設置數個附屬的研究部門，也與其他研究機構合作，進行職業傷病、工作相關健康危害、職業安全衛生等研究（WHO, 2012）。

6. 雇主有義務建立公司內的職災急救體系，包含指定並訓練一定數量的員工擔任急救者（first-aiders），提供急救所須的設備，以及保全職災發生的現場；保險機構則會派遣安全衛生

等專業人員至現場，進行調查與分析。

7. 員工 20 人以上的企業須依《社會法典》第七章聘僱職安人員（safety delegates）（全國共有 63 萬名），以協助雇主找出潛在的暴露風險和職災，並教導受僱者安全的工作行為（DGUV, 2016）。

8. 依據《德國職業安全法》（German occupational safety act, ASiG），只要是聘僱員工一人以上的公司，就有義務聘僱職安衛專業人員（OSH professionals）（全國共 8 萬名），以給予雇主及管理人員合於法規的建議，並與職業醫學專科醫師合作改善公司的職安衛表現。公司亦有辦理職業健康服務的法定義務，小型事業單位可以契約方式辦理，大型事業單位則必須聘僱職業醫學專科醫師，主要業務包括規劃員工健康保護計畫、執行職業傷病預防工作、進行健康檢查、評估員工身心健康等；但不得執行治療性醫療業務（curative medicine）。職業醫學專科醫師須獨立作業，不受雇主影響，雖是由事業單位出資聘僱，但任用卻須經工會或勞工代表同意。德國在 2011 年總共有 11,361 位職業醫學專科醫師，其中有 5,800 位左右實際從事職業醫學工作（DGUV, 2016; WHO, 2012）。

（2）災後重建

在災後復健復工方面，只要有助於職災者恢復健康和工作能力，所需的必要醫療和復健費用，職災保險組織均全額支付。三大重建機制包含醫療照護、職業重建、與社會心理重建等，主要內容如下（DGUV, 2016；姚玲珍，2011）：

1. 醫療照護：職災發生後，職災者就近就醫，排除生命危險之後，轉送至專責於職業傷病的職災醫院，由前述「災害保險諮詢醫師」全程負責傷者的檢查、診斷與後續治療決定，並須詳細通報至職災保險機構，再由保險機構進行調查。

2. 職業重建：職災保險機構的人員在接獲職災通報後，必須與職災者、家屬與醫護人員共同擬定職業復健計畫，並根據傷病者的身體功能、工作技能、個人興趣等考量，幫助職災者重返職場。重返職場的目標以原工作場所優先，其次為同一公司的其他職位。若公司內無適當職位，則協助職災者尋找其他適合的工作崗位。

3. 社會與心理重建：職災保險機構必須提供心理諮詢、家務協助、輔具、代步工具、居家設施或汽車改造等協助及補助，以幫助職災者重新融入家庭、社區和社會。

職業傷病勞工在尋求職業傷病認定、職災補償與復健復

工期間，職災保險機構通常會指派一名個案管理專員（case managers, Sachbearbeiter），協助職災者在三大重建體系中流動，扮演居中協調的角色（DGUV, 2016）。

此外，依據《社會法典》第九篇（復健法）規定，若受僱者在一年之間不能工作期間超過 6 週（此時社會保險必須開始提供保險給付），雇主必須在傷病當事人的參與及同意之下，提出事業單位將如何預防職業傷病並協助傷病者復工的說明報告。必要時，復工計畫書須徵詢職業醫學專科醫師。

檢視德國的職災預防與復健，是以職災保險機構為核心，並投注資源於勞檢、個案管理、職業醫學專科醫師協助引導，讓職災者不必在官僚的繁文褥節中迷失方向。

12.6　職業傷病補償狀況

德國災害保險給付的歷年數據，分別由 DGUV（包含工商服務業和公部門保險機構的聯合會）和 SVLFG（農業保險機構的聯合會）提供。

（1）職災事故

德國工商服務業和公部門災害保險的給付狀況，詳見表

表 12.1 德國災害保險（工商服務業及公部門）職災給付的類型：2016 年

職災類型	非死亡職災	致死性職災	總計（所佔比例）
非通勤職災職災	876,647	424 (57.7%)	877,071 (82.5%)
通勤職災	185,759	311 (42.3%)	186,070 (17.5%)
總計	1,062,406	735 (100%)	1,063,141 (100%)

本表由作者整理製作。資料來源：（DGUV, 2017）

12.1。在 2016 年，總共給付 106.3 萬件職災案件，其中有 18.6 萬件為通勤職災，其餘 87.7 萬件非通勤職災案件中，有 80.2 萬件發生於工商服務業，有 7.5 萬件發生於公部門。上述職災案件中，有 735 件致死性職災，包含 311 件致死性通勤職災，及 424 件致死性非通勤職災（工商服務業 393 件、公部門 31 件）（DGUV, 2017）。

在農業災害保險機構方面，公開的給付數據並未區分通勤和非通勤職災；2016 年共給付 84,520 件職災案件，其中有 138 件屬致死性職災（SVLFG, 2018）。

（2）職業病

在 2016 年，工商服務業和公部門災害保險機構認定為職業病者共有 20,539 件（工商服務業 18,783 件、公部門 1,730 件），主要的職業病類型包含噪音造成聽力損失 6,850 件、職業呼吸

疾病 5,230 件（含石綿肺症 2,183 件、惡性間皮瘤 1,031 件、石綿相關肺癌 912 件）、皮膚疾病 4,315 件（含自然紫外線照射造成皮膚癌 3,723 件）、機械造成人因性疾病 1,417 件（含腰椎椎間盤突出 443 件、腕隧道症候群 253 件等）（詳見圖 12.1）（DGUV, 2017）。

歷年職業病給付類別及件數，詳見表 12.2。由於保險機構鼓勵職業皮膚疾病等特定疾病的認定與通報，因此統計數據另有 19,517 件不完全符合認定要件、非屬正式認定之職業病

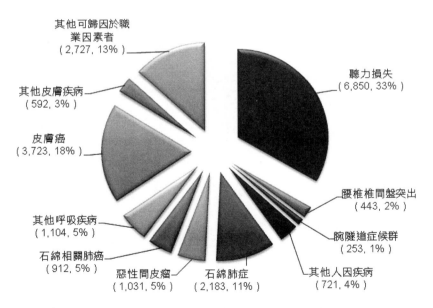

圖 12.1　德國災害保險（工商服務業及公部門）職業病給付類別：2016 年。
本圖由作者繪製。資料來源：（DGUV, 2017）

表 12.2　德國災害保險（工商服務業及公部門）職業病給付類別與件數：
2000-2016 年

年代 給付類別	2010	2011	2012	2013	2014	2015	2016
噪音造成聽力損失	5,606	6,107	6,586	6,730	6,425	6,216	6,850
腰椎椎間盤突出	392	378	370	363	371	413	443
腕隧道症候群	—	—	—	—	—	102	253
其他人因疾病	411	521	518	578	616	680	721
石綿肺症	1,749	1,818	1,846	1,920	1,956	1,995	2,183
惡性間皮瘤	931	799 左	810	793	832	951	1,031
石綿相關肺癌	719	980	982	970	1,040	771	912
其他職業呼吸疾病	2,846	1,736	1,111	1,053	1,127	1,024	1,104
自然紫外線照射造成皮膚癌	—	—	—	—	—	1,485	3,723
其他皮膚疾病	584	601	609	625	646	666	592
其他可歸因於職業因素者	2,223	2,322	2,459	2,624	3,099	2,499	2,727
總計	15,461	15,262	15,291	15,656	16,112	16,802	20,539

本表由作者整理製作。資料來源：（DGUV, 2017）

（官方數據上稱之為 cases with absence of additionally required insurance characteristics），保險機構仍給予預防、治療和重建等相關給付（DGUV, 2017）。

在農業災害保險機構方面，2016 年共給付 1,807 件職業病案件。主要的職業病類型（詳見表 12.3），包含自然紫外線照射造成皮膚癌 1,340 件、噪音造成聽力損失 182 件、人畜傳染病 147 件等（SVLFG, 2018）。

表 12.3　德國災害保險（農業）職業病給付類別與件數：2015-2016 年

給付類別 ＼ 年代	2015	2016
自然紫外線照射造成皮膚癌	580 (31.7%)	1,340 (74.2%)
噪音造成聽力損失	192 (10.5%)	182 (10.1%)
人畜傳染病	219 (12.0%)	147 (8.1%)
職業呼吸疾病	88 (4.8%)	46 (2.5%)
人因疾病	14 (0.8%)	8 (0.4%)
其他可歸因於職業因素者	735 (40.2%)	84 (4.6%)
總計	1,828 (100%)	1,807 (100%)

本表由作者自行整理製作；資料來源：（SVLFG, 2018）

12.7 德國災害保險制度的獨特性

德國災害保險的發展歷史悠久，並有獨樹一幟的特性。首先，德國災害保險屬於社會安全網的一環，與其他社會保險皆載於《社會法典》，彼此的連結性較強，整體制度具高度整合性。

其次，德國災害保險涵蓋範圍逐步擴張，由高風險產業勞工擴及全體受僱勞工，再進一步擴及公部門受僱者、農民，以及學生、兒童與家庭主婦等非經濟人口，反映了災害保險的制度精神由勞動者保障走向全民社會保障的方向發展（郭明政，2002b）。

其三，根源於深厚的行會文化底蘊，德國的職災保險機構由各產業勞僱雙方共同經營，政府僅扮演監管角色。在勞工集體參與能力足以與雇主團體抗衡的前提下，勞僱共治強化追求共善的基礎。

其四，勞動檢查在德國災害保險中扮演重要角色，不僅查核懲罰，也進行教育宣導。保險機構自身聘僱的專業檢查員與政府公部門的勞檢員形成雙軌制，但彼此分工協調順暢，發揮加成作用。

最後，德國制度以職災保險機構為中心，緊密連結補償、災前預防和災後重建服務。職災保險機構不僅透過「災害保險諮詢醫師」與「個案管理專員」等角色，協助職災者獲得完整的補償與服務，也藉由勞動檢查與教育宣導等機制，積極投入職災預防工作，成為國際間職業安全健康部門的重要典範。

日本勞災保險制度

陳宗延、鄭雅文

13

日本為世界經濟大國，2018 年人口數超過一億兩千七百萬（127,178,418）。在社會政策上，日本社會安全制度具濃厚的國家主義與平等主義色彩，並如同德國，以社會保險建構其社會安全網（Grimmer-Solem, 2005）。日本的五大社會保險按其首創年代，依序為勞災保險（1905-1911）、醫療保險（1922）、勞動者年金保險（1941）、雇用保險（1947）與介護保險（2000）。上述社會保險，均屬厚生勞動省主管的業務。

日本勞災保險歷經百年來的變革，處理的職業傷病問題從工業化早期的職災事故、中毒、塵肺症，轉變為後工業化時期的肌肉骨骼疾病、癌症，與當代社會高度關注的過勞相關心腦血管疾病與精神疾病。本章首先回顧日本職災補償制度的緣起與變革，接著介紹制度現況，包括法源依據、行政架構、涵蓋人口、財源與保費設計、給付內容，最後檢視職業傷病認定程序及近年來職業傷病的補償狀況。我們也從國際比較觀點，指出日本勞災保險制度的獨特性。

13.1　制度緣起與發展歷程

日本自 1868 年明治維新以來，由政府主導的「富國強兵、殖產興業」政策推動工業進展，讓日本快速躋身工業強權國家

之林。明治政府主導的社會改革不僅在工業科技與科學研究上急起直追，也在政治思想與法律社會制度上大量取法歐陸國家，尤其德國（Grimmer-Solem, 2005）。快速的現代化帶動經濟發展與社會改革，讓日本人民的整體生活水準快速改善，人口數快速增加，人民壽命與其他健康指標也大幅提升。

　　然而在明治維新至二十世紀前期，日本礦業與工業部門的職災事故層出不窮。一氧化碳中毒、黃磷中毒、鉛中毒、熱危害、矽肺症、塵肺症等職業病，以及因過度勞動與生活環境困頓造成的虛弱、營養不良、肺結核均相當普遍，高傷病率與高死亡率，是勞動階層普遍的境遇。日本政府自十九世紀後期開始制訂職災補償相關政策，主要變革整理於表 13.1。

　　首先是對官營事業的員工制訂職災扶助政策，包括 1875 年頒布的《官役人夫死傷津貼規則》與 1897 年頒布的《官廳技術工藝者就業上死傷津貼內規》等規定。礦業與海運業勞工因擔負工業發展重任，也成為政府立法保護的職業族群，如 1889 年頒布的《礦業條例》及 1899 年頒布的《商法》，均有雇主應救助罹災勞工的規定。民間大型企業亦在此時期自行發展出各種職災扶助機制，包括由雇主負擔經費的事業單位扶助機制或由勞雇雙方分攤經費的共濟組合（黃越欽等，1995）。

　　1905 年，日本政府頒布《礦業法》，要求礦業主擴大職災救助的範圍，社會救助性質的補償制度亦出現於 1911 年頒布的《工廠法》，但上述規定仍以職災者無重大過失作為請領救助

表 13.1　日本職災補償的緣起與變革

時間	事件
1875	頒布《官役人夫死傷津貼規則》
1897	頒布《官廳技術工藝者就業上死傷津貼內規》
1889	頒布《礦業條例》，有雇主應救助罹災勞工的規定
1899	頒布《商法》，有雇主應救助罹災勞工的規定
1905	頒布《礦業法》，要求礦業主擴大職災救助的範圍，請領救助要件：職災者無重大過失
1911	頒布《工廠法》，請領救助要件：職災者無重大過失
1922-3	《工廠法》（1922）、《礦業法》（1923）修訂，確立「不究責」原則，經費來源仍由勞雇雙方共同分攤
1931	頒布《勞動者職災扶助法》，雇主職災補償責任擴大至非廠場勞工；頒布《勞動者災害扶助責任保險法》，強制雇主繳納全額保費
1947	制定《勞動基準法》，統整上述職災救助規範，並定調為「補償」，適用範圍涵蓋所有勞動者；頒布《勞災保險法》，由政府為單一保險人，開辦勞災保險制度，保費由雇主全額負擔，適用對象為 5 人以上事業單位的受僱者
1965	《勞災保險法》修訂，適用對象擴大至所有受僱者、遺屬給付年金化、應納保而雇主未加保的職災者須逕行給付
1973	《勞災保險法》修訂，承認通勤災害為職災
1976	《勞災保險法》修訂，給付額度提升、永久性失能給付年金化
1996	《勞災保險法》修訂，提供看護給付
2000	《勞災保險法》修訂，提供二次健康檢查給付
2004	《勞災保險法》修訂，未加保雇主以提高保費徵收額度作為處罰

本表由作者自行整理製作。

的要件。《工廠法》與《礦業法》分別於 1922 年與 1923 年修訂，始廢除「過失主義」，確立「不究責」原則的職災扶助制度，但其經費來源仍由勞雇雙方共同分攤。

日本政府在 1931 年頒布《勞動者職災扶助法》，將雇主職災補償責任擴大至土木建築、交通運輸等非廠場勞工，同時並頒布《勞動者災害扶助責任保險法》，強制雇主繳納全額保費，自此確立了以雇主補償責任為基礎的勞災保險制度（莊正中，2010；黃越欽等，1995）。

第二次世界大戰結束後，日本政府於 1947 年制定《勞動基準法》，將分散於不同法規的職災救助規範統整於《勞基法》第八章「勞災補償」，並將「救助」一詞改為「補償」，規定雇主須對僱用員工負擔職災補償責任，適用範圍涵蓋所有勞動者。日本政府並於同年頒布《勞動者災害補償保險法》（以下簡稱《勞災保險法》），由政府為單一保險人，開辦勞災保險，保費由雇主全額負擔。《勞災保險法》最初以 5 人以上事業單位的受僱者為適用對象，至 1965 年修法後擴大至所有受僱者。

日本《勞災保險法》多次修訂，主要的變革包括：給付額度提升、永久性失能給付的年金化（1960、1976 年修訂）、遺屬給付的年金化（1965 年修訂）、適用對象由 5 人以上事業單位擴大至所有受僱者（1965 年修訂）、應納保而雇主未加保的職災者須逕行給付（1965 年修訂）、承認通勤災害為職災（1973 年修訂）、提供看護給付（1996 年修訂）、提供二次健康檢查給付（2000

年）、未加保雇主以提高保費徵收額度作為處罰（2004年）等（莊
正中，2010；陳鴻達等，2007；黃越欽等，1995）。

13.2　制度現況

（1）法源

日本《勞災保險法》的適用範圍為所有民間事業之受僱者。
公務員的勞災保險另由《地方公務員災害補償法》與《國家公
務員災害補償法》規範，而船員則由《船員法》規範。

除了《勞災保險法》，日本的《勞基法》也有職災補償規
定，形成雙軌制。《勞災保險法》的補償由社會保險負擔，而《勞
基法》規定的職災補償責任則由個別雇主負擔，兩者均採「不
究責」原則。

與台灣制度最顯著的差異是，日本的《勞基法》與《勞災
保險法》所提供的給付項目與額度幾乎相同，僅有「等待期」
的休業補償（原為 7 天後改為 3 天）及部分小額療養費由雇主
依據《勞基法》負擔，而《勞災保險法》不給付（黃越欽等，
1995）。由於兩者提供的給付額度幾乎相同，且職災者不得重
複支領，因此並無台灣現行制度中雇主必須填補其中差額的問
題（有關台灣制度問題，請參見本書第 7 章）。

　　值得注意的是，日本勞災保險的制度設計並未限縮職災者的民事訴訟權，獲得職災保險給付的職災者，仍有權向雇主提告，主張過失損害賠償（徐婉寧，2015）。

（2）行政組織

　　《勞災保險法》的中央主管機關為厚生勞動省（以下簡稱厚勞省），其下的勞動基準局「勞災補償部」負責勞災補償政策的規劃與行政監督，保費徵收則由「勞動保險徵收課」負責。在地方層級，主管機關為 47 個都道府縣勞動局「勞動基準監督署」，負責職業傷病的審核、認定、給付發放等業務，勞動檢察官在此扮演重要角色。

（3）保險涵蓋人口與納保方式

　　日本的《勞災保險法》以事業單位（雇主）為被保險人，《勞災保險法》涵蓋人口依事業單位的適用性，分為強制、任意、特別加入三類。

　　強制加入的事業單位又稱「當然適用事業」。所有事業單位，除了公務員、船員及農林漁牧業之外，只要聘僱員工 1 人以上，均屬強制納保範圍。農林漁牧業僱用人數超過 5 人事業單位的受僱者，也屬強制納保的範圍。至於實習或學生勞動者

是否屬強制加入範圍，則視個案是否有具體的「指揮命令」和「從屬關係」而定。

即便雇主未替受僱員工加保、遲延申報、滯納保費，只要勞雇關係成立，無論何種僱用形式，均立即適用勞災保險，且保險效力可溯及實際受僱或從事工作。此即所謂「法定債之關係說」，與台灣職災保險效力以申報日起始的「申報主義」不同，一般認為較能保障職災者權益。「當然適用事業」應加保而未加保，會追溯過去保費；或視行政機關是否曾加以規勸輔導，而認定為故意或過失不加入，進而徵收應給付給勞工的部分或全額給付額度。

任意加入的事業單位又稱「暫定任意適用事業」，其範圍為：（1）從事農業，勞工未滿5人，且不涉及特定危害作業的個人經營事業單位；（2）從事林業，非全時僱用勞工，且每年僱用人數未滿300人的個人經營事業單位；（3）從事畜牧、養蠶或水產業（漁船總噸數小於五噸者），勞工未滿5人的個人經營事業單位。此類事業單位，若過半數勞工希望加入保險，雇主不得拒絕，必須向都道府縣勞動局申請，經認可後加入。與強制加入不同的是：由於任意加入保險關係成立的要件是政府的認可，因此若未完成加保程序，職災者既無法取得補償給付，政府亦無法向事業單位追溯欠繳保費或徵收應給付額度。

特別加入者為自願加保，包含以下類型：（1）中小型事業單位事業主及家族事業的家族從業者；（2）自僱自營之木匠、

泥水匠、計程車司機、貨物運送業者、漁業者、林業者、醫藥品配置販賣業者、資源回收業者等；（3）使用特定機械及從事特定有害作業的農作者、接受職業訓練者、家內勞動者（家庭代工）、工會全職員工、照護工作者；（4）被在日本設立的事業單位僱用，但派遣至海外事業單位工作的員工。

上述事業單位的雇主以及特別加入者，應在業務開始之前向事業單位所在地的「勞動基準監督署」登記並辦理加保；若事業單位勞工人數較少，可委託厚勞省認可的「勞動保險事務組合」代為處理保費繳納等行政事務。根據厚勞省勞動基準局的統計，至 2015 年底，全日本有 275 萬個事業單位、共 5,629 萬勞工強制或自願加入勞災保險；另有特別加入者則僅計 172.5 萬人（約為全體加入者之 3%），主要包含中小企業事業主 61.9 萬人、自僱自營者 46.5 萬人、家族事業從業者 42.7 萬人。而 2014 年末的統計顯示，全日本有 9,787 個「勞動保險事務組合」，接受共約 131 萬個中小型事業單位的委託辦理加保程序（一般財団法人厚生労働統計協会，2016）。

一旦事業單位的受僱者或其發包工程業務的受僱者發生職業傷病，不分罹災者的僱用形式，無論是臨時工、日薪制或部分工時工作，都受到勞災保險的保護。此制度設計對於外包、承攬、派遣等不安定僱用模式盛行的產業之勞工，提供完整的職災補償保護。

在日本工作的外國人，包括在日兼職的外籍學生以及未具

合法工作身分的「不法就勞」，也一律適用《勞災保險法》，勞災補償請求權與本國人相同。在給付類別方面，除了「病後看護」、「義肢等輔具費」、「外科術後處理」以及提供給外籍學生的「勞災就學援助費」等類型，僅限於日本國內停留期間給付外，其餘內容與本國人無異，離境之後仍可以繼續請領。

（4）保險財務與保費

勞災保險的保費，原則上由業主全額負擔，但 1960 年引入年金制度後亦有國庫挹注部分行政經費。各事業單位應負擔的保費，是以該事業單位推估的所有勞工全年薪資總額，乘上該事業單位特定的勞災保險費率，並以預繳方式繳納（Japan External Trade Organization, 2016；厚生勞働省，2016）。

根據日本 2015 年 4 月公布的資料，勞災保險費率有 55 個業別類種，費率最高的行業為礦業（8.8%），其次是水力發電設施營造業（7.9%），費率最低的行業（0.25%）包括鐘錶、測量和光學儀器之製造業，與通訊、廣播、新聞、金融、保險、不動產等服務業。農業部門的勞災保險費率是 1.3%、林業為 6.0%。針對僱用勞工 20 人以上的事業單位，另設「實績費率」（merit rate），即根據該事業單位應繳保費的總額與實際補償給付總額的比例，調降或調升次年的職災費率，以此鼓勵事業主進行職災預防（厚生勞働省，2018b）。依據《石綿健康傷害

救濟法》，日本的勞災保險另徵收 0.002% 的額外保費，作為石綿疾病的職業病補償基金（Furuya et al., 2013）。

應加保而未加保的受僱者一旦發生職災，勞災保險逕行給付給職災者，而其雇主會被追繳職災保費、罰款，以及該職災的所有給付全額。

（5） 社會保險專業代理人制度

日本社會保險制度中設有「社會保險勞務士」（勞務士）的角色，係根據 1968 年頒布《社會保險勞務士法》所設置，主要功能是協助事業單位和勞工代辦社會保險相關業務、諮詢勞動法令和勞務管理問題，自 2007 年起，亦擴及代理勞雇之間的「訴訟外紛爭解決機制」（alternative dispute resolution, ADR）程序，可直接參與勞雇爭議。

勞務士是國家專業的證照人員，考科範圍包含《勞基法》、《勞動安全衛生法》、《勞災保險法》及其他社會保險相關法令等，過去十年來的錄取率均低於 10%；以 2018 年來說，38,427 位受試者中只有 2,413 位合格取得資格（全国社会保険労務士会連合，2018），把關相當嚴格。考試合格者須經兩年實務訓練或半年講習課程，始可登錄於「社會保險勞務士會」而開始執業，該會也開設在職訓練課程，每逢相關法令修正必須強制會員參與研習。勞務士若涉及詐領或剋扣給付、收取不

當報酬等違法行為，除有「社會保險勞務士會」的專業自律，主管機關亦嚴加規範，視情節輕重甚至可取消其執業資格（陳鴻達等，2007）。

勞務士的執業方式分兩種，一種為自行開設事務所（日本稱「開業」），接受投保單位或被保險人的委託，處理社會保險事務；另一種是受僱於企業（稱「勤務」），協助企業處理社會保險事務。當民眾或事業單位有處理社會保險的需求時，除了自行辦理，也可依循合法管道，付費尋求勞務士的協助，由勞務士提供文書製作、代辦、代理申報、答辯、陳述、指導、諮詢等服務。有關勞務士收取報酬的數額，過去「社會保險勞務士會」訂有基準[1]，如今已經廢除，回歸市場機制。

13.3　職災給付內容

職災補償的範圍為因業務所致之「業務災害」，以及因通勤所致之「通勤災害」。給付的項目包括「療養（補償）給付」、「休業（補償）給付」、「傷病（補償）年金」、「障害（補償）

---

[1]　例如，代理事業單位新申請加保勞災保險，依受僱者人數以 5 萬日圓起算；代理職災勞工申請勞災保險給付，一件為 3 萬日圓，若案情複雜或情況緊急等狀況可另行協議，建築、造船、林業等高危險行業亦有最高加成 50% 的規定。填具職業安全衛生文件亦各有價碼，如「勞工死傷病報告」一份為 2 萬日圓（陳鴻達等，2007）。

給付」、「看護（補償）給付」、「遺族（補償）給付」、「喪葬補助」以及「健康檢查給付」。「業務災害」的給付均有「補償」一詞，而「通勤災害」則僅稱給付，但兩者內容額度均相同。

（1）療養補償給付

目的在於協助職災者持續醫療，職災者不須負擔任何醫療費用，給付期間由醫療專業者判定，至身心健康復原為止，並無時間限制。職災醫療給付的內容包括門診、手術、住院、藥品、照護、牙醫、復健、復健設備，比健保更廣。若職災者至「勞災保險指定病院」就診，採實物給付（benefit in-kind）、無償治療；若至非指定病院就診，則於事後由本人向勞動基準監督署提交申請書，申請現金給付。若職災者的居住地點或工作地點至就醫地點單程距離在 2 公里以上但未滿 4 公里，或 4 公里以上且居住地點或工作地點行政區內無適合的醫院，則可申請就醫的交通費。

通勤災害勞工第一次就醫花費必須大於 200 日圓始能支領。他們可以在勞災保險、健保和強制汽車保險中三者擇一支領。一般而言，民眾會優先選擇強制汽車保險、其次才是勞災保險或健保（Ishii & Hayashi, 2010），反映各保險提供的給付額度之差異。

療養給付的請求時效為 2 年，自提出申請至獲得給付的期程一般約為 1 個月。

（2）休業補償給付

職災者因傷病而無法工作期間的薪資補償，可請領休業補償給付。職災發生後的前三天，雇主須依《勞基法》支付「基礎日額」的 60%，第四天開始則轉由勞災保險給付。

休業補償給付和休業特別支付金額度，分別為「基礎日額」的 60% 和 20%（共 80%）。「基礎日額」乃以職災發生前三個月的平均薪資做計算，但依職災者的年齡分組，設有上下限（厚生勞働省，2017）。若職災者因就診而僅在部分時間出勤工作，仍可請領休業給付，請領額度為「基礎日額」減掉實領薪資後的六成。

休業補償給付的申請流程，必須由勞工本人填寫表單，並由雇主、醫師在申請書上填寫證明，向勞動基準監督署申請。不過雇主的說明或證明並非必要條件，亦即，若雇主因故未填寫該表單，勞工仍可註明原因後送件。請求時效為 2 年。一般而言，從送出申請至獲得支付與否的時間大約 1 個月。

（3）傷病補償年金

在職災發生之後的第 1.5 年，若職災者的傷病尚未治癒但症狀穩定且失能程度較嚴重，勞工可向勞動基準監督署申請「傷病補償年金」。可以提出申請的時間是職災滿 1.5 年的一個月內，或其後的每年一月。依據勞動基準監督署的判斷，若失能

程度符合傷病等級第 1 至 3 級，則可從「休業補償給付」改發額度較高的「傷病補償年金」。第 1 至 3 級的職災者分別可領取 313、277、245 日「基礎日額」（災前三個月的平均每日經常性薪資）的傷病補償年金，及同樣日數「計算基礎日額」（災前一年獎金總和之平均）的傷病特別年金，且另有傷病特別支給金（一次金）。此外，必要的療養（醫療）給付仍會另外發給。

　　「休業補償給付」和「傷病補償年金」的調整，與《勞基法》中的「解僱限制」是連動的。因為一旦勞災勞工改領「傷病年金」，在治療期間滿第 3 年開始，雇主就不再受到「解僱限制」的約束；但若在 1.5 年的判定時間點未符合「傷病補償年金」要件，仍持續領「休業補償給付」，雇主就不能任意解僱勞工（富田朗，2016）。

（4）障害補償給付：包括障害年金與一次金

　　職災者經治療症狀固定，但留有一定程度失能時，可申請「障害補償給付」。在醫療專業評估下，障害等級 1 至 7 級的重度失能者，可領取「障害補償年金」和「障害特別年金」；除非失能狀況有所改變，否則障害年金通常持續終身，或直至可領取老年年金的年齡。「障害補償年金」和「障害特別年金」的基礎日額，和傷病補償一樣，分別以災前三個月的經常性薪資平均和災前一年的獎金平均做計算；其給付日數乃依據失能

程度做計算，不受工作年資或投保年資的影響。障害等級屬 8
至 14 級的輕度失能者，則可領取「障害補償一次金」和「障害
特別一次金」。

障害補償給付是由勞工本人直接向勞動基準監督署提交申
請書，請求時效為症狀固定次日起的 5 年內。受理申請後，通
常 3 個月會獲知認定結果並開始獲得給付。

（5）看護補償給付

申請者必須同時符合以下四個條件：（1）符合「傷病補償
年金」第 1 級或第 2 級、留下嚴重腦功能障礙及身體功能障礙，
並需要進行日常或隨時看護者；（2）目前正接受私營的收費看
護服務或來自親屬、朋友或熟人的看護照顧者；（3）尚未入住
醫院或診療所者（住院或入住老人安養機構期間不可支領）；
（4）尚未申請老人保健給付者。

給付內容（2013 年 4 月 1 日至今）可分為：（1）常規看護：
每月可領取 5 萬 6,600 至 10 萬 4,290 日圓；（2）隨時（臨時）
看護：每月可領取 2 萬 8,300 至 5 萬 2,150 日圓。無論聘僱專人
或由親友自行照護，均採實報實銷。親友自行照護者，如未支
出花費，或支出花費未及前述下限，至少可領取下限金額。

看護給付亦由本人直接向勞動基準監督署提交申請書。申
請時效為開始接受看護的次月 1 日起 2 年內。

（6）遺屬補償給付：包括遺屬年金與遺屬一次金

　　遺屬給付原則上發給年金，受領順位為配偶、子女、父母、孫、祖父母、兄弟姊妹等；其中除遺孀（妻子）外，多數有年齡或本身失能狀態的條件要求。在配偶部分，給付期間通常至該配偶死亡或再婚為止（但受領者若為丈夫，除非其本身也有一定失能，否則僅給付至 60 歲）；在子女部分，基本上給付到成年（18 歲後的第一個 3 月 31 日）為止。

　　遺屬給付年金的計算方式，依據符合受領條件的遺屬人數調整，為每年 153-245 天不等的「基礎日額」與「計算基礎日額」（其定義與傷病補償年金和障害補償給付相同）。如受領遺屬不符受領條件，則按照同樣的順位，發給遺屬補償一次金，額度為 1,000 天的「基礎日額」與「計算基礎日額」。此外，無論年金或一次金，都另有一筆 300 萬日圓的遺屬特別支付金。

　　遺屬給付的時效為職災者過世 5 年內。遺屬在提出申請時，須附上死亡診斷報告、親屬關係證明文件，以及親屬仰賴死者以維持生計的證明。受理申請後，一般 4 個月左右開始給付。

（7）喪葬給付

　　「喪葬給付」為一次性給付，包含一筆定額金（31.5 萬日圓）外加 30 天基礎日額的額外金。但給付總額若不足 60 天的

基礎日額，則以 60 天基礎日額計之。申請方式由遺屬向勞動基準監督署提交申請書，申請時效為職災者過世後 2 年內。

（8）健康檢查給付

根據日本《勞動安全衛生法》第 66 條，受僱者就職前須接受雇主安排的職前健檢，在職期間須接受例行職業健檢；若從事高風險作業，則必須每 6 個月接受一次特殊健檢。勞工健康檢查的費用由雇主支付。

對於曾從事特殊危害作業的已離職工作者，地方政府（各都道府縣）勞動局須依《勞動安全衛生法》第 67 條發給「健康管理手冊」，並由地方政府安排至指定醫療機構，接受定期健康檢查，此部分費用由勞災保險基金支付。

此外，勞工若在事業單位安排的例行健檢中發現有血壓、血脂、血糖等心腦血管風險因子異常現象，為了避免腦心血管疾病發作，可在得知結果後 3 個月內申請「二次健康檢查」，至指定醫院接受免費的腦心血管及心臟檢查，並接受特殊保健指導。此部分費用亦由勞災保險基金支付。

13.4 職災認定與爭議審議程序

職災的認定和給付處分，乃由勞動基準監督署的勞災課負責。該課課長屬於經國家公務員試驗合格的「厚生勞動事務官」，此外還設置了「勞災認定調查官」、「勞災保險給付調查官」和「勞動保險適用指導官」等職員。

當勞災勞工或家屬將申請書送交後，首先勞災認定及勞災保險給付調查官會針對文件資料進行形式審查（如要求補正需要的文件）與內容審查，也會對勞工、雇主、醫師或其他必要人員分別進行訪談，如有必要也會實地審查，最後做出給付（支給）與認定（承認）與否的決定（厚生劳働省，2006）。給付決定是職員做成，課長確認，最後由署長裁決。

若不服，可於收到原處分60日內向都道府縣勞動局的「勞動者災害補償保險審查官」申請「審查請求」。若再不服，則可在收到審查決定書60日內向厚生勞動省「勞動保險審查會」申請「再審查請求」。勞動保險審查會是由厚勞省官員和醫療及法律專家等共三人組成，近年來提出再審查請求者每年均有五、六百件。最後還是不服，則須向法院提出撤銷處分之訴。

13.5　災前預防與災後重建

職業災害與傷病的預防，由厚勞省勞動基準局負責。另有民間法人組織「中央勞動災害防止協會」（簡稱中災防，Japan Industrial Safety and Health Association, JISHA）、各業「勞動災害防止協會」與上百個會員團體，共同執行職災預防相關業務。

有關職災者的治療、復健與復工業務，則由厚勞省設置的獨立行政法人「勞動者健康安全機構」（Japan Organization of Occupational Health and Safety, JOHAS）負責。此行政法人之下設有勞災病院、勞災看護專門學校、醫療復健中心、脊髓損傷中心、產業保健總合支援中心、勞動安全衛生總合研究所、日本生物危害研究中心等機構（朱金龍，2014；劉立文、許繼峰，2009）。

13.6　職業傷病補償狀況

日本厚生勞動省網站公布職業傷病統計資料，有「勞動者死傷病報告」（死亡或休業 4 天以上職災）、「死亡災害報告」（致死性職災）及「業務上疾病發生狀況」（職業病）等類型之歷年案件數（厚生労働省，2018a）。上述數據，是依《勞動安全衛生法》第 100 條及《勞動安全衛生規則》第 97 條，強制雇主須向各地勞動基準監督署通報造成死亡及失能 4 天以上的

傷病，並由厚勞省勞動基準局彙整。歷年數據呈現於表 13.2（厚生勞働省，2018a）。

（1） 致死性職災

依據「死亡災害報告」的雇主通報資料，2016 年共有 928 件致死性職災，發生率為每十萬人中 1.65 件，較不少歐美國家更佳（詳見第 2 章），顯示日本職場安全已臻相當水準。

表 13.2　日本職業傷病發生狀況：2009-2016 年

年	勞災保險涵蓋人口	失能 4 日以上職災（含致死性職災）	致死性職災		職業病	
			件數	職業病補償率（/10 萬）	件數	職業病補償率（/10 萬）
2009	52,788,681	105,718	1,075	2.04	7,491	14.19
2010	52,487,983	107,759	1,195	2.28	8,111	15.45
2011	52,741,870	114,176	1,024	1.94	7,779	14.75
2012	53,236,873	119,576	1,093	2.05	7,743	14.54
2013	54,294,921	118,157	1,030	1.90	7,310	13.46
2014	55,408,173	119,535	1,057	1.91	7,415	13.38
2015	56,293,670	116,311	972	1.73	7,368	13.09
2016	56,292,319	117,910	928	1.65	7,361	13.08

本表由作者整理製作。

（2） 4 天以上失能職災（含致死性職災）

依據「勞動者死傷病報告」的雇主通報資料，2016 年共有 117,910 件失能 4 日以上之職災（含致死性職災）。依據事故類型（傷害機轉）區分，占比較大者，依序包含「轉倒」（翻覆）（27,152 件，23.0%）、「墜落」（20,094 件，17.0%）、「不正確姿勢動作」（15,081 件，12.8%）、「夾捲傷」（14,136 件，12.0%）、「道路及其他交通事故」（8,213 件，7.0%）、「切傷擦傷」（8,117 件，6.9%）。

（3） 職業病

日本的職業病統計資料，主要來源有二：（1） 如前所述，厚勞省公布於網頁的「業務上疾病調查」，是由勞動基準局彙整雇主強制通報資料而得（厚生労働省，2018c）；（2） 勞災保險給付資料，但並未公布上網，是由日本關注職業安全健康的民間團體，依照《資訊公開法》向政府申請取得（全国労働安全衛生センター連絡会議情報公開推進局，2015a，2015b；厚生労働省，2009）[2]。

---

[2] 本文藉「全國勞動安全衛生中心聯絡會議」古谷杉郎事務局長取得相關資料，特此致謝。

　　比較表 13.3 中兩種來源的職業病數據，可發現二者有所落差。以 2013-2015 年為例，勞災保險給付案件數，皆較勞動基準局彙整的案件數多約 1,500 件左右。

　　其中，「業務上負傷起因之疾病」（即職傷轉職病）以勞基局彙整數據為多，「物理性疾病」、「化學性疾病」、「粉塵吸入造成疾病」、「病原體造成疾病」兩者數字相近，但「身體過度負擔之作業態樣起因疾病」（職業性肌肉骨骼疾病）、「職業性癌症」、「職業性腦心血管疾病」、「職業性精神疾病」則以勞災補償資料較多。

　　補償與通報的落差，成因為何？通報的法源依據，為《勞動安全衛生規則》第 97 條，規定勞工在工作中因職災事故、傷害、窒息、急性中毒而死亡或「休業」（暫時無法工作），雇主應即刻向所轄之勞動基準監督署通報。因此，通報義務對應的是立即性的預防措施，勞檢強制介入，以改善工作環境，以免憾事重演。相對地，勞災保險分攤了雇主個人的補償責任，可能較有效減少低報。且潛伏期長（甚至退休後才發作）的慢性疾病（如職業性癌症），或爭議性較高的過勞疾病（腦心血管及精神疾病），往往是通報機制中較難以呈現的。因此，無論學界或實務上，咸認為勞災保險數據較精確可信。然此一資料並未於勞災保險業務年報等資料中公開、增加資料可及性，應是日本職災補償制度可改進之處。

　　檢視 2015 年勞災保險數據，最大宗乃屬於「業務上負

表 13.3　日本勞災保險與雇主通報之職業病類型與件數：2013-2016 年

	2013		2014		2015		2016*
	勞災保險	雇主通報	勞災保險	雇主通報	勞災保險	雇主通報	雇主通報
總計	8,872	7,215	9,141	7,392	8,574	7,368	7,361
業務上負傷起因之疾病	4,261 (48.0%)	5,253 (72.8%)	4,511 (49.3%)	5,445 (73.7%)	4,204 (49.0%)	5,339 (72.5%)	5,598 (76.0%)
物理性疾病	879 (9.9%)	776 (10.8%)	708 (7.7%)	642 (8.7%)	692 (8.1%)	695 (9.4%)	704 (9.6%)
身體過度負擔之作業態樣起因疾病	1,221 (13.8%)	260 (3.6%)	1,406 (15.4%)	420 (5.7%)	1,323 (15.4%)	419 (5.7%)	312 (4.2%)
化學性疾病	218 (2.5%)	221 (3.1%)	228 (2.5%)	205 (2.8%)	192 (2.2%)	256 (3.5%)	225 (3.1%)
粉塵吸入造成疾病	448 (5.0%)	334 (4.6%)	438 (4.8%)	263 (3.6%)	329 (3.8%)	251 (3.4%)	210 (2.9%)
病原體造成疾病	160 (1.8%)	182 (2.5%)	142 (1.6%)	202 (2.7%)	186 (2.2%)	201 (2.7%)	125 (1.7%)
職業性癌症	939 (10.6%)	6 (0.1%)	933 (10.2%)	6 (0.1%)	922 (10.8%)	3 (0.0%)	3 (0.0%)
職業性腦心血管疾病	306 (3.4%)	0 (0.0%)	277 (3.0%)	75 (1.0%)	251 (2.9%)	73 (1.0%)	78 (1.1%)
職業性精神疾病	436 (4.9%)	0 (0.0%)	497 (5.4%)	39 (0.5%)	472 (5.5%)	57 (0.8%)	65 (0.9%)
其他	4 (0.0%)	183 (2.5%)	1 (0.0%)	95 (1.3%)	3 (0.0%)	74 (1.0%)	41 (0.6%)

本表由作者整理製作。資料來源：（全国労働安全衛生センター連絡会議情報公開推進局，2015a, 2015b；厚生労働省，2009）

* 未取得 2016 年勞災保險職業病給付資料

傷起因之疾病」，歷年均佔整體職業病一半左右（4,204 件，49.0%），也就是長期未癒或惡化之職傷轉列為職業病。在國際上，這一分類較少見，通常都直接歸於職傷的範疇。而負傷起因疾病中，以負傷造成的腰痛最多，佔七成左右（2,950 件，70.2%）。

次之則是「身體過度負擔之作業態樣起因疾病」（職業性肌肉骨骼疾病）（2015 年 1,323 件，15.4%）；若與「業務上負傷起因之疾病」合計，已佔全體職業病六成五左右。職業性肌肉骨骼疾病中，為數較多者包含：重複性動作和過負荷業務造成的「上肢障害」（787 件）、振動造成的疾病（276 件）與非災害性的腰痛（39 件）。

職業性癌症約佔所有職業病的一成左右（2015 年 922 件，10.8%），其中 97% 以上為石綿造成的肺癌（363 件）與惡性間皮瘤（539 件）。其餘職業性癌症，依暴露型態與癌症類別共分為二十餘種，但都僅有零星個位數的補償件數，甚至多半掛蛋。這或許並不代表石綿是日本唯一值得重視的職業致癌因素（儘管根據它在東亞國家的耗用量，潛在造成疾病的機會確實頗為可觀）。較持平的解讀，是石綿相關疾病因過去的社會運動、訴訟和媒體輿論而受到矚目，在職災補償體系中被低估的情況相對較輕微，然而其他職業暴露相關的癌症卻還只是暴露出冰山一角。

其他主要職業病類型包含：「物理性疾病」（692 件，8.1%）

中的「異常溫度疾病」（含中暑、熱傷、凍傷）（366件）與「噪音造成聽力損傷」（291件），以及隨產業型態變化而呈逐年減少趨勢的「粉塵吸入造成疾病」（塵肺症）（2015年329件，3.8%）。新興的過勞相關疾病中[3]，精神疾病（472件，5.5%）和腦心血管疾病（251件，2.9%）也佔有不可忽視的分量。

13.7　日本勞災保險的獨特性

現代日本社會制度受德國為首的歐陸國家影響甚深，勞災保險亦是如此，但德日兩國的職災保險制度仍有微妙的差異。

首先，日本和德國一樣，也陸續發展出五大社會保險，涵蓋社會安全的每一角落，保障國民生老病死的不同需要。不過，相較於德國社會保險法源集中於《社會法典》，日本五大社會保險雖皆由厚生勞動省主管，法制規範卻是分立的，顯得較為零散。

其次，日本勞災保險並未限縮職災者行使民事訴訟的權利，而是採行職災補償和民事損害賠償的「併行主義」。德國則排除雇主的民事賠償責任，將雇主責任完全社會保險化。

---

[3]　雖然過勞疾病在日本的認定已有歷史，但在勞災保險的主報表中，是自2010年才從「其他」類別獨立出來，常規提供相關數據；通報資料更是從2014年開始才有記載。

其三，日本勞災保險屬「單一保險人」制，由政府主導。而在德國，各產業、地區都有各自的勞災保險機構，形成「多元保險人」制度，且保險機構由勞資雙方共同經營，國家扮演較次要的監管角色。

其四，具有公務員資格的勞檢官，是日本勞災保險調查和認定的核心人物。德國災害保險則由保險機構進行認定。日本勞災保險並未與預防和重建機制整合，而是另設法人組織從事相關事宜。相反地，德國災害保險機構的勞檢機制是連結補償與預防的重要機制，而「災害保險諮詢醫師」和個案管理專員，更是將災害保險與復健復工結合的樞紐。

最後，就職業病的主要類型而言，德國以噪音引起的聽力損失、職業呼吸疾病和職業皮膚疾病為大宗，日本以肌肉骨骼疾病、職業性癌症較多。有關石綿造成的癌症，包含間皮瘤和肺癌，均佔兩國職業病近 10% 的比例。過勞相關的心腦血管疾病和精神疾病，德國並不認定為職業相關，但日本則有不少案例被認定，顯示職業病的認定與社會脈絡因素息息相關。

總結：尋求社會正義與共同良善

黃怡翎、鄭雅文

14

14.1　職災保險制度的核心價值

14.2　職災保險的制度定位

14.3　改革方向

　　衛生福利部國民健康署與英國倫敦大學健康公平學院合作
撰寫的《台灣健康不平等報告》指出：「農林漁牧業生產人員
和基層技術工與體力工的死亡率，較專業人士高出逾六倍；若
以藍領白領勞工區分，可發現藍領階級勞工，比白領階級勞工
的死亡率高出 84%（邱淑媞 & Marmot, 2017）。

　　然而個人的改變，例如提高知識、改變態度、變換工作或
是改變個人行為，無法消弭結構性的社會不平等。唯有從上游
的社會結構層次「社會致病因素」著手，才能真正消弭下游的
健康不平等問題，而政策、法律制度與社會價值，是造就或消
弭健康不平等的重要結構層次「社會致病因素」。台灣目前的
職災補償制度的混亂與不足，使得勞工無法得到合理的保障，
是惡化勞動族群健康不平等的重要社會致病因素之一。

　　職災保險單獨立法並擴大各業，是主要改革方向。行政院
院會曾於 2014 年 10 月 30 日通過《勞工職業災害保險法》草
案共 67 條，該草案送至立法院審議，但因立法院屆期不續審。
然而從 2014 年的草案內容來看，雖有單獨立法形式，卻未見主
政者對制度沉痾有大幅改革意圖（徐婉寧，2017）。2015 年 11
月，總統候選人蔡英文提出勞動政策，其中「整合現行的相關
法令，將職災保險單獨立法，建構預防、補償、重建體系」為
其勞動政策主張。在職災補償制度改革終於進入政策議程之時，
我們出版本書，無非是希望深化制度改革的相關討論。

14.1 職災保險制度的核心價值

就本書闡述的制度精神與國際經驗，我們認為職災保險制度的改革，不論外在社會經濟條件如何改變，皆應以下述核心價值做為依歸：

・社會正義（social justice）

預防災害的發生，是雇主責任，不幸發生職業傷病，當然應由雇主負擔損害填補責任。台灣現行的職災補償救濟制度，卻時常發生雇主故意規避或無力承擔，或因勞雇關係不明確，或因職業傷病難以界定等諸多問題，造成職災者陷入求償無門的處境。外包制度、臨時聘僱、承攬派遣等彈性化的聘僱模式日益盛行，更讓雇主責任難以究責，導致職業傷病的苦果大都由底層勞動者承擔，顯然是社會不正義的展現。

由工作者承擔職業傷病風險的社會不正義，必須透過公共制度加以矯正，而職災保險制度如何矯正社會不正義？我們認為可從落實雇主責任、保障勞動人權與強化程序正義這三方面思考。

在落實雇主責任上，職災補償制度規範勞雇雙方的權利義務，一方面確保雇主補償責任，另一方面保障職災者補償權益，不需因職災而陷入經濟與社會困境，這是正義的起碼要求。我們認為，職災保險以強制所有受僱者納保、並應要求雇主負擔

全額保費，在社會制度的設計上，應提供職災者完整並具尊嚴的補償與重建服務，作為確保雇主責任履行的機制。

在保障勞動人權方面，須強調每一個人不論其職業身分，均具有平等的道德地位，以此為目的，就應確保每個人在經濟安全、生存權、健康權上的平等保障。人不應被視為工具，勞動的價值，在於有意義的社會互動與自我實現，而不僅止於維持溫飽或累積財富。就此思考，職災的發生，不但損害一個人的經濟安全，也是對其勞動權與健康權之侵犯，因此職災補償的內容與額度，也應從受損權益如何填補作思考，而非僅著眼於如何維繫原有生活。

在程序正義方面，我們認為職災保險制度的設計與運作，應建立有效的民主參與及課責機制，而非僅交於政府官員與少數專家決定。當然，民主參與並非一蹴可幾，首先必須能提升社會大眾對此議題的政策參與能力。

・共善（common good）

作為重要社會政策的職災補償制度，應以什麼樣的「共同良善」作為制度價值？何謂「共善」，或許需要更多公共討論以建立社會共識。對此，我們認為的「共善」，包括正義、平等與互助。我們想望一個不剝削的經濟社會體制，在其中，勞動者的尊嚴受到保障，勞動者的付出受到肯認，經濟成長的果實得以合理共享；發展過程帶來的傷害包括職業傷病問題，被

看見、被設法預防、被共同承擔，此責任不僅由產業經營者承擔，也被包含消費者在內的社會大眾，視為共同責任。

・效益（utility）

在符合前述兩點基本價值的狀況下，職災補償制度亦應基於效益主義觀點，在可限的資源下尋求效益的最大化，但此處的「效益」，必須是聚焦於職災者經濟安全保障與復原過程的效益，而非經濟生產或市場運作的效益。職災補償制度應透過有效率的機制，即時填補職災者的損失，包括健康損失、經濟損失與財產損失，使遭遇災害的勞工及其家庭不至於生活陷入困頓，並有能力與資源面對災後的身心與社會重建。職災補償制度的改革，應思考如何改善制度設計與行政流程，以達到便民與提升行政效率的目的。現行紛亂的法制，顯然造成效益低落問題，亟需進行全面改革。

14.2　職災保險的制度定位

在上述核心價值之下，我們對職災保險制度提出以下制度定位：

（1）無過失原則的社會保險

要職災者透過民事訴訟尋求損害的填補，對於大多數職災者而言，是難以承受之痛，要求個別雇主負擔直接補償責任，難以確保職災者的補償權益，也容易造成職災之後勞雇關係難以維持的對立處境。這是國際間職災補償制度演化至今，以無過失主義取代過失主義，並以社會保險補償取代雇主直接補償的意義所在。職災保險制度強調無過失法理，以社會保險分攤補償責任，目的即在於確保職災者補償權益與社會安全。

（2）落實社會正義

如何避免雇主逃逸補償責任？在雇主責任方面，應落實受僱者全面納保、落實雇主依實質薪資投保並負擔全額職災保費，而補償範圍與額度必須能完整填補職災者所受之損害，並將雇主直接補償責任充分保險化。在雇主職場安全健康上的保護義務上，勞動部應透過其他政策工具例如《勞基法》與《職業安全衛生法》與勞動檢查，確保雇主責任的落實，並應建立職業傷病風險資訊的公開揭露機制，強化社會監督。

就程序正義而言，職災保險制度的設計與運作，包括給付內容、額度、職業傷病認定把關機制的設計、資源使用與配置、資料揭露等等環節，不應僅交由少數專家決定，而應建立有效

並公開透明的民主參與與課責機制，尤其是最受影響的工作者與職災者，應有實質參與機會。

（3）修復工作者受損權益

職災問題的本質，是工作者健康權、工作權與社會權受到侵犯的問題，因此職災保險的改革，不能僅止於工作者經濟收入損失的填補，而應思考如何完整修復受損的權益，也因此，職災保險必然需要納入災後重建與權益修復機制，包括身心健康的恢復、社會功能的重建、就業權的保障，乃至於工作者尊嚴的回復（ILO, 2013b, 2017；黃越欽等，1995）。

（4）消弭不平等的社會安全網

如國際經驗來看，可觀察到職災保險已成為工作者的社會安全網（ILO, 2013, 2017）。如同 ILO 報告書所強調的精神（見第 4 章），涵蓋所有工作者的強制性社會保險，較能處理不同階級與不同世代的職業傷病風險，具有促進社會團結的效果，也較能照顧到非典型勞動型態工作者的職業傷病風險。

具體而言，職災保險基於社會互助與風險分攤原則，由雇主共同集資並輔以國家稅收挹注，以大水庫概念匯集基金，並以交叉補貼方式，確保弱勢族群的職災補償權益，有助於促進

社會平等與社會團結。職災保險制度改革，應思考如何擴大適用各業，建立所有工作者的社會安全保護網，並應思考如何避免因工作者受僱與否的身分差異而造成的制度性排除。

14.3　改革方向

現行職災補償制度之規定分散於《勞基法》、《勞保條例》與《職業災害勞工保護法》，各個法律之間彼此連動影響，造成諸多問題。借鏡國際趨勢與其他國家經驗，我們認為應以社會保險制度為主，儘速建立單一法源與單一行政體系，並參考國際公約與其他國際經驗，將預防、補償、重建三個環節予以緊密結合。我們認為職災保險制度的改革應包含以下重點，整理於表 14.1。其中主要項目進一步闡述於下。

（1）全面納保並擴大適用各業

職災保險應擴大各業並全面涵蓋所有工作者。就僱主責任面向而言，不分職域、事業單位規模或契約長短（如臨時、短期僱用等），只要是受僱者，均應被納入職災保險的強制納保範圍，並應由僱主全額負擔保費，作為僱主責任的履行。對於臨時性或不穩定僱用關係下的受僱者，應設置簡便的加保程序，

表 14.1　職災保險制度的改革重點

類別	項目	改革重點
保險人與被保險人	保險人	設立專責單位，負責辦理職災保險業務。
	投保單位	1. 全面適用各業，僱有 1 人以上員工的事業單位皆屬強制納保範圍。 2. 針對自然人雇主，設立簡化及便利之加保程序。 3. 營造業以工程發包者為投保單位，針對所有出入工地範圍的工作者提供職災保險。
	被保險人	擴大納保範圍。除上述強制納保之被保險人外，自營作業者、實際從事勞動之雇主、農業工作者、志工、實習生、參與職訓等從事類勞務工作者，均可自願加保。
保險效力	保險生效起算	強制納保對象以「法定債」模式取代現行「申報制」，勞工一旦受僱，保險效力即為生效；雇主違法未納保者，除加以裁罰外，另追繳保費及保險給付金額。
保險財務	投保薪資	1. 提高現行投保金額上限，趨近於勞工實際投保薪資。 2. 部分工時者、兼職者及臨時工，其實際薪資低於基本工資者，仍以基本工資投保，以保障災後補償水準。
	保險費率	評估給付內容並一併考量災前預防及災後重建之費用，進行合理精算費率。
	保費負擔	全額由雇主負擔。

接前頁

類別	項目	改革重點
保險給付	醫療給付	擴大給付內容，不受限於健保給付項目，增列包括整形、牙齒矯正、輔具、醫療相關之交通運輸費等必要支出。
	暫時失能給付	1. 提高現行傷病給付水準，針對醫療期間不能工作期間之薪資，給予全部補償。 2. 給付之發放與復工評估機制連動，以協助勞工妥善復健復工，並避免因不當復工而導致傷病惡化。
	永久失能給付	1. 針對中重度失能程度，增列部分失能年金；對於失能程度較低者可維持一次金給付。 2. 年金之計算考慮其所得替代與生活照顧所需，不將年資納入計算。
	死亡與失蹤給付	1. 遺屬年金計算，不將年資納入計算。 2. 未符合年金條件之遺屬，可請領死亡給付一次金，給付標準與《勞基法》同。
	其他：照顧補助、輔具、離職後健檢	1. 於公傷病假期間或已達失能程度者，如經評估生活無法自理，提供看護或其他生活補助。 2. 針對失能者，提供輔具補助。 3. 針對從事高風險作業之工作者，建立離職或退保後的健檢追蹤制度。

接前頁

類別	項目	改革重點
職業傷病的通報與認定	通報機制	1. 整合並強化通報機制，增列醫療機構通報義務。 2. 提撥預算給一定規模以上之醫療院所，以配置職災個案管理人員，協助職業傷病的認定與通報。 3. 經通報並認定為職業傷病個案時，由保險人通報至勞動主管機關，結合個案管理服務，提供職災者必要之協助。
	調查與認定機制	1. 連結勞動檢查與職場監測系統，透過公權力主動協助勞工調查及蒐集舉證資料。 2. 建立單軌化的認定機制，如有爭議，則依序進入爭議審議、訴願及行政訴訟等救濟管道。
	鑑定機制	建立專業鑑定機制，透過專業鑑定報告資料，提供認定單位作為認定之參考資料。
重建與預防	預防及重建法人	1. 設立法人機構，專責推動職災預防及勞工重建業務。 2. 設立法制化之職業傷病防治中心及勞工健康服務中心，取代現行計劃型委託辦理模式。
	經費	由保險基金固定提撥一定比例，辦理預防及重建工作
	重建範疇	1. 包含職能重建、職業重建及社會重建。 2. 課以雇主應協助職災勞工復工之義務。
	預防工作	1. 定期監督雇主職災預防工作，作為調整職災保費之依據。 2. 針對補償統計資料進行分析，作為擬定預防政策之參考。
	職業災害個案管理服務	建立職業災害個案管理服務制度，並設置充足的個案管理人員，提供職災勞工完整服務。

接前頁

類別	項目	改革重點
監督機制	資訊公開與社會參與	定期公開職業傷病認定資訊及統計，包含認定和鑑定報告書、傷病類型、發生地點、產職業類型、投保單位屬性、調查得知的傷病發生原因、認定通過與不通過的理由、補償狀況等，以利社會監督，並促進社會信任與公共對話。

本表由作者整理製作。

讓受僱於自然人雇主之勞工得以參加職災保險。

保險身分之確認，應改採「法定債」之認定方式，取代目前的「申報主義」。也就是說，只要勞工符合受僱條件，保險資格便已成立，一旦發生災害，即可取得給付，即使雇主未依法申報或漏繳保費，或受僱者沒有合法的工作契約，也不影響被保險人的法定權益。至於應加保而未加保，應予以重罰，一旦發生職災，由保險人（勞保局）逕行補償職災者，並直接向雇主求償，以確保雇主責任之落實。

對於外包、承攬等不穩定僱用模式盛行的營造業勞工，可參考日本制度，設計類似「工地險」模式的加保程序，以事業單位為被保險人，一旦該事業單位或其承包商發生職業傷病，不論僱用模式，均受到職災保險的保障。

實際從事工作的雇主、自營作業者、實習生、志工、參與職訓者等工作者，亦應納入職災保險的保障範圍。已退出職場

但仍可能發生職業病的族群，亦應視為職災保險的保障族群。
針對大多數屬自僱自營的農業工作者，應將 2018 年 5 月 18 日
三讀通過的《農民健康保險條例》增列之農民職災保險，一同
整併納入《職災保險法》範圍，使農業工作者之保障更加完整。

（2）完整保障

現行制度下，給付額度過低難以維持生活，是許多職災者
災後生活處境的寫照。職災保險的改革重點，在於充實保障內
容，以確保職災者補償權益。

在醫療給付方面，不應囿於健保給付項目，而應增列必要
之職業傷病醫療費用，包括整形、牙齒矯正、輔具，以及醫療
相關之交通運輸費。

在不能工作期間的暫時失能給付，應有合理的所得替代率，
以保障職業傷病勞工原有的生活水準，同時也減少勞雇衝突。
除此之外，在此階段也應落實職業傷病勞工的失能評估，並依
據失能狀況對個別勞工作妥善的復健復工規劃，同時提供適當
復工之誘因，以避免不當復工導致傷病惡化。

在永久失能給付方面，參考國際經驗，對於永久失能職災
者之給付方式分為「身體損傷程度」與「工作能力喪失程度」
兩大類；大多數國家對中重度失能者提供年金給付，其額度依
失能程度訂定，但失能年金不應限於「終身無工作能力」者才

可請領。我們建議，對於嚴重程度較高但未達「終身無工作能力」的失能者，應增列部分年金選項，作為職災後薪資減損之差額補助；此外，失能勞工應有個案管理人員定期追蹤評估，並依照失能程度調整「部分失能年金」。對於失能程度較低的職災者，則可維持一次金給付。

考量職災者在公傷病假期間或已達失能程度者，可能有特別照顧之需求，因此，應增列看護補助，提供生活無法自理之職災者照顧保障。不論是遺屬年金或失能年金之計算，皆應以其實際薪資作為計算基礎，不應因其投保年資長短而影響給付水準。職災保險提供的經濟安全保護，除了應避免落入「現金一次買斷」方式，應建立制度以提供持續性的生活照顧與復健復工服務。

曾經從事高風險作業但已離職或退保的工作者，是罹患慢性職業病的高風險族群，但在現行制度下毫無保障。我們認為有必要參考日本制度，以職災保險基金建立離職後健檢追蹤與醫療照顧機制，以合理填補職業病患者的健康損害。

（3）健全保險財務：投保薪資、費率與保費分攤比例之設計

在投保薪資方面，過去因在勞保框架下，配合老年年金制

度的保障邏輯，訂定投保薪資上限，目前僅 45,800 元，按主計總處《107 年人力運用調查報告》針對受僱就業者每月主要工作之收入統計顯示，每月薪資收入 44,999 元以下者佔 75%，這表示仍有約四分之一的受僱者薪資高於投保薪資上限，一旦發生職災，將影響其給付金額水準。我們認為應提高投保薪資上限，貼近實際薪資，以保障高薪工作者補償權益，解決所得替代率不足問題，同時亦可降低雇主災後財務壓力。另外依照目前投保薪資級距，若為部分工時勞工，最低投保下限為 11,000 元，一旦發生職災，給付金額水準過低，難以維持生活，故應提高投保薪資下限至基本工資，以保障部分工時、臨時工、兼職工的補償權益。

在保費費率方面，環顧國際，大多數國家的職災保費大多在 1% 以上，台灣勞保職災保險平均費率卻僅 0.21%，遠低於其他國家，且仍逐年調降，造成給付趨於保守。我們認為職災保險費率應予以調高，其計算方式須一併考量災前預防及災後復健復工費用，並依據保險財務精算報告，訂定合理法定費率範圍。費率的計算方式除一般的「定額費率」（如上下班通勤災害費率）與「經驗費率」（行業別災害費率）之外，是否應再輔以「實績費率」（merit rate），也是國際上常見的爭議。「實績費率」是依個別事業單位的職災發生率，調升或調降未來的保費。其制度設計的目的，是希望透過經濟誘因，促進個別事業單位投入職災預防。然而根據 ILO 的研究，在勞動檢查機制

較差、職災通報率較低落的地區,「實績費率」制反而使雇主更加蓄意隱匿職災。如何透過保費的設計,促使職災預防更積極有效落實,並減少職災通報的隱匿狀況,有待更多政策討論。

此外,由於目前實務上違法高薪低報的問題相當普遍,除了透過勞保局積極查核外,一旦發生職災後,確認為高薪低報者,保險人應以實際薪資標準逕行給付,而針對未核實投保之雇主除予以裁罰外,其中應繳之保費及給付金額之差額,應由保險人向雇主要求返還,以保障職災勞工權益及落實雇主責任,同時維護職災保險基金之運作。

(4)職業傷病的通報與認定

如第 8 章所提出,目前職業傷病認定的雙軌制度造成混亂,應改採單一程序。職業傷病的審查與爭議審議過程,亦應輔以有良好的調查與專業鑑定機制,並連結勞動檢查與職場監測系統。

參考國際經驗,德國的職災保險制度設有「個案管理員」,在職災發生之後,協助職災者處理醫療照顧、補償、社會心理復健與職業重建,扮演居中協調的重要角色(見第 12 章);日本則設有專業代理人機制,透過設置「社會保險勞務士」協助職災勞工申請相關保險給付(見第 13 章)。我們認為應參考德國制度,由保險基金提撥經費,積極強化職災個案管理服務制

度,串聯醫療復健、社會復健與職能重建。由於大多數職災者首先進入醫療體系,我們建議職災保險基金應提撥經費,讓一定規模以上的醫療院所配置充足的個案管理人員,以降低職災者進入職災補償體系的障礙。

至於是否仿效日本設置社會保險代辦制度,則有待商榷,因為代辦服務雖有其市場需求,但即使在合理規範與資訊公開的前提之下,由職災者承擔代辦服務成本的制度設計將使原本就不足的給付再被剋扣,顯然有失公平。

我們也建議改善職業傷病通報機制。經通報並認定為職業傷病個案時,應由保險人主動通報至勞動主管機關,並由勞動主管機關造冊,轉知各地方政府,並結合個管服務,提供職災者必要之協助。針對職業災害勞工之職業重建、職業輔導評量等相關業務,應有專責機構辦理,並且建立完善的個案管理機制,協助職災者重返職場。政府也應持續對勞工加強如何使用相關制度的教育宣導,並應提供醫療院所必要資源,協助職災者取得必要的法律與行政協助。

(5)重建與預防

目前政府將職災預防與重建等核心業務,包括職業傷病防治中心、勞工健康服務中心等,以年度計畫方式,委託不特定的民間機構辦理,造成業務工作無法持續、人才難以久任、專

業無法提升、技術經驗無法傳承等問題。反觀日本與韓國，皆以職災保險基金設置公法人機構負責職災補償與預防重建工作。我們認為政府應以職災保險基金設置公法人機構，專責推動職災預防與重建工作，並應設置足夠的專業人力編制，以提供完整的職能重建、職業重建及社會重建服務，同時應課以雇主協助職災勞工復工之義務。針對防治中心及健康服務中心之設置應法制化，取代計畫型政策的不確定性，方能建立完善的職災者保護機制。

有關職業傷病的預防，應透過《勞基法》與《職業安全衛生法》落實雇主安全健康管理責任。職災保險制度基於降低保費支出的考量，保險人應定期監督雇主職災預防工作的表現，以作為調整職災保費的依據，並且應以職災保險基金的總支出預算作為基礎，每年提撥一定比例用於推動職業傷病預防工作。針對特定風險族群辦理勞工特殊健檢，且不論轉職或退休後，仍應持續追蹤，以期早期發現職業傷病問題。保險人並應針對補償統計資料進行分析，作為預防政策之參考。

（6）資訊公開與社會參與

目前關於職業病認定與鑑定，外界難以得知決策依據。資訊不透明的作法，讓社會外界質疑其運作的公信力。職業傷病的認定資訊及數據，包含認定和鑑定報告書，以及申請者的傷

病類型、發生地點、產職業類型、投保單位屬性、調查得知的傷病發生原因、認定通過與不通過的理由、補償狀況等，應該公開揭露，以昭公信、便於監督，並促進社會互動。公開透明的資訊除了使勞工權利救濟具備可期待性與一致性，也可促進社會信任與公共對話，進而促進專業與政策實務的良性互動。

《世界人權宣言》明白揭示：「人人工作時，有權享受公平優裕之報酬，務使其本人及其家屬之生活足以維持人類尊嚴，必要時且應有他種社會保護辦法，以資補益。」尊嚴勞動是基本人權的一環，但長期以來經濟掛帥的思維下，勞動者成為未能發聲的犧牲者。職災補償制度的設計，反映出社會如何看待勞動階層的態度，亦是檢視社會公平正義的指標。重新建立合理的職災補償制度，是當前社會必須共同面對的課題。

參考文獻

中文文獻

工作傷害受害人協會（2013）。*拒絕被遺忘的聲音：RCA 工殤口述史*。台北市：行人。

中央社（1968，5 月 27 日）。改進工業衛生 世衛專家向我提出十項建議。*經濟日報*。

中華民國工業安全衛生協會（2010）。*中華民國工業安全衛生協會五十週年紀念特刊*。台北市：中華民國工業安全衛生協會。

王佳雯、鄭雅文、李諭昇、徐儆暉（2010）。職場社會心理危害調查監測制度之國際概況。*台灣公共衛生雜誌，29*（6），551-560。

王琪（2007）。俾斯麥與 1878 年〈反社會主義者法〉的頒布。*成大歷史學報，33*，119-158。

王嘉琪（2007）。*勞保制度下職災勞工傷後面臨之困境研究*（未出版碩士論文）。台北市：國立台灣大學衛生政策與管理研究所。

王嘉琪、鄭雅文、王榮德、郭育良（2009）。職災補償制度的發展與台灣制度現況。*台灣公共衛生雜誌，28*（1），1-15。

王榮德、潘致弘（2014）。*我國職業性癌症推估模式之研究*。台北市：勞動

部勞動及職業安全衛生研究所。

王榮德、鄭尊仁、杜宗禮（2008）。環境職業醫學。載於陳拱北預防醫學基金會（主編），*公共衛生學（下冊）*（修訂四版）（第 37 章）。高雄市：巨流圖書。

古允文（2001）。平等與凝聚：台灣社會福利發展的思考。*社會政策與社會工作學刊*，5（1），145-169。

艾莉斯楊 Young, I. M.（2017）。*正義與差異政治*（陳雅馨譯）。台北市：商周（1990）。

朱金龍（2014）。*行政院所屬各機關出國報告：赴日韓考察職業災害危害預防及職災勞工重建*。取自公務出國報告資訊網 https://report.nat.gov.tw/ReportFront/PageSystem/reportFileDownload/C10305131/001

江東亮（2015）。公共衛生與健康不平等：三個歷史的教訓。*台灣公共衛生雜誌*，34（1），1-4。

行政院農業委員會（2018）。*農委會推動試辦職業災害保險 增進農民職業安全*。取自行政院農業委員會農業新聞 https://www.coa.gov.tw/theme_data.php?theme=news&sub_theme=agri&id=7279

行政院農業委員會輔導處（2018）。「農民職業災害保險簡介」。取自 https://goo.gl/WWbmDi

行政院衛生署（1995）。工業衛生。載於行政院衛生署（主編），*臺灣地區公共衛生發展史（二）*（頁 817-828）。台北市：行政院衛生署。

呂宗學、陳端容、江東亮（2015）。釐清健康不平等相關名詞。*台灣公共衛生雜誌*，34（2），115-118。

呂建德（2010）。台灣福利國家的現代性。載於黃金麟、汪宏倫、黃崇憲（主編），*帝國邊緣：台灣現代性的考察*（頁 445-476）。台北市：群學。

李子繼（1968，4月3日）。立院三委會審查通過勞工保險條例修正案 為勞工福利 提出了新貢獻。*經濟日報*。

李雪莉、簡永達（2018）。*廢墟少年：被遺忘的高風險家庭孩子們*。新北市：衛城出版。

周敏鴻、謝武雄、鄭淑婷、李欣芳（2016，12月23日）。大溪高中鷹架倒塌工安意外 檢方究責。*自由時報*。

林志遠、陳珮青、李玉春（2016）。以連帶思想檢視台灣長照政策發展之挑戰與啟發。*台灣公共衛生雜誌*，35（4），359-375。

林良榮（2018）。台灣勞工保險制度之職業災害給付的法制現況與探討：以傷病給付之「不能工作」認定為例。*月旦醫事法報告*，17，21-39。

林依瑩、鄭雅文、王榮德（2009）。職災補償制度之國際比較及台灣制度之改革方向。*台灣公共衛生雜誌*，28（6），459-474。

林宗弘（2015）。瀕臨破產的退休制度。載於戴伯芬、林宗弘（主編），*高教崩壞：市場化、官僚化與少子女化的危機*（頁230-256）。新北市：群學。

林宜平（2004）。*煤礦工塵肺症的地方知識、科學研究與健康照護：公共衛生的視野*（未出版博士論文）。台北市：國立台灣大學衛生政策與管理研究所。

林洺秀、郭智宇（2014）。*工作環境安全衛生狀況認知調查——2013年*。台北市：行政院勞工委員會勞工安全衛生研究所。

林國明（2003）。到國家主義之路：路徑依賴與全民健保組織體制的形成。*臺灣社會學刊*，5，1-71。

邱淑媞、Marmot, M.（2017）。*臺灣健康不平等報告*。台北市：衛生福利部國民健康署。

恩格斯（2005）。英国工人阶级状况（中共中央马克思恩格斯列宁斯大林著

作编译局译）。載於中共中央马克思恩格斯列宁斯大林著作编译局（主編），*马克思恩格斯全集（第二卷）*（頁 269-587）。北京：人民出版社（1845）。

柯偉林 Kirby, W. C.（2006）。*德国与中华民国*（陈谦平、陈红民、武菁、申晓云译）。江苏：江苏人民出版社（1984）。

高夫曼 Goffmann E（2010）。*污名：管理受損身分的筆記*（曾凡慈譯）。台北市：群學（1963）。

高惠敏（2008a）。勞工能立法嗎？能！論工傷團體影響職業災害勞工保護法立法過程（上）。*石油勞工，384*。

高惠敏（2008b），勞工能立法嗎？能！論工傷團體影響職業災害勞工保護法立法過程（下）. *石油勞工，385*。

高橋哲哉（2014）。*犧牲的體系：福島、沖繩*（李依真譯）。台北市：聯經（2012）。

姚玲珍（2011）。*德国社会保障制度*。上海：人民出版社。

徐婉寧（2014）。民法第 487 條之 1 之研究——以臺灣實務見解為中心。*月旦民商法雜誌，46*，52-65。

徐婉寧（2015）。職災補償與損害賠償：以台日職業災害之雇主責任為中心。*中原財經法學，34*，169-223。

徐婉寧（2017）。台灣職業災害保險法單獨立法之動向與建議——以日本勞災保險法為借鏡。*月旦民商法雜誌，56*，23-37。

秦唯珊、林冠含、郭育良、蕭淑銖（2013）。勞工發生職業傷害後 12 個月復工狀況之探討。*台灣公共衛生雜誌，32*（6），576-585。

秦唯珊、謝月慈、吳雪菁、郭育良、蕭淑銖（2014）。影響勞工職業傷害後心理健康的原因。*勞工安全衛生研究季刊，22*（2），179-190。

張彧、曾美惠、林洺秀、陳秋蓉（2007）。各國推動職災勞工重返職場之成效及檢討。*勞工安全衛生研究季刊，15*（3），262-279。

張桐銳（2015）。社會保險法律關係核心問題之檢討：從體系性觀點之個案研究。*中原財經法學，34*，225-277。

張裕珍（2018，5月10日）。敬鵬大火2泰籍移工身亡認定為職災。*聯合報*。

莊正中（2010）。日本勞工職災補償制度之初探。*東亞論壇，467*，1-14。

郭育良（2007）。*職業病概論*（第三版）。台北市：華杏。

郭明政（2002a）。身分－契約－制度－功能：台灣社會安全法制發展之檢討。*政大勞動學報，12*，457-486。

郭明政（2002b）。*社會安全制度與社會法*。台北市：翰蘆。

郭明政（2003）。社會保險法律關係爭議問題之探討。載於林明鏘、葛克昌（主編），*行政法實務與理論（一）*（頁469-482）。台北市：元照。

郭明珠（2002）。*工殤：職災者口述故事集*。台北市：中華民國工作傷害受害人協會。

陳介然（2017）。*受僱者工作傷病補償責任歸屬：司法判決分析與法律醫學專業人士問卷調查*（未出版博士論文）。台北市：國立台灣大學健康政策與管理研究所。

陳介然、鄭雅文、何俊傑（2015）。受僱者之自評非致命性職業傷病的盛行率、分布與相關因素。*台灣公共衛生雜誌，34*（4），391-402。

陳永煌、蘇文麟、熊映美、陳秋蓉（2003）。我國與新加坡職業疾病鑑定及補償制度簡介。*勞工安全衛生研究季刊，11*（1），76-83。

陳宗延、鄭雅文（2018）。農業工作者的職業傷病與職災補償制度。*台灣公共衛生雜誌，37*（3），237-243。

陳宗延、蕭汎如、鄭雅文、黃怡翎（2018）。日本的勞災保險制度：對台灣

職災保險改革的啟示。*台灣公共衛生雜誌，37*（1），110-123。

陳鴻達、葉永珍、藍扶廈等（2007）。*考察日本、韓國年金制度及實務作業*。取自公務出國報告資訊網 https://report.nat.gov.tw/ReportFront/ReportDetail/detail?sysId=C09602883

勞工委員會勞工保險局（2010）。*甲子紀事：勞工保險60年*。臺北市：行政院勞工委員會勞工保險局。

勞動部勞工保險局（2015）。*勞工保險65週年：年金時代*。臺北市：勞動部勞工保險局。

勞動部勞工保險局（2017）。*統計年報*。取自勞動部勞工保險局網站 http://www.bli.gov.tw/sub.aspx?a=quVMPpEyz9Y%3d

勞動部勞工保險局（2018）。*開辦起勞工保險納保歷年資料*。取自勞動部勞工保險局網站 https://www.bli.gov.tw/sub.aspx?a=SWZ8zZiGOW4%3d

勞動部勞動及職業安全衛生研究所（2017）。*職災現況*。取自原住民職業災害預防資訊網 https://laws.ilosh.gov.tw/oio/current.htm

勞動部職業安全衛生署（2016）。*職安署為提高職業病發現率，將採取多元通報機制*。取自勞動部職業安全衛生署新聞稿 https://www.osha.gov.tw/1106/1113/1114/2752/

勞動部職業安全衛生署（2017a）。*有關外界呼籲落實勞檢以保障青少年職場安全，職安署特予回應及說明*。取自勞動部新聞稿 https://www.mol.gov.tw/announcement/2099/34427/

勞動部職業安全衛生署（2017b）。*勞工職業傷害傷病、失能、死亡之類型*。取自勞動部職業安全衛生署網站 https://www.osha.gov.tw/media/6816/14 職災千人率 105m54-61.pdf

勞動部職業安全衛生署（2018a）。*勞動檢查年報*。取自勞動部職業安全衛生

署網站 https://www.osha.gov.tw/1106/1164/1165/1168/

勞動部職業安全衛生署（2018b）。*職業促發腦心血管疾病認定參考指引*。取自勞動部職業安全衛生署網站 https://www.osha.gov.tw/1106/1176/1185/1190/1195/

黃怡翎、高有智（2015）。*過勞之島：台灣職場過勞實錄與對策*。台北市：社團法人台灣職業安全健康連線。

黃越欽、王惠玲、張其恆（1995）。*職災補償論——中美英德日五國比較*。台北市：五南。

新北市政府勞工局（2016）。*新北市職災勞工資源手冊*。新北市：新北市政府勞工局。

楊思標（1952）。塵肺症：在臺灣最初的 6 例臨床報告。*台灣醫學會雜誌，51*（7），325-331。

楊思標、楊雪舫、陳芳武、王光柱（1953）。金瓜石金銅礦山之硅肺症調查研究。*臺灣醫學會雜誌，52*（7），443-453。

經濟日報（1968，2 月 18 日）。高雄加工出口區內 成立工廠檢查小組。*經濟日報*。

經濟日報（1973，7 月 4 日）。勞保方式近將作重大改革 健康與災害決定分開辦理。*經濟日報*。

葉崇揚（2016）。行動者的失敗？或是結構的限制？——臺灣勞工退休金改革的再辯證。人文及社會科學集刊，28（4），1-99。

劉立文、許繼峰（2009）。*各國職災保險制度中預防與重建作法之比較研究*。台北市：行政院勞工委員會勞工安全衛生研究所。

劉翠溶（2010）。塵肺在臺灣和中國大陸發生的情況及其意涵。*臺灣史研究，17*（4），111-163。

蔡維音（2002）。全民健保行政之法律關係。*成大法學*，*4*，1-35。

蔣宜婷（2018，8月16日））。職醫三代接力，把工殤血淚化為「一半的勝利」。
報導者。

衛生福利部中央健康保險署（2018）。*重要統計資料*。取自衛生福利部中央
健康保險署網站 https://www.nhi.gov.tw/Content_List.aspx?n=076515B48BAC
D5A9&topn=CDA985A80C0DE710

衛生福利部國民健康署（2018）。*設有職業醫學科診療科別醫院名單*。取自
衛生福利部國民健康署網站 https://www.hpa.gov.tw/Cms/File/Attach/7357/
File_6826.pdf

鄭津津（2010）。勞動基準法之演變。*台灣勞工季刊*，*24*，66-73。

鄭峰齊（2013a）。我是不是得了職業病？台灣職業病認定制度的現況與問題。
載於鄭雅文、鄭峰齊（主編），*職業，病了嗎？待修補的職業健康保護機
制*（頁205-230）。台北市：群學。

鄭峰齊（2013b）。利益衝突下的職業醫學。載於鄭雅文、鄭峰齊（主編），
職業，病了嗎？待修補的職業健康保護機制（頁255-278）。台北市：群學。

鄭雅文、范國棟（2007）。回應。*科技、醫療與社會*，*5*，291-315。

鄭雅文（2008）。過勞職業病認定爭議中的流行病學知識。載於成令方（主
編），*醫療與社會共舞*（頁99-107）。台北市：群學。

鄭雅文、吳宣蓓、翁裕峰（2011）。過勞職災的認定爭議與政策因應：日本
經驗對台灣的啟示。*台灣公共衛生雜誌*，*30*（4），301-315。

鄭雅文（2013）。台灣職場疲勞的政策因應與問題。載於鄭雅文、鄭峰齊（主
編），*職業，病了嗎？待修補的職業健康保護機制*。台北市：群學。

鄭雅文、王嘉琪、王榮德、郭育良（2013）。台灣職災補償制度的現況與問題。
載於鄭雅文、鄭峰齊（主編），*職業，病了嗎？待修補的職業健康保護機*

制。台北市：群學。

鄭雅文、江東亮．（2015）。公共衛生的緣起與變革。載於王榮德（主編），
　　公共衛生學（上冊）（第五版）（頁 17-49）。台北市：台大出版中心。

鄭雅文（2015）。社會流行病學。載於王榮德（主編），*公共衛生學（中冊）*
　　（第五版）（頁 229-251）。台北市：台大出版中心。

鄭雅文（2017）（主編）。*致命粉塵：石綿疾病，工業發展史的職業病風暴*。
　　台北市：台灣職業安全健康連線。

鄭雅文、鍾佩樺、蕭汎如、李俊賢、王榮德（2017）。職業病被個人化的台
　　灣社會。鄭雅文（主編）。*致命粉塵：石綿疾病，工業發展史的職業病風
　　暴*（頁 77-106）。台北市：台灣職業安全健康連線。

蕭汎如、陳宗延、李俊賢、鄭雅文（2018）。石綿暴露工作者的職業健檢：
　　職業醫學專科醫師的觀點。*台灣公共衛生雜誌*，37（1），24-33。

聯合報（1968，2 月 23 日）。內政部將促台省府　加強工礦安全衛生檢查。
　　聯合報。

聯合報（1972，10 月 27 日）。怪病事件發生之後 五百多名女工辭職。*聯合報*。

聯合報（1973，3 月 13 日）。政府決定修改 勞工保險條例。*聯合報*。

聯合報（1975，1 月 2 日）。勞保一般災害 兩項保費決定分開計算。*聯合報*。

謝國雄（1997）。*純勞動：臺灣勞動體制諸論*。台北市：中央研究院社會學
　　研究所籌備處。

鍾佩樺（2016）。*從社會不平等角度檢視職業傷病勞工的補償經歷及其心理
　　健康影響*（未出版博士論文）。台北市：國立台灣大學健康政策與管理研
　　究所。

簡秀華（2016）。職業災害重建服務現況與未來展望。*臺灣勞工季刊*，46，
　　32-42

職業傷病管理服務中心（2016）。*2016 職業病鑑定案例彙編*。台北市：職業
　　傷病管理服務中心（勞動部職業安全衛生署委託台大醫學院附設醫院辦
　　理）。

魏瑾筠（2017，12 月 15 日）。蘆竹惡火奪 6 命 矽卡董事長、廠長各以 100
　　萬元交保。*自由時報*。

羅五湖、李松林（2017）。*誰說實務不重要？在勞保局 30 年*。臺北市：中華
　　社會保險學會。

羅桂美（2002）。重返歷史現場──飛歌電子廠工傷事件 30 週年有憾。*敬仁
　　勞工安全衛生雜誌*。

英文文獻

Azaroff LS, Levenstein C & Wegman DH (2002). Occupational Injury and Illness
　　Surveillance Conceptual Filters Explain Underreporting. *American Journal of
　　Public Health, 92*(9), 1421-1429.

Bartrip P (2004). History of asbestos related disease. *Postgraduate Medical Journal,
　　80*(940), 72-76.

Baumberg B (2016). The stigma of claiming benefits: a quantitative study. *Journal
　　of Social Policy, 45*(02), 181-199.

Bayer R, Gostin LO, Jennings B & Steinbock B (2007). Introduction: Ethical
　　Theory and Public Health. *Public Health Ethics: Theory, Policy, and Practice* (pp.
　　19-20). New York, NY: Oxford University Press.

Beardwood BA, Kirsh B & Clark NJ (2005). Victims twice over: perceptions and experiences of injured workers. *Qualitative Health Research, 15*(1), 30-48.

Beauchamp T L & Childress JF (2013). *Principles of Biomedical Ethics* (7 ed.). New York, NY: Oxford University Press.

Benach J, Malmusi D, Yasui Y & Martínez JM (2013). A new typology of policies to tackle health inequalities and scenarios of impact based on Rose's population approach. *Journal of Epidemiology and Community Health,* 67, 286-291.

Benach J, Muntaner C & Santana V (2007). *Employment conditions and health inequalities.* Geneva, World Health Organization: Commission on Social Determinants of Health.

Boden LI (2012). Reexamining workers' compensation: A human rights perspective. *American Journal of Industrial Medicine, 55*(6), 483-486.

Bureau of Labor Statistics, US (2018). Fatal Occupational Injuries in 2016 (Charts). Retrieved from https://www.bls.gov/iif/oshwc/cfoi/cfch0015.pdf (2018/6/13)

Carter T (2000). Diseases of occupations - a short history of their recognition and prevention. In Baxter P & Adams P (Eds.), *Hunter's Diseases of Occupations* (9th ed) New York Oxford University Press.

Chan KF, Tan CWC, Yeo DSC, et al (2012). Occupational rehabilitation in singapore and malaysia. *Journal of Occupational Rehabilitation, 21*(1), 69-76.

Chin WS, Shiao JSC, Liao SC, Kuo CY, Chen CC & Guo YL (2017). Depressive, anxiety and post-traumatic stress disorders at six years after occupational injuries. *European Archives of Psychiatry and Clinical Neuroscience, 267*(6), 507-516.

Chu PC, Fuh HR, Luo JC, Du CL, Chuang HY, Guo HR, et al. (2013). The impact of occupational health service network and reporting system in Taiwan.

International Journal of Occupational and Environmental Health, 19(4), 352-362.

Chung PH & Cheng Y (2016). Prevalence of Self-Reported Work-Related Injuries and Their Association with Psychological Symptoms in General Working Population of Taiwan. *Journal of Occupational Rehabilitation*, 1-7.

Crone HD (2004). *Paracelsus, the Man Who Defied Medicine: His Real Contribution to Medicine and Science*. Eaglemont, Vic.: Albarello Press.

Curti S, Sauni R, Spreeuwers D, De Schryver A, Valenty M, Riviere S & Mattioli S. (2016). Interventions to increase the reporting of occupational diseases by physicians: a Cochrane systematic review. *Occupupational and Environmental Medicine, 73*(5), 353-354.

Dembe AE (2001). The social consequences of occupational injuries and illnesses. *American Journal of Industrial Medcine, 40*(4), 403-417.

Dembe AE & Boden LI (2000). Moral Hazard: A Question of Morality? *New Solutions: A Journal of Environmental and Occupational Health Policy, 10*(3), 257-279.

DGUV (2016). In good hands: Your German Social Accident Insurance Berlin: Deutsche Gesetzliche Unfallversicherunge (DGUV).

DGUV (2017). DGUV Statistics 2016. Berlin: Deutsche Gesetzliche Unfallversicherunge (DGUV).

EC (2011). European Commission: Your social security rights in Germany: European Commission.

Ehnes H (2012). *Improvement of national reporting, data collection and analysis of occupational accidents and diseases*. Geneva: International Labour Organization.

Eikemo TA & Bambra C. (2008). The welfare state: a glossary for public health. *Journal of Epidemiology & Community Health, 62*(1), 3-6.

Engelhard EFD (2007). Shifts of Work-Related Injury Compensation. Background Analysis: The Concurrence of Compensation Schemes. In Klosse S & Hartlief T (Eds), *Shifts in Compensating Work-Related Injuries and Diseases* (pp. 9-82). Germany: Springer-Verlag/Wien.

Etzioni A (2011). Authoritarian versus responsive communitarian bioethics. *Journal of Medical Ethics, 37*(1), 17-23.

Kim EA & Kang SK (2010). Reporting System for Occupational Injuries and Illness in Korea. *Asian-Pacific Newsletter on Occup Health and Safety, 17*, 32-34.

Klosse S & Hartlief T (2007). Shifts in Compensating Work-Related Injuries and Diseases. In Klosse S & Hartlief T (Eds.), *Shifts in Compensating Work-Related Injuries and Diseases* (pp. 1-8). Germany: Springer-Verlag/Wien.

Eurogip (2005). *European survey on the conditions of compensation for the victims.*

Eurogip (2015). *Reporting of Occupational Diseases Issues and Good Practices in Five European Countries.*

EUROSTAT (2018). Fatal Accidents at work by NACE Rev. 2 activity. Retrieved from http://appsso.eurostat.ec.europa.eu/nui/submitViewTableAction.do (2018/6/13)

Fishback PV & Kantor SE (1998). The Adoption of Workers' Compensation in the United States, 1900-1930. *Journal of Law and Economics, 41*, 305-341.

Fishback PV & Kantor SE (2007). *A prelude to the welfare state: The origins of workers' compensation*: University of Chicago Press.

Furuya S, Takahashi K, Movahed M & Jiang Y (2013). *National Asbestos Profile of*

Japan (ILO/WHO).

Gran GM, O'Donnell ML, Spittal MJ, Creamer M & Studdert DM (2014). Relationship between stressfulness of claiming for injury compensation and long-term recovery: a prospective cohort study. *Journal of American Medical Association-Psychiatry, 71*(4), 446-453.

Gravel S, Vissandjee B, Lippel K, Brodeur JM, Patry L & Champagne F (2010). Ethics and the Compensation of Immigrant Workers for Work-Related Injuries and Illnesses. *Journal of Immigrant and Minority Health, 12*(5), 707-714.

Grimmer-Solem E (2005). German Social Science, Meiji Conservatism, and the Peculiarities of Japanese History. *Journal of World History, 16*(2), 187-222.

Guo X & Burton Jr JF (2010). Workers' compensation: Recent developments in moral hazard and benefit payments. *ILR Review, 63*(2), 340-355.

Hansen H, Bourgois P & Drucker E (2014). Pathologizing poverty: New forms of diagnosis, disability, and structural stigma under welfare reform. *Social Science & Medicine, 103*, 76-83.

Hatzenbuehler ML (2018). Structural stigma and health. In Major DJB, Link BG (Ed.), *The Handbook of Stigma, Discrimination and Health*. Oxford: Oxford University Press.

Hatzenbuehler ML, Phelan JC & Link BG (2013). Stigma as a fundamental cause of population health inequalities. *American Journal of Public Health, 103*(5), 813-821.

Hilgert JA (2012). Building a human rights framework for workers' compensation in the United States: Opening the debate on first principles. *American Journal of Industrial Medicine, 55*(6), 506-518.

Hoop RIR (2007). Shifts in Work-Related Injuries: An Explanatory Analysis. In Klosse S & Hartlief T (Eds.), *Shifts in Compensating Work-Related Injuries and Diseases* (pp. 83-158). Germany: Springer-Verlag/Wien.

IARC (2018). Agents Classifeid by the IARC Monographs, Volumes 1–123. Retrieved from http://monographs.iarc.fr/ENG/Classification/index.php (2018/11/26)

ILO (2013a). Occupational injuries. Geneva: International Labor Organization. Retrieved from https://www.ilo.org/ilostat-files/Documents/description_INJ_EN.pdf (2018/11/26)

ILO (2013b). Strengthening the role of employment injury schemes to help prevent occupational accidents and diseases. Geneva: International Labor Organization.

ILO (2017). Global Employment Injury Insurance Programme (GEIP) Strategy: Contributing to Decent Work and the social protection floor guarantee in the workplace. Geneva: International Labor Organization.

Ishii M & Hayashi N (2010). Workers' Accident Compensation Insurance and Compulsory Automobile Liability Insurance in Japanese Public Medical Insurance System. *JMAJ, 53*(5), 267–272.

Kim JG & Duk YJ (2011). *Development and Operation of Workers' Compensation Insurance Scheme in Sourth Korea*. Ministry of Strategy and Finance, Republic of Korea.

Japan External Trade Organization (2016). Laws & Regulations on Setting Up Business in Japan. Retrieved from https://www.jetro.go.jp/en/invest/setting_up/laws/section4/page9.html (2018/8/24)

Jobin P & Marichalar P (2018). *Toxic Torts and the Moral Trap of Compensation.*

Paper presented at the Law and Society Association Conference, Toronto.

Kilgour E, Kosny A, McKenzie D & Collie A (2015a). Healing or harming? Healthcare provider interactions with injured workers and insurers in workers' compensation systems. *Journal of Occupational Rehabilitation, 25*(1), 220-239.

Kilgour E, Kosny A, McKenzie D & Collie A (2015b). Interactions between injured workers and insurers in workers' compensation systems: a systematic review of qualitative research literature. *Journal of Occupational Rehabilitation, 25*(1), 160-181.

Kim H (2002). *Industrial Accident Compensation Insurance on Korea.* Paper presented at the International Seminar on Industrial Accident Compensation Insurance.

Kingdon JW (2010). *Agendas, Alternatives, and Public Policies (2nd Edition) with an Epilogue on Health Care.* Pearson.

Kirsh B, Slack T & King CA (2012). The nature and impact of stigma towards injured workers. *Journal of Occupational Rehabilitation, 22*(2), 143-154.

Klosse S & Hartlief T (2007). Shifts in Compensating Work-Related Injuries and Diseases. In Klosse S & Hartlief T (Eds.), *Shifts in Compensating Work-Related Injuries and Diseases* (pp. 1-8). Germany: Springer-Verlag/Wien.

Ko YC & Lai CL (1961). An Observation on the Deaths of Male Adults in Juei-fang from the Standpoint of Occupational Health. *Journal of the Formosan Medical Association, 60*(1), 76-81.

Kuo CY, Liao SC, Lin KH, Wu CL, Lee MB, Guo NW & Guo YL (2012). Predictors for suicidal ideation after occupational injury. *Psychiatry Research, 198*(3), 430-435.

Kwon SC, Kim HR & Kwon YJ (2014). The administrative process for recognition and compensation for occupational diseases in Korea. *Journal of Korean Medical Science, 29 Suppl*, S3-11.

Li M & Walker R (2017). Shame, stigma and the take-up of social assistance: Insights from rural China. *International Journal of Social Welfare, 26*(3): 230-238.

Lin KH, Chu PC, Kuo CY, Hwang YH, Wu SC & Guo YL (2014). Psychiatric disorders after occupational injury among National Health Insurance enrollees in Taiwan. *Psychiatry Research, 219*(3), 645-650.

Lin KH, Guo NW, Liao SC, Kuo CY, Hu PY, Hsu JH, et al. (2012). Psychological outcome of injured workers at 3 months after occupational injury requiring hospitalization in Taiwan. *Journal of Occupational Health, 54*(4), 289-298.

Lin KH, Shiao JSC, Guo NW, Liao SC, Kuo CY, Hu PY, et al. (2014). Long-term psychological outcome of workers after occupational injury: prevalence and risk factors. *Journal of Occupational Rehabilitation, 24*(1), 1-10.

Link BG & Phelan JC (2001). Conceptualizing stigma. *Annual review of Sociology*, 363-385.

Link BG & Phelan JC (2014). Stigma power. *Social Science & Medicine, 103*, 24-32.

Lippel K (2007). Workers describe the effect of the workers' compensation process on their health: A Quebec study. *International Journal of Law and Psychiatry, 30*(4-5), 427-443.

Lippel K (2012). Preserving workers' dignity in workers' compensation systems: An international perspective. *American Journal of Industrial Medicine, 55*, 519-536.

Lippel K & Lötters F (2013). Public Insurance Systems: A Comparison of Cause-Based and Disability-Based Income Support Systems. In Loisel P & Anema JR (Eds.), *Handbook of Work Disability: Prevention and Management* (pp. 183-202). New York, NY: Springer New York.

Maarse H & Paulus A (2003). Has solidarity survived? A comparative analysis of the effect of social health insurance reform in four European countries. *Journal of Health Politics, Policy and Law, 28*(4), 585-614.

MacEachen E, Kosny A, Ferrier S & Chambers L (2010). The "toxic dose" of system problems: why some injured workers don't return to work as expected. *Journal of Occupational Rehabilitation, 20*(3), 349-366.

Mansfield L, MacEachen E, Tompa E, Kalcevich C, Endicott M & Yeung N (2012). A critical review of literature on experience rating in workers' compensation systems. *Policy and Practice in Health and Safety, 10*(1), 3-25.

Markowitz S (2011). *Occupational Disease Surveillance and Reporting Systems*. Geneva: Encyclopaedia of Occupational Health & Safety.

Milton DK, Solomon GM, Rosiello RA, Herrick RF. (1998). Risk and incidence of asthma attributable to occupational exposure among HMO members. *American Journal of Public Health, 33*, 1-10.

Moffatt S & Noble E (2015). Work or welfare after cancer? Explorations of identity and stigma. *Sociology of Health & Illness, 37*(8), 1191-1205.

Pauly MV (1968). The Economics of Moral Hazard: Comment. *The American Economic Review, 58*(3), 531-537.

Polanyi K (2001). Market and Man. *The great transformation: the political and economic origins of our time, 2nd edition* (pp. 171-186). Boston: Beacon Press.

(1944)

Porter D (1999). *Health, civilization and the state: A history of public health from ancient to modern times*. London and New York: Routledge.

Prainsack B & Buyx A (2015). Ethics of Healthcare Policy and the Concept of Solidarity. In Kuhlmann E et al. (Eds.), *The Palgrave International Handbook of Healthcare Policy and Governance* (pp. 649-664). UK; New York: Palgrave Macmillan.

Quinlan M, Fitzpatrick SJ, Matthews LR, Ngo M & Bohle P (2015). Administering the cost of death: Organisational perspectives on workers' compensation and common law claims following traumatic death at work in Australia. *International Journal of Law and Psychiatry, 38*, 8-17.

Roberts MJ & Reich MR (2002). Ethical analysis in public health. *Lancet, 359*(9311), 1055-1059.

Roemer MI (1965). Workmen's compensation and national health insurance programs abroad. *American Journal of Public Health, 55*(2), 209-214.

Safe Work Australia (2016). *Comparison of workers' compensation arrangements in Australia and New Zealand*.

Sen, A. (2009). *The Idea of Justice*. Cambridge, MA: Harvard University Press.

Shao YH, Yeh WY, Chen CJ, Chen CW & Guo YL (2001). Prevalence of Self-Reported Work-Related Skin Conditions in Taiwanese Working Population. *Journal of Occupational Health, 43*(5), 238-242.

Smits PB, de Boer AG, Kuijer PP, et al. (2008). The effectiveness of an educational programme on occupational disease reporting. *Occup Med (Lond), 58*(5), 373-375.

Solar O & Irwin A (2010). A conceptual framework for action on the social determinants of health. Geneva.: World Health Organization (Commission on Social Determinants of Health).

Stein MA (2003). Priestley v. Fowler (1837) and the Emerging Tort of Negligence. *Boston College Law Review, 44*(3), 689-731.

Stolleis M. (2014). *History of Social Law in Germany*. Berlin Heidelberg: Springer-Verlag.

Stone D (2002). *Policy Paradox: The Art of Political Decision Making, Revised Edition*. London and New York, NY: WW Norton and Company.

Strunin L & Boden LI (2004). The workers' compensation system: worker friend or foe? *American Journal of Industrial Medicine, 45*(4), 338-345.

Stuber J & Schlesinger M. (2006). Sources of stigma for means-tested government programs. *Social Science & Medicine, 63*(4), 933-945.

SVLFG (2018). Daten und Zahlen der Unfallversicherung. Retrieved from http:// www.svlfg.de/11-wir/wir916_daten_zahlen/wir042_01_uv/index.html

Thompson A (2007). The consequences of underreporting workers' compensation claims. *Canadian Medical Association Journal, 176*(3), 343-344.

Wang JD (1991). From conjecture and refutation to the documentation of occupational diseases in Taiwan. *American Journal of Industrial Medicine, 20*(4), 557-565.

Webb GR, Redman S, Wilkinson C & Sanson-Fisher RW (1987). Filtering effects in reporting work injuries. *Accident Analysis & Prevention, 21*(2), 115-123.

Whitehead M. (1990). The concepts and principles of equity and health. Copenhagen: World Health Organization, Regional Office for Europe.

WHO (2012). *Country Profile of Occupational Health System in Germany.* Retrieved from http://www.euro.who.int/en/countries/germany/publications3/country-profile-of-octh-system-in-germany (2018/11/26)

Workplace Safety and Heleath Council. (2018). *Improving Workplace Health Management in Singapore.*

日文文獻

一般財団法人厚生労働統計協会（2016）。保険と年金の現状。*厚生の指標 増刊：保険と年金の動向 2016/2017，63*（14），43-194。

全国社会保険労務士会連合会（2018）。取自 http://www.sharosi-siken.or.jp/pdf/05/info_03_suii.pdf

全国労働安全衛生センター連絡会議情報公開推進局（2015a）。*平成 24 年度業務上疾病の労災補償状況調査結果（全国計）①*。取自 http://www.joshrc.org/~open/files2013/20130711-003.pdf

全国労働安全衛生センター連絡会議情報公開推進局（2015b）。*平成 24 年度業務上疾病の労災補償状況調査結果（全国計）②*。取自 http://www.joshrc.org/~open/files2013/20130711-004.pdf

杉山章子（2000）。農村医学の形成と発展：佐久病院における地域医療活動の実践から。*日本医史学雑誌，46*（4），507-551。

厚生労働省（2006）。*EA ドキュメント（労災保険給付業務）*。取自厚生労働省網站 http://www.mhlw.go.jp/topics/2006/03/dl/tp0331-4_110330b.pdf

厚生労働省（2009）。*業務上疾病の労災補償状況調査結果（平成 15 年度〜平成 19 年度）*。取自厚生労働省網站 http://www.mhlw.go.jp/shingi/2009/03/dl/s0324-8e.pdf

厚生労働省（2014）。Industrial Accident Compensation Insurance Application Guidance for ForeignWorkers ＜ Volume 1 ＞。

厚生労働省（2016）。*Introduction to procedures to enroll in Labour Insurance*。取自厚生労働省網站 http://www.mhlw.go.jp/new-info/kobetu/roudou/gyousei/kantoku/dl/040330-pamphlet.pdf

厚生労働省（2017）。*労災年金給付等に係る給付基礎日額の年齢階層別最低・最高限度額*。取自厚生労働省網站 http://www.mhlw.go.jp/file/06-Seisakujouhou-11200000-Roudoukijunkyoku/0000053175.pdf

厚生労働省（2018a）。*労働災害統計*。取自厚生労働省網站 http://anzeninfo.mhlw.go.jp/user/anzen/tok/anst00.htm

厚生労働省（2018b）。*労働者災害補償保険事業年報*。取自厚生労働省網站 http://www.mhlw.go.jp/toukei/list/138-1b.html

厚生労働省（2018）。*労働基準情報：業務上疾病の認定等*。取自厚生労働省網站 http://www.mhlw.go.jp/stf/seisakunitsuite/bunya/koyou_roudou/roudoukijun/rousai/gyomu.html

富田朗（2016）。*うかる！社労士 合格テキスト 2017 年度版*。東京都：日本経済新聞出版社。

職災者的災後處境：研究方法

研究目的：瞭解職災者災後處境，包括工作狀況、勞雇關係、
經濟收入、社會人際關係及身心理健康狀況。

研究對象：曾在過去 3 年間，因執行工作業務或在工作場所中
發生災害事故或罹患職業病，年齡滿 15 歲以上之工
作者。本研究排除通勤職災。

招募方式：採便利取樣，透過職業醫學專科醫師、個案管理師、
勞工團體、工會轉介或口頭邀請，取得聯絡方式轉
知研究者。本研究採多元招募方式，部分個案透過
郵寄書面邀請函再致電邀請，部分個案直接致電邀
請，另有少部分由研究者親自至醫院診間，以口頭
方式邀請。訪員先說明身分與訪談目的，同意者再
約定訪談時間地點。

訪談過程：於 2014 年 7 月至 2015 年 4 月間進行。採面對面個
別訪談。首先由訪員說明研究目的與研究參與者權
利，之後請受訪者簽署同意書，再詢問受訪者是否

同意錄音，若不願意錄音，則改採手寫記錄方式。
訪談地點包括醫院候診區、餐廳、便利商店、受訪
者住處或其他公共空間。邀訪個案總數為 113 位，
其中：52 位同意並完成訪問（完訪率 46.02%）；28
位拒訪（拒訪率 24.78%），拒訪原因包括無受訪意
願、住院、身體不適、搬家、照顧親人不便受訪、
不在國內；5 位（4.42%）原本同意接受訪談但時間
未能確定而後失聯；28 位（24.77%）無法聯絡到本
人。共完成 52 位個案訪談，其中同意錄音有 29 位。

訪談工具：研究者參考 Dembe 提出的分析架構並輔以其他相關
文獻（Dembe, 2001）擬定訪談大綱，主題包括：
工作史與職業傷病發生過程、職業傷病後的求醫經
驗、申請職災補償的經驗、職業傷病發生前後的勞
雇關係與工作狀況、目前身心健康狀況，其他自覺
困境。本研究由鄭雅文主持的科技部計畫：「工作
相關福利及勞動保護政策對於職場社會心理狀況與
職業健康之影響」（MOST102-2410-H-002-071-
MY2）提供經費支持，訪談大綱與受訪同意書經
台灣大學醫學院所屬倫理委員會審查通過（案號：
201406016RINC）。

附錄二

職災者的災後處境：
人口屬性與職業傷病經歷簡表

- 方框標註者 8 位（A3、A6、A39、A44、A49、A52、A53、A55），為符合《職業安全衛生法》「重大職災」定義的個案。
- 底線標註者 9 位（A3、A4、A52、A55、B16、B40、C27、G9、H10），為災後與雇主有訴訟爭議的個案。
- 心理健康：　★為有自殺意念者但未就診者；
　　　　　　　☆為有自殺意念者並使用精神疾病藥物者；
　　　　　　　▲為提及他殺意念者；
　　　　　　　○為使用安眠藥或抗憂鬱精神疾病藥物者；
　　　　　　　其他心理健康問題以文字標註。

序號	編號	性別、年齡、教育	傷病時間／訪談時間	職業傷病經歷簡述	就業身分	實際薪資	投保薪資	心理健康
1	A3	女、39、高職	2011/8 2014/7	氣密鋼門窗鋁製造工廠的作業員。操作機台時，手指遭沖壓機台壓斷。清瘡治療後引發感染，斷指處持續疼痛，演變為神經瘤病變。2012/8，公司以未經規定辦理病假為由解雇。受訪時斷指處仍疼痛不堪，須吃高劑量止痛劑。無法工作，只能在路上撿拾保特瓶、靠資源回收維持生活。無力支付健保費。	受雇	未提及	18,300	★
2	A4	男、26、國中	2012/1 2014/7	大型玻璃製造工廠的作業員（員工數約700人）。遭同事推車輾過左腳板，隔天腫脹疼痛，就醫後診斷為左下肢反射性交感神經失調症。2013/4被解雇。	受雇	2萬多	約2萬	★

序號	編號	性別、年齡、教育	傷病時間、訪談時間	職業傷病經歷簡述	就業身分	實際薪資	投保薪資	心理健康
3	A6	男、60、國中	2012/9 2014/7	家庭工廠機械操作員，工作年資近三十年，老闆為姊姊與姊夫。操作老舊機器時右手被捲入，造成開放性骨折，大拇指截肢。災後維持原工作。	受僱	3萬多	不知	
4	A14	男、65、國中	2012/7 2014/9	貨櫃清潔員，任職大型船運公司近三十年（員工數約1,600人）。獨自清洗貨櫃時滑倒，倒地一個多小時後才自行爬起。下班後自行就醫，發現腳踝骨折。災後轉調輕便工作，但一年後被調回原職，個案表示身體不堪負荷，但擔心影響退休金而勉強復工。受訪時已有勞僱爭議，公司要求個案辦理提早退休。	受僱	35,000到39,000	18,300	★
5	A16	女、32、大學	2012/2 2014/7	航空公司空服人員，穿著制服搭乘交通車，下車時因航廈施工，地面有坑洞而跌倒，腳踝扭傷並腫脹後痛。就醫後發現腳踝有輕微骨折。災後半年轉任地勤人員，之後因生產申請留職停薪兩年。	受僱	6萬多	約2.5萬	

序號	編號	性別、年齡、教育	傷病時間、訪談時間	職業傷病經歷簡述	就業身分	實際薪資	投保薪資	心理健康
6	A23	女、36、高中職	2012/3 2014/7	印刷廠作業員，工作中滑倒造成尾椎拉傷與下背痛，治療後症狀改善，但復工後症狀加劇，不堪負荷而自行離職。認定職業傷病期間遭遇困難，來回不同醫學中心職業傷病科進行評估，最後仍無法通過職業傷病認定。個案拒訪由母親代答，提及個案時常哭泣、憂鬱。	受僱	不願透露	不願透露	情緒低落
7	A28	男、56、高中職	2014/8 2014/7	環保局正職清潔隊員，年資十二年。自述在拉廚餘桶時施力不當，造成小腿拉傷。之前並曾在清理倒塌路樹時拉傷手臂。	政府受僱	未提及	不知	

序號	編號	性別、年齡、教育	傷病時間、訪談時間	職業傷病經歷簡述	就業身分	實際薪資	投保薪資	心理健康
8	A32	男、40、高中職	2012/9 2014/7	冷凍雞肉工廠的駕駛兼送貨員。因冷凍車內部漏水，地板濕滑而滑倒，造成臀部及腰部劇烈疼痛。災害發生於凌晨3點多，個案考量急診費用過高，先返家休息，隔天上午才至門診就醫。約一個月後又在工作中再次滑倒。診斷為腰部椎間盤突出。公司要求簽署自願離職同意書。勞保局認為個案未在跌倒時立即就醫，無法證明傷病因工作所致，因此不認定此案為職災。	受僱	35,000	不知	○
9	A39	男、32、高中職	2011/1 2014/7	製造業工廠的作業員。在執行年終大掃除時使用大量去漬油清洗環境，同事使用打火機引發大火，全身遭遇嚴重燒燙。使用職災醫療單就醫，並被迫自願離職。得勞保職災給付共八十幾萬。自願離職後向公司提告，公司以一百萬元和解。	受僱	24,000 到 28,000	不知	

序號	編號	性別、年齡、教育	傷病時間 訪談時間	職業傷病經歷簡述	就業身分	實際薪資	投保薪資	心理健康
10	A44	女、59、國中	2014/8 2014/7	大賣場駐點銷售人員（員工數約 800 人），年資 7 年。工作中從貨梯上跌落，造成腰椎骨折。災後休養一年半，公司補償一年薪資，醫療費自行負擔。休養期間任勞工教育大學學習勞動法規。之後復工轉任倉庫管理工作。	受僱	日薪 1,050	27,000	
11	A49	男、52、專科	2011/8 2014/7	工地保全員（員工數約 2,800 人）。因強風吹落工地帆布阻礙行人汽機車通行，而爬至高處調整帆布，不慎跌落。公司自行派送車送往醫院，診斷為左腳跟骨粉碎性骨折。獲職災勞保給付一年三個月的職災傷病給付，給付結束後復工，但公司安排的輕便工作每月薪資只有一萬多元，自覺難以維持生計而自行離職。	派遣受僱	3 萬多	18,000	○

序號	編號	性別、年齡、教育	傷病時間 訪談時間	職業傷病經歷簡述	就業身分	實際薪資	投保薪資	心理健康
12	A52	男、48、大學肄業	2010/2 2015/1	某小型砂石廠挖土機駕駛。遭連送砂石的輸送帶由上方砸中駕駛艙，壓垮挖土機車艙屋頂，當場昏迷送醫。診斷發現脊椎損傷，輾轉至大醫院接受第3-5節頸椎間盤切除及內固定手術。自行申請勞保職災給付，獲職災傷病給付19萬元。個案之後因工作能力認定、《復工、雇主未依《勞基法》給予補償等事由，分別向勞保局及雇主提起行政訴訟與民事訴訟。受訪時仍失業。自陳會在睡夢中驚醒。	受雇	日薪1,800 每月約54,000	20,600	
13	A53	女、58、國小肄業	2014/11 2015/1	某挖土機械設備公司的負責人，自民國八十幾年開業至今。公司業務為重機械修配、各型履帶修理等，聘雇員工11人。於工廠內點貨時遭滑落的履帶撞擊，送醫急診，診斷為腳部骨折。	雇主	一	43,900	

序號	編號	性別、年齡、教育	傷病時間 訪談時間	職業傷病經歷簡述	就業身分	實際薪資	投保薪資	心理健康
14	A54	男、33、大學	2014/12 2015/1	某輪胎公司的品管包裝作業員。整理環境時，被載滿貨品的堆高機撞倒，造成頭部撞擊、手腳多處擦傷並有嘔吐現象。廠護以個案裡沒人照顧為由，要他留在廠內休息。下班後仍覺不適，自行就醫診斷為腦震盪與外傷。公司主管要求不得申請職災認定，並要求他簽下切結書，表示不會向公司追究任何補償或賠償責任。受訪時請病假中，無薪、無其他收入。	受僱	32,000 到 36,000	不知	

序號	編號	性別、年齡、教育	傷病時間／訪談時間	職業傷病經歷簡述	就業身分	實際薪資	投保薪資	心理健康
15	A55	女、51、國中	2011/9 2015/1	某資源回收廠員工，從事塑膠壓克力回收再製工作。工作環境惡劣危險，機器運轉時溫度可達攝氏兩百度。操作攪拌機時右手被捲入，造成手部粉碎性骨折及深度撕裂傷。災後陷入嚴重勞雇衝突，自行離職。自行申請勞保職災給付，共獲 37.2 萬職業傷病給付。訪談時手部仍舊疼痛，只能從事農藥代噴工作，時薪 100 元。單親媽媽、母親生病、弟弟罹患精神疾病，經濟狀況艱困。訪談時落淚。	受僱	36,000	35,000	自陳心理問題嚴重但未就醫
16	A56	女、66、高職	2012/11 2014/8	擔任某大型公共運輸業公司的車廂清潔員兩年半。某日上午搬運重物時不慎跌落樓梯，但至下班後才至中醫診所，判斷有骨折。個案因公司人力不足，繼續工作兩天，第三天才至醫院就診，診斷為左踝腓骨骨折。該公司以團體保險提供給付，並提供三個月病假。	受僱	19,500	不知	

序號	編號	性別、年齡、教育	傷病時間／訪談時間	職業傷病經歷簡述	就業身分	實際薪資	投保薪資	心理健康
17	B3	女、61、小學	2011／2014/7	工務局公園路燈工程管理處約聘人員，負責工程發包與採購。工作時需重複翻閱、裝訂厚重契約文件，並將之從一樓搬運到四樓（無電梯）。手腕疼痛就醫診斷為腕隧道症候群。未申請職災現金給付，但就醫時以職災勞工身分，獲得免健保部分負擔。	政府約聘僱	3萬多	不知	沮喪焦慮
18	B4	女、44、專科	2012（未確認）／2014/8	公立醫學中心的病歷管理員，從事病歷抽送歸檔工作四年多。右手肘疼痛已1年多，為尋求職業病認定而至職業醫學科求診，診斷為疑似網球肘。某日下班時，因工作場所有外包廠商在更換氣送筒導致個案跌倒，一週後就醫發現有骨折現象。	受僱	3萬多	不知	沮喪焦慮

序號	編號	性別、年齡、教育	傷病時間／訪談時間	職業傷病經歷簡述	就業身分	實際薪資	投保薪資	心理健康
19	B5	女、32、專科	2012 / 2014/8	私人餐廳甜點部門學徒。工作中需重複用力切割冰凍的慕絲蛋糕、重複翻轉煎烤蛋皮。工作一年後發現手掌、肌腱、手臂痠痛，就醫後診斷為肌腱炎。不堪病痛自行離職。離職後自行申請職災給付，但未獲通過。	受僱	22,000	18,780	
20	B8	女、56、高中職	慢性發作 / 2014/7	環保局清潔隊員，從事清潔工作長達十五年，長期搬舉重物，向主管反應手麻，後來改派路面清掃兩年，手部仍需長時間出力，就醫後診斷為工作相關之腕隧道症候群，接受手術治療。手麻情況加重至影響長睡眠。	受僱	約3萬	不知	沮喪 焦慮

序號	編號	性別、年齡、教育	傷病時間訪談時間	職業傷病經歷簡述	就業身分	實際薪資	投保薪資	心理健康
21	B10	女、47、國中	慢性發作 2014/8	九年前開始擔任水泥小工，工作內容為搬運水泥、攪土、清理牆壁打下來的碎石、協助進料運貨。工作姿勢都是站立，且有負重及重複動作。長期有全身痠痛、手部疼痛問題。診斷為雙側手肘肌腱炎。至復健就診，使用職災醫療書單。未申請其他繼續做。認收入不錯，忍痛也要繼續做。	營造業臨時工	日薪 2,000 每月 5~6 萬	約 2 萬	沮喪焦慮
22	B16	女、48、大學	慢性發作 2014/7	保險業行政人員，年資達十八年，自覺工作環境有問題並有下述身心症狀：工作空間狹小、長期坐姿不良、腰痛、右手臂及手部痠麻、憂鬱症、心臟不適等。診斷有腕隧道症候群。試圖申請勞保職災給付而至職業醫學科就診，但未通過認定。	受僱	42,500	不知	☆

序號	編號	性別、年齡、教育	傷病時間、訪談時間	職業傷病經歷簡述	就業身分	實際薪資	投保薪資	心理健康
23	B19	女、50、高中職	慢性發作 2014/8	服務業超市人員，負責處理食材及搬運，長期從事重複性作業，造成手部痠麻刺痛以致無法入眠。就醫診斷為雙側正中神經受壓。發病之後轉調較輕便工作，但自陳遭主管惡意對待，並遭同事排擠。	受僱	26,000	不知	○
24	B25	女、28、碩士	2012 2014/8	托嬰中心擔任老師總共十一個月，工作時需抱小孩並有其他手部施力動作，工作六個月後出現手部疼痛症狀，診斷有「狹管性肌腱滑膜炎」（俗稱「媽媽手」）。不退病痛自行離職。	受僱	28,000	25,000	沮喪焦慮
25	B30	男、51、高中職	2010 2014/7	環保局約聘清潔人員，從事搬運垃圾與廢棄物工作，年資五年。因手臂肌肉與韌帶受傷，雇主提供職災醫療單，並讓他轉任較便工作。勞僱關係良好。自覺沒有申請職災給付的必要。	公部門約聘僱	38,000	不知	

序號	編號	性別、年齡、教育	傷病時間、訪談時間	職業傷病經歷簡述	就業身分	實際薪資	投保薪資	心理健康
26	B34	男、57、高中職	2012/10 2014/8	鐵工廠車床工，該公司員工數約50人，年資已有三十餘年。兩年前發現右手臂舉不起來、疼痛致影響睡眠，自認與工作時不時需敲打有關。就醫診斷為右肩旋轉板破裂，進行手術治療。之後為了獲得職災給付至職業醫學科就診，獲得職業病認定與職災保險給付。勞雇關係良好，雇主依據《勞基法》補貼差額，但從個案的年終獎金扣回。	受僱	5萬	43,900	
27	B35	男、51、國中	2011 2014/7	從事營造業粗工近二十年，無固定雇主。三年前肩膀疼痛難耐，雙手無力舉起，在醫師建議下進行頸椎部置換人工骨手術。獲得職災保險險給付，但認為金額過少，不足以補貼手術自費費用。	營造業臨時工	未提及	不知	

序號	編號	性別、年齡、教育	傷病時間、訪談時間	職業傷病經歷簡述	就業身分	實際薪資	投保薪資	心理健康
28	B38	女、38、高中職	2012 2014/9	於某製造加工廠擔任組裝組員六年，每天都需持3.5公斤的電動起子，重複進行鎖螺絲的動作，該工廠員工數12-13人。三年前公司以精簡人力為由，未經預告即將她資遣。在這之前，個案曾告訴主管有手腕疼痛問題，並希望拿取職災醫療書單就醫，但主管以已有健保為由，拒絕發給書單。被資遣後向勞保局詢問，才至職業醫學科就診，經診斷催患肌腱炎，但因無暴露證據而未取得職業病診斷書。	受僱	14,000 到 23,000	不知	▲

序號	編號	性別、年齡、教育	傷病時間、訪談時間	職業傷病經歷簡述	就業身分	實際薪資	投保薪資	心理健康
29	B40	女、37、高中	2007 2015/3	於電子工廠擔任作業員，該公司員工50多人。工作內容為電子焊錫，一手拿電焊工具，一手拿物品，每天反覆從事單一動作。工作七年後手腕出現痠麻症狀，症狀逐漸加重，就醫後發現雙手均罹患腕隧道症候群。之後自行至職業醫學科就診，取得職業病診斷書並獲得職災保險給付，但認定為職業病後勞雇關係惡化，不久即遭雇主以「曠職」為由解僱。	受僱	26,000 到 27,000	25,200	○

序號	編號	性別、年齡、教育	傷病時間／訪談時間	職業傷病經歷簡述	就業身分	實際薪資	投保薪資	心理健康
30	B41	男、66、小學	2012 2015/4	十四歲後開始從事大理石研磨工作，當完兵後曾短暫務農，但不久後繼續從事大理石研磨工作至今，自己開設玉石工廠，透過大理石職業工會投保勞健保，曾擔任鄰長三十多年。兩年前出現手腳痠麻症狀，醫師診斷為腕隧道症候群，手術後仍會手抖。個案認為疾病與工作有關，為申請職災保險給付至職業醫學科就診，另外診斷有腰椎間盤突出、聽力損失問題。腕隧道症候群部分曾獲得勞保局職災傷病給付兩次（共約 21 萬元），椎間盤症狀則因醫師評估其負重暴露標準，未開立職業病診斷書。	雇主	—	43,900	

序號	編號	性別、年齡、教育	傷病時間 訪談時間	職業傷病經歷簡述	就業身分	實際薪資	投保薪資	心理健康
31	C3	男、44、高中職	2012 2014/7	某大型外商貨運公司司機，年資約十年。自陳有思覺失調症病史，領有精障手冊。2010年前後，個案注意到勞動部將精神疾病納入職業病的新聞後，至職業醫學科就診，取得「疑似職業精神疾病」診斷書。此案進入職業病鑑定程序但遭駁回。2012年年初，個案自陳出現手腳發麻症狀，就醫後診斷為椎間盤突出壓迫神經，再至職業醫學科就診取得職業病診斷書。此案獲得勞保局給予六個月職災傷病給付。個案主動受訪，健談且熟悉法律制度規範。但自陳因長期與公司有法律糾紛，有情緒困擾並造成精神疾病加重。	受僱	底薪 25,000 實際薪資 26,000 到 34,000	29,000	○

序號	編號	性別、年齡、教育	傷病時間 訪談時間	職業傷病經歷簡述	就業身分	實際薪資	投保薪資	心理健康
32	C5	男、64、小學	2012 2014/7	於自宅開設鐵工廠至今達三十五年，從事鐵業職皮鐵窗裝設，透過建築結構相關職業工會投保勞保健保。兩年前因腰部及膝蓋疼痛並有手腳痠麻症狀而就醫，發現有椎間盤突出症狀。接受更換置人工骨等骨科手術，自費醫療花了五十萬元。骨科醫師轉介個案至職業醫學科，但個案無法提供工作中提舉重物的物證或照片，亦找不到同業協助提供暴露證據，家屬來回奔波不同單位後送件勞保局後，因暴露證據不足，未獲勞保局認定為職業病。	自營	3萬	20,008	○

序號	編號	性別、年齡、教育	傷病時間 訪談時間	職業傷病經歷簡述	就業身分	實際薪資	投保薪資	心理健康
33	C18	男、55、國中	2011 2014/7	營造業工人。三年前某日以半蹲及彎腰姿勢，手持二十公斤重破碎機（俗稱鴨頭仔）拆除牆壁，腰部突然發出喀嚓聲響，並感到刺痛。個案住三、四天症狀未癒後才至中醫診所就診，之後再到醫院就診，診斷有椎間盤突出問題。發病後無法工作，至職業醫學科就診並取得職業病診斷書，不過因投保年資不足，僅獲得總共六千多元的職災失能給付。個案失業，缺乏家庭支持，自陳積欠房租且勞健保費也付不出來，情緒非常低落，嚴重依賴安眠藥。	營造業 臨時工	日薪 1,100 每月 2 萬多	20,008	☆

序號	編號	性別、年齡、教育	傷病時間／訪談時間	職業傷病經歷簡述	就業身分	實際薪資	投保薪資	心理健康
34	C24	男、54、高中職	2013 2015/3	機械設備製造公司擔任技工，年資十三年，該公司員工數約六十人。個案從事銑床工作，工作時需迅速彎腰搬抬十幾公斤的金屬零件至銑床機器，每天約一至兩百次，常覺得腰酸背痛。兩年前出現右腳萎縮症狀，就醫確診為腰椎間盤 L3-L5 滑脫及突出。開刀裝置鋼釘，在職業醫學科醫師的協助下取得三個月的職災傷病給付，公司另補足他不能工作期間的薪資。	受僱	38,000	38,000	○

序號	編號	性別、年齡、教育	傷病時間 訪談時間	職業傷病經歷簡述	就業身分	實際薪資	投保薪資	心理健康
35	C25	男、57、高中	2013/8 2015/3	於鋼鐵公司從事包裝工作，年資二十年，公司員工數約三十人。工作內容為鋼捲包裝工作，工作時需推舉及負重，屬高體力工作。數年前某日於工作中下背痛症狀，一年多前某日於工作中出力，突然覺得劇烈腰痛，就醫後確診斷為腰椎間盤突出症。復健治療一年後，又因不當動作腰部疼痛不堪，就醫並開刀治療。手術後無法工作，受訪時仍在公傷病假期間，在雇主與職業醫學科醫師的協助下申請到職災給付，雇主並依據《勞基法》補足全薪。	受僱	3萬多	3萬多	

序號	編號	性別、年齡、教育	傷病時間/訪談時間	職業傷病經歷簡述	就業身分	實際薪資	投保薪資	心理健康
36	C27	男、56、國小	慢性發作 2015/3	電子公司沖床作業員，年資三十二年，公司員工數有三百多人。個案在多年前即有聽力損失問題，自陳與工廠噪音有關。十五年前曾被機器壓傷，導致腰部脊椎移位。個案與公司有長期爭議，爭點包括噪音超標、職業病認定、職場霸凌等。個案曾以「非法解僱」為由向公司提告兩次，兩次均獲勝訴。自陳心理壓力很大，長期使用抗憂鬱藥物與安眠藥。	受僱	34,000	不願透露	☆
37	C28	男、54、高中	2011 2015/4	二十幾歲開始從事石材研磨工作至今，為骨灰罈等大理石製品的工廠老闆，聘有十幾位員工，本身投入現場工作。同時從事石材投資。三、四年前出現腰痛，診斷為椎間盤突出症，在職業醫學專科醫師的協助下，取得職業傷病給付。	受僱	—	27,000	

389

序號	編號	性別、年齡、教育	傷病時間／訪談時間	職業傷病歷經簡述	就業身分	實際薪資	投保薪資	心理健康
38	C29	男、60、高中職	2014/7 / 2015/4	從事水泥工有三十年，以熟人介紹方式，承接泥作工作。自陳三年前開始出現膝蓋疼痛症狀，導致難以行走，輾轉多處就醫後取得「膝關節軟骨磨損退化」診斷，並獲醫學中心診斷為職業病。個案向勞保局申請職災給付，並送至職業疾病鑑定委員會，最後仍未獲通過。主因是，審查者懷疑個案未真正從事營造業，並認為此疾病屬正常老化現象。	營造業水泥工、自營	月收入2~6萬	43,900	
39	D4	男、52、國中	2011 / 2014/7	冷凍空調業負責人，聘有員工二十餘人，若含外包工，總共有四十餘人。從業至今二十多年。三年前在工作場所跌倒，撞擊左胸，但當下未就醫。兩週後仍感胸胸部疼痛，故前往醫院就醫，發現為肺腺癌，爾後轉醫院施行右側肺下葉切除手術，檢體中發現石綿纖維。經職業傷病防治中心醫師協助，取得職災給付。	雇主	—	43,900	

序號	編號	性別、年齡、教育	傷病時間 訪談時間	職業傷病經歷簡述	就業身分	實際薪資	投保薪資	心理健康
40	D6	女、54、高中職	2004 2014/7	建材行老闆娘，住家與店面建材行混用，經營建材行至今達三、四十年，長期暴露於石綿粉塵。就讀高職時期，曾在 RCA 工廠工作半年。大約在七、八年前發現肝癌、之後又出現肺癌。	自營	—	43,900	
41	D7	男、56、國中	2012 2014/8	從事油漆工作三十年。重視健康，認為磨批土及調製油漆過程的粉塵及有機溶劑很毒，平時工作時會配戴 N95 口罩，也曾配戴防毒面具，但因濾毒罐太貴不常使用。個案每一至二年會到防癆協會照 X 光。兩年前在例行健康檢查時發現肺部有黑影，至大醫院檢查後確診罹患肺癌第二期，立即開刀治療。經職業傷病防治中心醫師協助取得職災給付，並取得勞保老年給付。訪談時身心健康狀況良好。	承攬	月收入約 4 萬	43,900	

序號	編號	性別、年齡、教育	傷病時間／訪談時間	職業傷病經歷簡述	就業身分	實際薪資	投保薪資	心理健康
42	D9	女、62、國中	2011 / 2014/7	於家人開設的印刷廠擔任領班，工作年資達三十年，長期接觸橡膠、工作環境狀況不佳。三年前開始久咳不癒、確診為肺癌，向勞保局申請職災給付未獲通過。家庭中多人罹病，經濟狀況不佳。	家屬工作	—	不知	
43	D15	男、57、高職	2014/9 / 2015/3	於某大型金屬提煉工廠，擔任管理職工作，年資達三十年。工作內容包括礦砂處理、冶煉，作業環境有鎳金屬粉塵暴露。兩年前出現呼吸不順症狀，就醫檢查發現罹患肺癌第四期。該公司之前已有兩位員工罹患肺癌，其中有一例曾被媒體報導，因已有先例，該公司給予全薪病假。	受僱	7~8萬	43,900	

序號	編號	性別、年齡、教育	傷病時間／訪談時間	職業傷病經歷簡述	就業身分	實際薪資	投保薪資	心理健康
44	D16	男、41、高中	2014/2 2015/4	於蘭嶼核廢料貯存場工作三年，受僱於外包商擔任領班，工作內容為核廢料貯存桶的檢查與整理。工作結束一年多後健康惡化，常常感冒、並有久咳不癒、食慾不振、牙齦疼痛流血、頭暈等症狀，轉轉就醫確診為「急性骨髓性白血病」（血癌），申請職業病給付未獲通過，一多後過世。	受僱／臨時工	日薪17,00	不知	憂鬱
45	E2	男、66、碩士	2012 2014/7	某國營事業公司高階主管。會議中情緒激動，會議結束後出現嘔吐並昏倒，緊急送醫急救，診斷為顱內出血。休養兩個月後復職，但未被徵詢即被調降職位，心情難以調適。之後屆齡退休。	公部門受僱	6-7萬	公保	

序號	編號	性別、年齡、教育	傷病時間、訪談時間	職業傷病經歷簡述	就業身分	實際薪資	投保薪資	心理健康
46	E10	女、47、高中職	2012/10 2014/8	電子工廠作業員，年資十多年，公司員工數約三十人。兩年前的某週週六加班時出現頭暈、視力模糊症狀，之後反覆發作數次。就醫診斷，醫師告知為眼中風。之後右眼幾乎失明，左眼視力模糊。個案在職業傷病防治中心協助下向勞保局申請職災給付，認定過程大約一年，但因加班證據不足未通過認定。發病一年後被資遣。	受僱	3萬多	34,800	憂鬱

序號	編號	性別、年齡、教育	傷病時間、訪談時間	職業傷病經歷簡述	就業身分	實際薪資	投保薪資	心理健康
47	F2	女、54、大學	2012～2014 2014/7	客運公司行政人員，年資十餘年。該公司原為公營單位，民營化後公司遇缺不補，個案自陳工作負荷龐大，經常工作到午夜才下班，未完成的工作帶回家繼續進行。兩年前準備上班時在家中暈眩昏倒，診斷為高血壓。此事件發生後轉任輕便工作。2014年四月又發生頭暈昏倒兩次，至醫學中心「過勞門診」就診，個案無申請職災給付的意圖。	受僱	35,000	不知	
48	G5	男、75、不識字	慢性發作 2014/8	從事礦工工作三十多年。之後曾擔任大樓警衛。十多年前因肺部不適就醫，診斷為塵肺症，申請職災給付、訪談時仍在認定中。	退休礦工	以量計酬	不知	

序號	編號	性別、年齡、教育	傷病時間 / 訪談時間	職業傷病經歷簡述	就業身分	實際薪資	投保薪資	心理健康
49	G8	女、47、高中	2011/9 2015/3	金屬加工廠研磨作業員、年資八年，公司人數有上百人。工作時使用一台類似縫紉機的器具，將金屬小鑽頭放入機台上的砂輪研磨，研磨過程中有細小金屬粉塵噴發。五年前開始不斷咳嗽。就醫檢查，發現肺部組織有粉狀顆粒物，診斷為塵肺症。個案在新事中心與法律師的協助下，進行三次勞資協商，最後獲職災傷病給付。	受僱	按件計酬，月領4萬多	18,780	○
50	G9	男、36、高中職	2011/10 2014/7	四年前開始於某塑膠製造工廠擔任鑄膠作業員，該公司員工數有近百人。工作內容為搬運、備膠、傾倒化學品、操作機器。因胸悶氣喘，至防勞協會胸腔內科就診，診斷為職業性氣喘。個案之後受到職業醫學科就診，得確切的職業病診斷，個案在一年後遭解僱。	受僱	24,000	不知	○

序號	編號	性別、年齡、教育	傷病時間／訪談時間	職業傷病經歷簡述	就業身分	實際薪資	投保薪資	心理健康
51	H10	女、28、國中	2012 2014/8	過去曾擔任加油站加油人員一年。透過人力派遣公司被派至手機代工廠工作，該工廠員工數大約四十多人。個案從事零件組裝工作，接觸不知名的化學粘膠，工作三週後左手食指即出現皮膚炎症狀，之後擴至其他手指，皮膚起水泡後破裂、潰爛並廣痛，致手指無法彎曲。派遣公司與代工廠皆拒絕提供「職災醫療書單」，個案病假期間無薪，三個月後自行離職，並在職業病防治中心的協助下申請到職災給付，但只有數千元。個案在法律扶助基金會律師的協助下，向要派公司及派遣公司提告。	派遣受僱	時薪110元，每月2萬多	不知	因訴訟力交瘁，失業時情緒絕望

序號	編號	性別、年齡、教育	傷病時間 訪談時間	職業傷病經歷簡述	就業身分	實際薪資	投保薪資	心理健康
52	H23	女、42、碩士	2012/3 2014/7	公立國小美術老師，兩年前開始出現氣喘、呼吸困難症狀，晚上睡覺時會因呼吸困難而醒來，症狀在週末或寒暑假期間會減緩。個案認為是長期在位於地下室的美術教室任教所致，該教室有漏水問題並長期有霉味。學校表示無力改善教學空間，個案申請調職未果。	公部門 受僱	55,000	公保	

本表由作者鄭雅文、鍾佩樺整理製作。

德國、日本與台灣職災保險制度之比較

國家 項目	德國	日本	台灣
制定時間	1884 年	1947 年	1958 年
性質	強制性社會保險	強制性社會保險	強制性社會保險
法源	《社會法典》第七篇	《勞災保險法》	《勞保條例》
主管機關	聯邦勞動與社會部 聯邦社會保險辦公室	厚生勞動省	勞動部
保險人	職業合作社（分為工商服務業、公部門、農業部門）	公法人「日本勞工健康福祉機構」	勞工保險局
被保險人	受僱者、學生、庇護工場身心障礙者、農漁業工作者、國內公司外派工作者、小農。雇主、自僱屬自願加保	事業單位（雇主），分為強制、任意、特別加入三類	五人以上事業單位受僱者、職業工會與漁會會員；實際從事勞動之雇主、四人以下事業單位員工屬自願加保
保險效力	實際受僱日起即生效（法定債之關係）	實際受僱日起即生效（法定債之關係）	申報投保之起迄日期為保險效力依據（申報主義）
保費來源	雇主全額負擔	雇主全額負擔	雇主全額負擔
保險費率	1.18% (2017)	平均 0.7%，範圍 0.25%-8.8% (2015)	平均 0.22%，範圍 0.11%-0.99% (2018)

國家 項目	德國	日本	台灣
職災醫療	完全分立制	完全分立制	半整合制
暫時失能給付	傷病發生之後第一天起，由職災保險給付原有薪資的80%，期間上限為78週。	傷病發生之後前三天，由雇主補償原有薪資的60%，自第四天起由勞災保險給付原有薪資的80%。	傷病發生之後前三天，由雇主補償原有薪資的100%，自第四天起，由職災保險給付投保薪資的70%，第二年起給付50%投保薪資；但此兩年間雇主必須依照勞基法補足至原有薪資的100%。
永久失能給付	完全失能者可請領原有薪資67%的年金（其他給付內容，參見第12章）。	失能最重度者可請領每年313日「基礎日額」之年金（其他給付內容，參見第13章）。	終身無工作能力者可請領平均投保薪資x年資x1.55%之年金（下限每月4000元），另加發20個月平均投保薪資之一次金。
死亡給付	遺屬一次金、遺屬年金（參見第12章）	喪葬給付、遺屬年金、遺屬一次金（參見第13章）	喪葬津貼、遺屬年金、遺屬津貼（參見第7章）
認定決定者	保險機構	勞檢官員（勞動基準監督署勞災課）	勞保局、地方政府職業病認定委員會、勞動部職業安全衛生署職業病鑑定委員會

國家 項目	德國	日本	台灣
爭議審議程序	保險機構進行調查,由勞雇共組之爭議審議委員會裁決→行政訴訟	都道府縣勞動局之勞動者災害補償保險審查官進行調查→厚勞省勞動保險審查會→行政訴訟	勞保局勞保監理委員會爭議審議委員會→勞動部訴願審議委員會→行政訴訟
民事訴訟限制	原則限制	不限制	不限制
特色	· 與其他社會保險整合 · 全面涵蓋所有受僱者並擴及非經濟人口 · 勞雇自治經營保險機構 · 多元保險人 · 雙軌制勞動檢查 · 補償-預防-重建整合	· 勞檢機構為認定職業傷病的主責機構 · 另設有專責於職業傷病預防及職災者重建之法人組織	· 《勞保條例》與《勞基法》、《職災勞工保護法》形成複雜連動關係 · 雇主責任未充分社會保險化 · 受僱者未全面納保 · 費率低於國際水準 · 將工作者投保年資納入永久失能及死亡給付年金之計算公式 · 雙軌認定流程 · 重建服務缺乏整合

本表由陳宗延整理製作。

誌　謝

鄭雅文

　　職業傷病問題的社會歷史發展與國際比較，是個引人入勝的研究主題。在社會政策上，卻是迫切且應採取行動的當代問題。每每想起過去在不同場合接觸過的職業傷病工作者，總覺得社會應該要看見職業傷病的存在，政府政策應該要有更好的設計，而研究工作者應該要積極轉化知識，讓知識成為行動的基礎，讓社會朝著比較美好的方向前進。這本書，就在這樣的想法之下誕生。

　　有關台灣職災補償制度的種種問題，已有相當多的學術研究與公共論述，也有來自學界、政府行政部門、立法部門、司法部門以及民間團體的許多人士長期以來的耕耘。本書若能有什麼貢獻，或許是整理過去與現在許多人的努力，試圖統整問題，並對制度改革提出看法。

　　團隊合作是愉快的。台灣職業安全健康連線執行長黃怡翎與研究員鄭筑羚，是最堅強的合作夥伴。本書從發想、架構章節、草擬初稿，到最後修訂校閱，都有她們兩位全程協助。與研究生的合作，更是愉快的過程。很感謝曾在職業傷病政策議題上一起工作的台大健康政策與管理研究所研究生，包括王嘉琪、林依瑩、鄭峰齊、鍾佩樺、蕭汎如、張恆豪、葉明叡、陳

宗延、劉曦宸，以及 617 研究室其他成員。我的工作動機，有很大一部份是來自學生們的鼓舞。本書初稿曾在 2018 年七月舉辦審查會議，感謝參與討論並提供許多寶貴修訂意見的朋友與學生，包括「勞動與健康政策」課程的學生。

本書由科技部人文社會科學研究中心提供學術審查經費補助，並由《科技、醫療與社會》編輯委員會邀請三位匿名審查者進行審查，作者群感謝審查者給予詳細修訂建議。本書部分內容為歷年科技部專題研究計畫成果，包括：「職災補償中的污名：職災者經驗與利害關係人觀點」（106-2410-H-002-171-MY3）、「職業性石綿相關疾病的認定與補償政策：國際經驗與台灣現況」（104-2410-H-002-231-MY2）、「工作相關福利及勞動保護政策對於職場社會心理狀況與職業健康之影響」（102-2410-H-002-071-MY2），僅此致謝。

本書第三章改寫自鍾佩樺博士論文其中一部分，此研究由科技部計畫補助（102-2410-H-002-071-MY2）。作者感謝以下單位與人士的協助：勞動部職業傷病管理服務中心、台大環境職業醫學部職業病防治中心、南區職業傷病防治中心、東區職業傷病防治中心、台灣勞工陣線、台大職業醫學與工業衛生研究所陳保中教授、台大健管所研究生陳怡欣、鄭峰齊、張恆豪、鐘翊華、陳品元以及曾於 2014 年暑假參與訪談並協助整理記錄的學生。我們更誠摯感謝 52 位受訪者提供寶貴資料，但願您們的不幸遭遇能被社會看見。

Aftermath: Meanings, Challenges and Prospects of Workers' Compensation

CONTENTS